v. Linstow · Berechenbares Strafmaß

EDV und Recht

Band 8

1974

J. Schweitzer Verlag Berlin

Berechenbares Strafmaß

Eine neue Methode der Strafzumessung am Beispiel wichtiger Verkehrsdelikte

von

Dr. Bernhard von Linstow
Rechtsanwalt in München

1974

J. Schweitzer Verlag Berlin

Anschrift des Verfassers:
Dr. Bernhard von Linstow, 8 München 81, Isolde-Kurz-Straße 10

ISBN 3 8059 0327 8

Satz: Fotosatz Jürgen Prill, Berlin – Druck: Color-Druck, Berlin – Bindearbeiten: Wübben, Berlin

Alles, was Gegenstand des wissenschaftlichen Denkens überhaupt sein kann, verfällt, sobald es der Bildung einer Theorie reif ist, der axiomatischen Methode und damit mittelbar der Mathematik.

David Hilbert

Die Mathematisierung der Strafzumessung kann nicht stattfinden.

Eduard Dreher

Vorwort

Die vorliegende Arbeit führt einen Gedanken fort, der einer 1972 erschienenen Münchner Dissertation zugrunde lag. Das Modell selbst (Merkmalskatalog, Verknüpfungs- und Allgemeine Entscheidungsregeln) wurde nur insoweit verändert, als dies durch neue gesetzliche Bestimmungen und geänderte höchstrichterliche Rechtsprechung geboten war. Teil 1 wurde weitgehend, Teil 3 ganz neu gefaßt.

München, im Juli 1974 — Bernhard von Linstow

Inhaltsverzeichnis

Abkürzungen

a.A.	anderer Ansicht
a.a.O.	am angegebenen Ort
AE	Alternativentwurf (eines Strafgesetzbuches, Allgemeiner Teil 1966)
a.E.	am Ende
a.F.	alte Fassung
Alt.	Alternative
Anm.	Anmerkung
Art.	Artikel
Aufl.	Auflage
BAK	Blutalkohol-Konzentration
BB	Der Betriebs-Berater
Bd.	Band
BGBl.	Bundesgesetzblatt
BGH	Bundesgerichtshof
BGHSt	Entscheidungen des Bundesgerichtshofs in Strafsachen
BVerfGE	Entscheidungen des Bundesverfassungsgerichts
DAR	Deutsches Autorecht
DB	Der Betrieb
Diss.	Dissertation
DJZ	Deutsche Juristenzeitung
DRiZ	Deutsche Richterzeitung
DRZ	Deutsche Rechtszeitschrift
DSWR	Datenverarbeitung in Steuer, Wirtschaft und Recht
EDV	Elektornische Datenverarbeitungsanlage
f (ff)	und die folgende(n)
GA	Goltdammers Archiv für Strafrecht und Strafprozeß (zitiert nach Jahrgängen)
GG	Grundgesetz
GRUR	Gewerblicher Rechtsschutz und Urheberrecht
h.L.	herrschende Lehre
h.M.	herrschende Meinung
Hrsg.	Herausgeber
iVm.	in Verbindung mit
iwS.	im weiteren Sinne
JuS	Juristische Schulung
JZ	Juristenzeitung
KG	Kammergericht
lit.	Buchstabe
MatStrRReform	Materialien zur Strafrechtsreform
MDR	Monatsschrift für Deutsches Recht
Mitt.	Mitteilungen der deutschen Patentanwälte
mwN	mit weiteren Nachweisen
n.F.	neue Fassung
NJW	Neue Juristische Wochenschrift
Nr.	Nummer
OLG	Oberlandesgericht
OWiG	Gesetz über Ordnungswidrigkeiten
PflVG	Pflichtversicherungsgesetz
RdNr.	Randnummer
sc.	sci-licet (ergänze)
SJZ	Süddeutsche Juristenzeitung

SRZ	Strafrohzahl
StGB	Strafgesetzbuch
StrRG	Strafrechtsreformgesetz
StVG	Straßenverkehrsgesetz
StVO	Straßenverkehrsordnung
SZ	Strafzumessung
Verf.	Verfasser
VRS	Verkehrsrechtssammlung
ZfVerkehrssicherheit	Zeitschrift für Verkehrssicherheit
zit.	zitiert
ZStW	Zeitschrift für die gesamte Strafrechtswissenschaft

Zeichenerklärungen

$x < y$	x ist kleiner als y
$x \leq y$	x ist gleich oder kleiner als y
$x > y$	x ist größer als y
$x \geq y$	x ist gleich oder größer als y
$x \approx y$	x ist ungefähr gleich y

Literaturverzeichnis

Ander, Albert: Verkehrsdelikte, verurteilte Personen und ihre Strafen nach den Mitteilungen zum Verkehrszentralregister. Ein Bericht über Möglichkeiten und Ergebnisse statistischer Auswertung des Verkehrszentralregisters aufgrund eines Versuches in der Zeit vom 1. Juli 1958 bis 30. Juni 1959. 1964

Arndt, Adolf: Das Strafmaß, SJZ 1946, S. 30

Baumann, Jürgen: Strafrecht, Allgemeiner Teil, 5. Aufl. 1968

Bockelmann, Paul: Die Strafe als Mittel der Verkehrserziehung, Zeitschrift für Verkehrssicherheit 52, 216

Zur Reform des Verkehrsstrafrechts, DAR 61, 181

Bemerkungen zur verkehrspolitischen und verkehrsrechtlichen Situation, Kraftfahrt und Verkehrsrecht 67, 462

Bolten, Wolfgang: Trunkenheit im Straßenverkehr (§§ 315c I Nr. 1a, III, 316 StGB); hier: Bemessung der Strafe und ihre Aussetzung (§ 23 StGB), Kraftfahrt und Verkehrsrecht 68, 177

Booß: Keine Schuldvermutung im Verkehrsstrafrecht!, NJW 60, 373

Bruckmann, Ernst-Otto: Vorschlag zur Reform des Strafzumessungsrechts, ZRP 73, 30

Bruns, Hans-Jürgen: Strafzumessungsrecht, Allgemeiner Teil, 1967 (zit. Bruns)

v. Buri, Max: Einheit und Mehrheit der Verbrechen, 1879

Dreher, Eduard: Über die gerechte Strafe, 1947

Rezension von: Spendel, Zur Lehre vom Strafmaß, in: GA 55, 191

Anmerkung zu einem Urteil des OLG Stuttgart, MDR 61, 343

Zur Spielraumtheorie als der Grundlage der Strafzumessungslehre des BGH, JZ 67, 41

Gedanken zur Strafzumessung. Eine Besprechung von: Bruns, Strafzumessungsrecht, Allgemeiner Teil, in: JZ 68, 209

Besprechung von Haag, Rationale SZ, NZWehrr 71, 119

Kommentar zum StGB, 34. Aufl. 1974, zit. Dreher

Dubs, Hans: Analytische Bewertung als Grundlage richterlicher Strafzumessung, in: Festgabe zum Schweizerischen Juristentag 1963, S. 9 (zit. Analytische Bewertung)

Grenzen der Individualisierung im Strafrecht, in: Rechtsfindung – Beiträge zur juristischen Methodenlehre, Festschrift für Oskar Adolf Germann zum 80. Geburtstag, Hrsg. von Peter Noll und Günter Stratenwerth, 1969.

Dünnebier, Hanns: Die Verkehrsunfallflucht, GA 57, 33

Die Reform des Strafrechts im Hinblick auf die Impulse durch die moderne Kriminalpolitik, in: Kriminalpolitische Gegenwartsfragen, Hrsg.: Bundeskriminalamt Wiesbaden, 1959, S. 98

Esser, Josef:	Vorverständnis und Methodenwahl in der Rechtsfindung, 1970
Exner, Franz:	Gerechtigkeit und Richteramt, Zwei akademische Antrittsreden, 1922. 1.) Über Gerechtigkeit im Strafmaß 2.) Strafrechtsreform und Richteramt
	Studien über die Strafzumessungspraxis der deutschen Gerichte, 1931 (Kriminalistische Abhandlungen, Heft XVI) (zit. Studien)
Fiedler, Herbert:	Automatisierung im Recht und juristische Informatik, JuS 1970, 432 ff
Floegel-Hartung-Jagusch:	Kommentar zum Straßenverkehrsrecht, 17. Aufl. 1968 (zit. Floegel-Hartung)
Frisch, Wolfgang:	Ermessen, unbestimmter Begriff und „Beurteilungsspielraum" im Strafrecht NJW 73, 1345
Geerds, Friedrich:	Zur Lehre von der Konkurrenz im Strafrecht, 1961 (Kieler rechtswissenschaftliche Abhandlungen Nr. 2) (zit. Konkurrenz)
Gernert, Dieter:	Einführung in die Datenverarbeitung für Juristen – Ein Programmierkurs mit juristischen Beispielen, 1973
Glück, Helmut:	Das Prozeßverhalten des Angeklagten als Strafzumessungsgrund, Diss. München 1963
Göhler, Erich:	Kommentar zum Gesetz über Ordnungswidrigkeiten, 1968 (unter Mitarbeit von Hans Buddendiek)
Graßberger, Roland:	Die Strafzumessung, 1932 (Kriminologische Abhandlungen, Heft 7)
Haag, Karl:	Rationale Strafzumessung, 1970, (zit. Haag)
Händel, Konrad:	Die Strafzumessung in Verkehrssachen, Die Polizei – Polizeipraxis 59, 334
Haft, Fritjof:	Nutzanwendungen kybernetischer Systeme im Recht, Diss. Gießen 1968 (zit. Nutzanwendungen)
	Elektronische Datenverarbeitung im Recht, 1970
	Automatisierte und juristische Dokumentation und Gesetzesplanung, in: Gesetzesplanung – Beiträge der Rechtsinformatik, EDV und Recht, Band 4, 1972, S. 163
Haft, Fritjof und Müller-Krumbhaar, Heiner:	Juristisches Informationssystem – Erwartungen und Perspektiven, NJW 73, 85
Hassemer, Winfried:	Die rechtstheoretische Bedeutung des gesetzlichen Strafrahmens. Bemerkungen zu Radbruchs Lehre von den Ordnungsbegriffen. In: Gedächtnisschrift für Gustav Radbruch, herausgeg. von Arthur Kaufmann, 1968, Seite 281 ff. Strafzumessung, Stravollzug und die „gesamte Strafrechtswissenschaft", in: Die Strafvollzugsreform, herausgeg. von Arthur Kaufmann, 1971, Seite 53 ff Automatisierte und rationale SZ, in: Gesetzesplanung – Beiträge der Rechtsinformatik, EDV und Recht, Band 4, 1972, S. 95 ff

Haverkate, Görg: Offenes Argumentieren im Urteil – Über die Darstellung der richterlichen Wertung bei kontroversen Rechtsfragen ZRP 73, 281.

Heinemann, Gustav: Schwerpunkte zeitgemäßer Rechtspolitik, DRiZ 68, 3

Hoffmann, Wolfgang: Die Verkehrsunfallflucht im geltenden und künftigen Deutschen Strafrecht, Diss. Heidelberg 1964 (zit. Die Verkehrsunfallflucht)

Hülle, Werner: Anleitung zur Bemessung zeitiger Freiheitsstrafen, DRiZ 51, 4

Jagusch, Heinrich: Kommentar zum Straßenverkehrsrecht 19. Aufl. 1971

Janiszewski, Horst: Strafzumessungspraxis der Gerichte bei Alkoholdelikten im Straßenverkehr, Blutalkohol 68, 27

Jotzoff, R. u.a.: Über Theorie und Technik von Rechnerverbundsystemen, in: Angewandte Informatik 9/73, hrg. von ADV/ORGA F.A. Meyer KG Technische Systeme – Institut Hoseit –

Kahl, Wilhelm: Reform der Strafzumessung, DJZ 1906, 895

Kamlah-Lorenzen: Logische Propädeutik, 1967

Kaufmann, Arthur: Das Schuldprinzip, 1961

Kaufmann, Arthur, Hassemer, Winfried: Grundprobleme der zeitgenössischen Rechtsphilosophie und Rechtstheorie, 1970

Kilian, Wolfgang: Mathematische Logik und Recht, DB 1971, 273

Klug, Ulrich: Elektronische Datenverarbeitungsmaschinen im Recht, in: Festschrift Hermann Jahrreiss zu seinem 70. Geburtstag gewidmet (Universität Köln, hrsg. von Karl Carstens und Hans Peters), 1964 S.189 (zit. Festschrift)

Knoche, Wolfgang: Zur Strafzumessung bei Trunkenheitsdelikten im Verkehr, DRiZ 68, 14

Koch, Hans-Jörg: Die „Verteidigung der Rechtsordnung" bei Verkehrsvergehen, NJW 70, 842

Kreuzer, Karl: Zur Verwendung von datenverarbeitenden Maschinen im Dienste der Rechtswissenschaft, JZ 68, 138

Krüger, Ralf: Die Trunkenheitsfahrt mit anschließender Unfallflucht als Konkurrenzproblem, Blutalkohol 67, 6

Kumm, Alfred W.: Die objektive Beurteilung der erfinderischen Leistung, GRUR 64, 236

Die Beurteilung der erfinderischen Leistung GRUR 65, 1

Laum, Heinz-Dieter: Die richterliche Strafzumessung bei fahrlässigen Tötungen und Körperverletzungen im Straßenverkehr, Diss. Bonn 1960 (zit. Die richterliche Strafzumessung)

Liszt, Franz v.: Strafrechtliche Aufsätze und Vorträge, 1. Bd. 1905

Löwe-Rosenberg: Großkommentar zur Strafprozeßordnung und dem Gerichtsverfassungsgesetz, 20. Aufl. 1958 (zit. Löwe-Rosenberg)

Ludewig, Hans: Strafzumessung, in: 2. Deutscher Verkehrsgerichtstag 1964, S. 205

Mannheim, Hermann: Über Gleichmäßigkeit und Systematik in der richterlichen Strafzumessung, ZStW 42, 40

Martin, Ludwig: Anmerkung zu einem Urteil des AG Siegen, Blutalkohol 63/64, 289

Die Rechtsprechung des BGH in Verkehrsstrafsachen, DAR 63, 173

Die Rechtsprechung des BGH in Verkehrsstrafsachen, DAR 64,90

Meier-Branecke, Hans: Strafzumessung bei Verkehrsdelikten, in: 3. Deutscher Verkehrsgerichtstag 1965 S. 119

Einheitliches Strafmaß bei Straßenverkehrsgefährdung, DAR 66, 93

Einheitliches Strafmaß bei Trunkenheitsdelikten DAR 67, 80

Mergen, Armand: Die Wissenschaft vom Verbrechen, 1961

Middendorf, Wolf: 600 Alkoholtäter – Ein Beitrag zur Kriminologie der Verkehrsdelikte, 1962

Strafzumessung und öffentliche Meinung, In: 4. Deutscher Verkehrsgerichtstag 1966, S. 163

Die Strafzumessung bei Verkehrsdelikten, in: 2. Deutscher Verkehrsgerichtstag 1964, S. 188

Die kriminologische Prognose, 1967

Strafzumessung und kriminologische Forschung, in: 5. Deutscher Verkehrsgerichtstag 1967, S. 54

Mittelstein, Rainald: Reform des Strafzumessungsrechts, ZRP 73, 256

Mühlhaus, Hermann: Die Strafzumessung bei den unter Alkoholeinfluß begangenen Verkehrsdelikten, DAR 65, 141

Müller, Elmar: Das Strafmaß bei Verurteilungen wegen fahrlässiger Tötung, Zeitschrift für Verkehrssicherheit 60, 291

Müller, Fritz: Kommentar zum Straßenverkehrsrecht, Bd. I, 22. Aufl. 1969

Müller, Gert: Utopie in der Mathematik, in: Säkularisation und Utopie Ebracher Studien, Festschrift für Ernst Forsthoff zum 65. Geburtstag 1967, S. 299 ff

Naucke, Wolfgang, u.a.: Verteidigung der Rechtsordnung (§§ 14, 23 StGB) – Kritik an der Entstehung und Handhabung eines strafrechtlichen Begriffs, 1972.

Öhlschlegel, Helmut: Die Beurteilung der Erfindungshöhe mit Hilfe der Informationstheorie, GRUR 64, 477

Oelering, J.H.J.: Zur Beurteilung der Erfindungshöhe mit Hilfe der Informationstheorie GRUR 66, 84

Ohr, Günter: Einige Strafzumessungsgründe bei alkoholbedingten Verkehrsstraftaten, Blutalkohol 68, 124

Opp, Karl-Dieter; Peuckert, Rüdiger: Ideologie und Fakten in der Rechtsprechung – Eine soziologische Untersuchung über das Urteil im Strafprozeß, 1971

Ostermeyer, Helmut: Die Regelstrafe – Ein Versuch zur Linderung des Unbehagens bei der Strafzumessung, NJW 66, 2301

Strafunrecht, 1971

Podlech, Adalbert: Logische Anforderungen kybernetischer Systeme und ihre Anwendung auf Rechtssätze, BB 68, 106

Probst, Jürgen: Praxis der Unfallbegutachtung, in: Handbuch der Unfallbegutachtung, erster Band: Versicherungsrechtlicher Teil, 1961 (Hrsg.: Alfons Lob)

Quack, Friedrich: Strafvollzug und „Verteidigung der Rechtsordnung" bei Verkehrsdelikten, ZRP 1971, 30 ff

Reimer, Eduard: Patentgesetz und Gebrauchsmustergesetz, Systematischer Kommentar, 3. Aufl. 1968

Rieger, Hans-Jürgen: Die Bedeutung der Höhe des Blutalkoholgehalts für die Strafzumessung bei der folgenlosen Trunkenheitsfahrt (§ 316 StGB), Blutalkohol 67, 273

Rolinski, Klaus: Die Prägnanztendenz im Strafurteil – Eine Untersuchung über die Bevorzugung und die Benachteiligung von Strafhöhen und über die Bedeutung von Merkmalen der Täterpersönlichkeit für die Strafzumessung auf statistischer Grundlage, 1969 (Kriminologische Schriftenreihe aus der Deutschen Kriminologischen Gesellschaft Bd. 37) (zit. Prägnanztendenz)

Roxin, Klaus: Sinn und Grenzen staatlicher Strafen, JuS 1966, 377 ff

Sarstedt, Werner: Die Revision in Strafsachen, 1962

Sauer, Wilhelm: Die Gerechtigkeit, 1959

Strafbemessung und Persönlichkeit, ZStW 50, 679

Savigny, Eike von: Zur Rolle der deduktiv-axiomatischen Methode in der Rechtswissenschaft, in: Rechtstheorie – Beiträge zur Grundlagendiskussion, hrsg. von Günther Jahr und Werner Maihofer, 1971

Scherling, Ingolf: Die Strafzumessung bei der Alkoholfahrt aus der Sicht des Strafverteidigers, Blutalkohol 67, 349

Schiwy, Günther: Der französische Strukturalismus – Mode, Methode, Ideologie, 5. Aufl. 1971, rowohlts enzyklopädie Bd. 310

Schmidhäuser, Eberhard: Vom Sinn der Strafe, 1962

Schmidt, Eberhard: Probleme staatlichen Strafens in der Gegenwart, SJZ 1946, 204

Strafzweck und Strafzumessung in einem künftigen Strafgesetzbuch, in: Materialien zur Strafrechtsreform 1. Bd.: Gutachten der Strafrechtslehrer, 1954 S. 9

Schoene, Heiko: Die Regelstrafe – Ein Versuch zur Linderung des Unbehagens bei der Strafzumessung, NJW 67, 1118

Zur Bestrafung der leichten Verkehrsdelikte NJW 68, 635

Schönke-Schröder: Kommentar zum Strafgesetzbuch, 17. Aufl. 1974 (zit. Schönke-Schröder)

Schreiber, Rupert: Theorie des Beweiswertes für Beweismittel im Zivilprozeß, 1968

Schröder, Horst: Zur Verteidigung der Rechtsordnung, JZ 1971, 241 ff

Schütt, Harry: Probleme der Strafzumessung im Verkehrsrecht, in: 3. Deutscher Verkehrsgerichtstag 1965 S. 143

Schwarz-Dreher: Strafgesetzbuch mit Nebengesetzen, Kurzkommentar, 30. Aufl. 1968 (zit. Schwarz-Dreher)

Schweling, Otto: Die Bemessung der Gesamtstrafe, GA 55, 289

Seib, Herbert: „Strafzumessung" in: 4. Deutscher Verkehrsgerichtstag 1966 S. 144

Seibert, Claus, Bundesrichter: Eidesnotstand und Strafzumessung (§ 157 StGB), NJW 61, 1055

Anmerkung zu einem Urteil des OLG Stuttgart, NJW 61, 1491

Strafmaß und Beruf, NJW 65, 679

Simitis, Spiros: Rechtliche Anwendungsmöglichkeiten kybernetischer Systeme, 1966 (Recht und Staat Heft 322) (zit. Anwendungsmöglichkeiten)

Spendel, Günter: Zur Lehre vom Strafmaß, 1954 (Frankfurter wissenschaftliche Beiträge, Rechts- und wirtschaftswissenschaftliche Reihe Bd. 10)

Zur Entwicklung der Strafzumessungslehre, in: ZStW 83 (1971), 203 ff

Steinmüller, Wilhelm: EDV und Recht – Einführung in die Rechtsinformatik, 1970

Suhr, Dietrich: Zur Einführung: Recht und Kybernetik, JuS 68, 351

Tillmann, H.G.: Linguistische Probleme der Datenverarbeitung im Recht, DSWR 73, 290

Tröndle, Herbert: Die Strafzumessung bei Trunkenheit im Verkehr (§ 316 StGB), in: 5. Deutscher Verkehrsgerichtstag 1967 S. 67

Wagner/Haag: Die moderne Logik in der Rechtswissenschaft, 1970

Warda, Günter: Dogmatische Grundlagen des richterlichen Ermessens im Strafrecht, 1962

Weber, Hellmuth v.: Die richterliche Strafzumessung, 1956 (Schriftenreihe der Juristischen Studiengesellschaft Karlsruhe Heft 24)

Weinberger, Ota: Rechtslogik – Versuch einer Anwendung moderner Logik auf das juristische Denken, 1970

Weigelt, Werner: Verkehrsunfallflucht und unterlassene Hilfeleistung, 1960

Strafzumessung bei Verkehrsunfallflucht, DAR 60, 10

Wimmer, August: Die rechtlichen Einschränkungen der Strafermessensfreiheit, DRZ 50, 268

Justizirrtümer oder summarische Gerechtigkeit in Verkehrsstrafsachen, in: Aktuelle Rechtsprobleme – Hubert Schorn zum 75. Geburtstag, 1966 S. 99 (zit. Festgabe für Schorn)

Winkler, Franz: Die Quantisierbarkeit der Erfindungshöhe Mitt. 63, 61

Wirth, Peter: Erfindungshöhe und technischer Fortschritt als mehrdimensionale Informationsgrößen, GRUR 60, 405

Zipf, Heinz: Die Strafmaßrevision – Eine strafrechtsdogmatische Untersuchung über den systematischen Aufbau der Strafzumessung und ihrer Revisibilität im Erwachsenen- und Jugendstrafrecht. (Zit. Zipf)

Zipse, Erich: Sind Computerprogramme Anweisungen an den menschlichen Geist? GRUR 73, 123

ohne Verfasser: Alternativentwurf eines Strafgesetzbuches, Allgemeiner Teil, 1966 (zit. AE)

Das Juristische Informationssystem – Analyse, Planung, Vorschläge – Bericht der Projektgruppe aus Mitgliedern des Bundesministeriums der Justiz, der Gesellschaft für Mathematik und Datenverarbeitung und der C-E-I-R GmbH an den Bundesminister der Justiz; 1972 zit: Bericht.

Meyers Lexikon der Technik und der exakten Naturwissenschaften, 1969

Niederschriften über die Sitzungen der großen Strafrechtskommission, Bd. 4, 1958; Bd. 12, 1959 (zit. Protokolle)

Verhandlungen des 41. Deutschen Juristentages 1955, Bd. II

Vorentwurf zu einem Deutschen Strafgesetzbuch 1909

1. DAS VERHÄLTNIS DER NEUEN METHODE ZUR HERKÖMMLICHEN LEHRE UND PRAXIS DER STRAFZUMESSUNG

1.1. Die Unzulänglichkeit der herkömmlichen Methode der Strafzumessung

„Man nenne mir Einen Richter ..., der es bestreitet, daß Zufall und Willkür für die Höhe der erkannten Strafe maßgebend sind; der es leugnet, daß die Strafzumessung ein Griff ins Dunkle ist!"[1] Dieser im vorigen Jahrhundert geschriebene Satz wird heute nur deshalb selten zitiert und nur mit Vorbehalten bejaht[2], weil er zu temperamentvoll und bildhaft ist, um als sachlicher Beitrag gelten zu können. In der Sache selbst herrscht dagegen weitgehende Einigkeit über die Unzulänglichkeit des Strafzumessungsrechts in seiner praktischen und theoretischen Ausgestaltung. Man spricht von „Krise"[3] und „Chaos"[4], hat „ernste Bedenken"[5] wegen der ungleichen Behandlung annähernd gleicher Sachverhalte und glaubt, „daß die heutige Strafzumessungspraxis vielfach nicht mit dem Gedanken der Rechtssicherheit vereinbar ist."[6] Die vielfältigen kritischen Äußerungen betreffen den wenig ausgebildeten Zustand der Strafzumessungsdogmatik[7], die generell unterschiedliche Strafpraxis bei einigen Verkehrsdelikten in den verschiedenen Teilen der Bundesrepublik[8] und schließlich das Abweichen einzelner konkreter Urteile von Entscheidungen derselben Gerichte, die ähnliche Sachverhalte zum Gegenstand haben[9]. Weitgehende Übereinstimmung in der Strafzumessungspraxis (der Alkoholdelikte

---

1 *v. Liszt*, Strafrechtliche Aufsätze und Vorträge, 1. Bd. S. 393

2 Vgl. Elmar *Müller*, Zeitschrift für Verkehrssicherheit 60, 291, 299, „... wird ... deutlich, daß *v. Liszt* doch nicht ganz unrecht hat."

3 *Dreher*, Über die gerechte Strafe S. 21; *v. Weber*, Die richterliche Strafzumessung S. 4; Adolf *Arndt*, SJZ 46, 30.

4 *Lange*, Verhandlungen des 41. Deutschen Juristentages 1955, Bd. II, D S. 82; *Middendorf*, 600 Alkoholtäter S. 47: „... man hat schon mit Recht von einem ‚Chaos' der Strafzumessung gesprochen ... "

5 *Schwalm*, Protokolle, 12. Bd. S. 64

6 *Schwalm*, a.a.O.

7 *Geerds*, Konkurrenz S. 467, nennt die Strafzumessung „eines der Stiefkinder der deutschen Strafrechtswissenschaft".

8 *Meier-Branecke*, DAR 66, 93, 94 linke Spalte, *Middendorf*, 4. deutscher Verkehrsgerichtstag S. 163, 165; *Mühlhaus*, DAR 65, 141; *Schoene*, NJW 67, 1118, 1119; *Seib*, 4. deutscher Verkehrsgerichtstag S. 144, 150; *Wimmer*, Festgabe für Schorn, S. 99, 111.

9 Vgl. Elmar *Müller*, ZfVerkehrssicherheit 60, 291, 298 f und 301: „... die Höhe der erkannten Strafe ist ... kein Gradmesser dafür, ob den Verurteilten ein erheblicher Schuldvorwurf trifft oder nicht ... "; *Zipf*, S. 18

im Straßenverkehr) stellt, soweit ersichtlich, nur Janiszewski[10] fest. Er berücksichtigt jedoch in seiner Auswertung der Strafverfolgungsstatistik des Jahres 1965 die – von den Gerichten sehr unterschiedlich beantwortete – Frage der Strafaussetzung zur Bewährung ausdrücklich nicht[11]. Die Auswertung einer solchen Statistik kann indessen nur einen Überblick über das allgemeine Strafniveau geben. Sie sagt nichts über Abweichungen innerhalb einzelner Länder und vor allem nichts darüber aus, ob die Durchschnittsstrafen nicht auch von solchen Urteilen gebildet worden sind, die im Verhältnis zu der zugrunde liegenden Tat unangemessen hart oder mild sind. Eine Aussage hierüber kann man nur dadurch gewinnen, daß man einzelne Urteile (über vergleichbare Sachverhalte) miteinander vergleicht.

Der desolate Zustand der Strafzumessung (SZ) fällt, wie allgemein betont wird[12], um so schwerer ins Gewicht, als Art und Höhe der Strafe für den Angeklagten der wichtigste Teil der über ihn getroffenen Entscheidung sind – sehr viel wichtiger vor allem als der materielle Rechtsgrund der Verurteilung. In Anbetracht dieser Lage erscheint es merkwürdig und nur durch die Tradition erklärbar, daß sich zahllose Wissenschaftler mit materiell-rechtlichen Fragen befaßt und dabei untersucht haben, ob gewisse – auch ganz selten vorkommende – Handlungsmodalitäten unter gewisse Tatbestände zu subsumieren seien oder nicht, kaum jemand aber das Problem der gerechten Strafe für alle diejenigen zu lösen versucht hat, die eine alltägliche strafbare Handlung begehen, obwohl dies doch im Hinblick auf die Gesamtheit sehr viel wichtiger ist[13]. Diese Tradition wurde erst in den letzten 20 Jahren langsam gebrochen.

Einerseits wurde die Forderung laut, das SZsrecht müsse die gleiche Regelungsintensität erreichen, wie sie bei den Straftatbeständen erreicht ist[14]. Andererseits hat die SZswissenschaft sich entwickelt – dies vor allem durch die Arbeit von Bruns, der die dringend notwendige Begriffsbildung vorgenommen, scheinbar systemlose Entscheidungen und das Schrifttum ausgewertet und systematisiert und das verstreute Material aufbereitet, man möchte kurz sagen: Ordnung in das Chaos gebracht hat.

---

10 Blutalkohol 68, 27, 32

11 a.a.O. S. 36

12 *Bruns,* S. 2 ff mwN, *Geerds,* Konkurrenz S. 467, 504; *Schwalm,* Protokolle S. 65

13 Adolf *Arndt* SJZ 46, 30: „Strafrechtswissenschaft und Strafrechtspflege befanden sich damit im Gegensatz zur Betrachtungsweise aller Laien. Denn der Laie fragt nicht, aus welchem Gesetz eine Tat, sondern wie hoch sie bestraft wird. Das Strafmaß hat seit jeher für die Bevölkerung eine entscheidend andere Rolle gespielt als für die Rechtslehre" (a.A. Eb. *Schmidt* SJZ 46, 204); vgl. auch Elmar *Müller* ZfVerkehrssicherheit 60, 291, 292 und *Hassemer,* Automatisierte und rationale SZ, S. 96/97

14 So *Bruckmann,* ZRP 73, 31 rechts

Gleichwohl ist die SZs-Frage ungelöst, solange die Aufhebung eines Urteils wegen eines Fehlers bei der SZ „den Tatrichter nicht darüber (sc. belehrt), wie er die SZ vorzunehmen, sondern nur wie er seine Straffestsetzung revisionssicher zu begründen hat", solange „(sc. die Aufhebung) . . . nicht zu einer Änderung der ausgeworfenen Strafe (sc. führt), sondern nur zu einer Änderung ihrer Begründung"[15]; solange es sich bei der SZ insoweit „letztlich nur um die mehr oder weniger glückliche oder geschickte Art der Formulierung"[16] bzw. bei der Begründung einer verhängten Strafe um eine „façon de parler"[17] handelt und der BGH deswegen „mit Teilaufhebungen im Strafausspruch zurückhaltend zu sein (sc. pflegt)"[18]. Eine Wissenschaft, die es zuläßt, daß nach Wegfall einer für das Strafmaß entscheidenden Erwägung erneut dieselbe Strafe verhängt wird[19], ohne daß dies der von der Wissenschaft entwickelten Dogmatik widerspräche, kann in der Tat nur als in einer Krise stehend apostrophiert werden. Eine Wissenschaft, die ihre wesentliche Leistung darin sieht, die Maßstäbe für das Strafmaß dem richterlichen Ermessen und Gewissen anheimzustellen, welches aber doch „in mancher Beziehung wesentlich gröber als die moderne Strafrechtsdogmatik[20] reagiert, muß sich fragen, ob sie auf dem rechten Wege ist. Wenn „der Richter . . . nicht deshalb mit Gefängnis (sc. bestraft), weil mildernde Umstände vorliegen, sondern . . . mildernde Umstände (sc. annimmt), weil er Gefängnis aussprechen will"[21], so

---

15 So *v. Weber,* Die richterliche SZ S. 13; vgl. hierzu auch *Seibert,* NJW 65, 679, der einen solchen Fall schildert.

16 *Seibert,* NJW 61, 1055, 1056

17 *Seibert,* a.a.O.

18 So *Seibert,* NJW 61, 1055, 1056. Vom gleichen Geist sind *Seiberts* Sätze erfüllt, wenn er in einer Urteilsrezension in NJW 61, 1491 den Gerichten rät: „Es gibt wohl in jedem Fall handfeste, völlig einwandfreie Gründe genug, so daß man zu (sc. SZs-) Erwägungen der erörterten (sc. abzulehnenden) Art seine Zuflucht gar nicht erst zu nehmen braucht." Wenn SZs-Erwägungen irgend einen Sinn haben sollen, dann muß sich aus den „handfesten" und den abzulehnenden Gründen zusammen doch wohl eine andere Strafe ergeben als dann, wenn die abzulehnenden Gründe nicht mitwirken dürfen.

19 Bezeichnend in dieser Hinsicht OLG Frankfurt NJW 72, 1524: „Auch der Strafausspruch hält im Ergebnis revisionsrechtlicher Nachprüfung stand, obwohl einzuräumen ist, daß dieser Teil der Gründe des angefochtenen Urteils einige nicht ganz unbedenkliche Wendungen enthält. Indessen werden solche nicht tragfähigen Erwägungen jeweils durch Darlegungen ausgeglichen, die für sich allein Art und Höhe des Strafmaßes ausreichend stützen." Ebenso der neuerdings vom BGH (NJW 73, 63) wieder bestätigte Grundsatz, daß nach Auflösung einer Gesamtstrafe unter Einbeziehung einer weiteren Einzelstrafe (sc. nach § 76 StGB) eine neue Gesamtstrafe nicht höher zu sein braucht als die erste. Vgl. auch OLG Oldenburg NJW 68, 1293 (gleiche Strafe nach Wegfall des SZs-Grundes „Nachtrunk").

20 So *Baumann,* Strafrecht, Allgemeiner Teil S. 684 (§ 42, I, 4 b α, a.E.)

21 *Exner,* zit. nach *Seibert,* NJW 65, 679; ähnlich *Bruckmann* ZRP 73, 30 Fußnote 6.

mag er damit „gerecht" (in welchem Sinne auch immer) urteilen. Ja, er urteilt sogar *system*gerecht, denn das System läßt – unter Hinweis auf das richterliche Ermessen – fast alles zu. Die Art seiner Urteilsfindung läuft jedoch gegen die von der juristischen Methodik vorgeschriebene Richtung; denn sie sucht sich zum vorgegebenen Untersatz den passenden Obersatz und hat als realen Obersatz, der tatsächlich zum Ergebnis geführt hat, das richterliche Gewissen, das diese Rechtsfolge für angemessen hält.

Solche Phänomene wurden bisher in der Literatur zur SZ beschrieben und referiert, ohne daß ein Wille zur Abhilfe sich in Erfolg versprechender Weise gezeigt hätte. Allzuschnell zog und zieht man sich auf den jeweils verschieden gelagerten Einzelfall[22] zurück, der eine Normierung, Systematisierung und – horribile dictu in der SZs-Theorie – Schematisierung nicht zulasse. Es wurden Richterbesprechungen[23], bindende Richtlinien[24] und Urteilsvergleiche vorgeschlagen und z.T. verwirklicht. All das aber konnte das dem richterlichen Ermessen eingeräumte Terrain kaum verkleinern. Bruns[25] versucht, die SZ rational zu druchdringen, indem er insbesondere auf Gesetzmäßigkeiten im Bereich des Allgemeinen SZs-Rechts und auf die Wichtigkeit des Strafrahmens als Maßstabes der SZ hinweist. Zipf[26] sieht die Lösung in der Schuldrahmentheorie. Beide nehmen jedoch nicht für sich in Anspruch, einem bestimmten Fall eine eindeutig bestimmte Strafe zuordnen zu können oder zu wollen. Im Gegenteil, Bruns betont sogar die geringe Aussichtschance, die ein solches Beginnen haben müßte. Er folgert dies allerdings wohl im wesentlichen aus dem Fehlschlagen bisher gemachter ähnlicher Versuche[27] sowie der nicht weiter begründeten Behauptung, „SZ-Arithmetik" sei „ mit dem Wesen der gerechten SZ unvereinbar"[28].

Trotz dieser Ablehnung, und weil auch Bruns die „crux" nicht beseitigen konnte, die darin liegt, „daß man mit genau denselben untadeligen Zumessungsgründen zu sechs Monaten oder auch zu einem Jahr und sechs Monaten

---

22 Als einer für viele sei *Schweling,* GA 55, 289, 290 zitiert: „Über die Umstände, die die Bildung einer Strafe bei einer . . . Straftat beeinflussen, braucht nicht gesprochen zu werden. Sie sind ohne Zahl und vielgestaltig wie das Leben selbst."

23 *Schütt,* 3. deutscher Verkehrsgerichtstag S. 143. 151.

24 *Ludewig,* 2. deutscher Verkehrsgerichtstag S. 205, 218; und *Seib,* 4. deutscher Verkehrsgerichtstag S. 144, 156/157

25 S. 51 ff, insbesondere S. 59 ff

26 Vgl. besonders S. 55 ff „Bekenntnis zur Schuldrahmentheorie".

27 Vgl. *Bruns* S, 94: „Sie (sc. die vergeblichen Versuche, der Lösung des SZs-Problems vom mathematisch-rechnerischen Standpunkt aus näher zu kommen) waren . . . von Anfang an im Ergebnis zum Scheitern verurteilt, weil sich die angemessene Strafe . . . nicht . . . mathematisch oder arithmetisch errechnen läßt."

28 *Bruns* S. 94

kommen kann, ohne daß jemand den geringsten rational erfaßbaren Fehler nachweisen könnte"[29], versucht die vorliegende Arbeit die Lösung des SZs-Problems auf dem Wege der eindeutigen Zuordnung eines jeden Falles zu *einer* fest bestimmten Strafe.

1.2. Die Methode der Praxis bei der SZ

1.2.1. Intuition, Ermessen

„Das Strafmaß ist gefühlsmäßig nach altem Vergeltungsschema gewonnen, ist im Grunde einer rationalen Begründung gar nicht zugänglich und wird nur durch die Formel vom mildernden Geständnis bzw. schärfenden Leugnen untermauert."[30]. Dieser Satz wurde 1954 geschrieben. Er ist nur ein Glied in einer Reihe von Aussagen über die von den Gerichten bei der SZ angewandte Methode und Denkweise, die nur eins gemeinsam haben: die Feststellung, daß die SZ im Verhältnis zu anderen konkreten Rechtsfolgebestimmungen eine weichere, irrationalere, sprunghafte Tätigkeit ist. Und jeder dieser Feststellungen liegt unausgesprochen die Klage darüber zugrunde, daß auch die besten SZs-Gründe nicht den geringsten Anhalt geben, um aus ihnen eine bestimmte Strafe abzuleiten; daß das Eigentliche der SZ, das Auffinden eines Punktes im Strafrahmen, ein Sprung ist – weg von einer rational nachprüfbaren Ebene[31]. Ob das, was die Richtung dieses Sprunges bestimmt, nun Gefühl[32], Intuition[33], oder Gesamtschau[34] genannt wird, ist weniger eine sachliche Frage als eine Frage der Nomenklatur.

Diese Methode kann zu angemessenen Ergebnissen führen. Ihr Nachteil ist, daß man die Angemessenheit der Ergebnisse nicht überprüfen kann. In jedem Fall steht nämlich Gefühl gegen Gefühl; es gibt keinen Weg, in plausibler Weise das eigene Gefühl als richtig, das eines anderen als falsch zu beweisen.

---

29 *Sarstedt*, Die Revision in Strafsachen, S. 264, Fußnote 48 a.E., vgl. hierzu auch oben S. 3

30 Eb. *Schmidt*, MatStrRReform 1. Bd. S. 9, 27

31 Vgl. *Ostermeyer*, Strafunrecht Seite 79: „Die Zumessung einer Strafe ist ein Sprung über eine Schwelle; der Richter springt bei der Tat ab, durcheilt eine Sphäre des Ungewissen und landet irgendwo zufällig im gesetzlichen Strafrahmen. Es ist ein unkontrollierbarer und irrationaler Schritt, den die Erkenntnis nicht steuern kann, weil eine Ortung nicht möglich ist."

32 Elmar *Müller*, ZfVerkehrssicherheit 60, 291, 299; *Rolinski*, Prägnanztendenz S. 33; Eb. *Schmidt*, a.a.O. S. 27.

33 *Schwalm*, Protokolle 12. Bd. S. 64; vgl. auch *Hassemer* Die rechtstheoretische Bedeutung des gesetzlichen Strafrahmens Seite 282 mit Hinweis auf *Radbruch*, Klassenbegriffe und Ordnungsbetriffe im Rechtsdenken, in: Revue internationale de la théorie du droit. Internationale Zeitschrift für Theorie des Rechts 12 (1938), Seite 46–54.

34 *Geerds*, Konkurrenz S. 513

Gedeckt wird die intuitive Methode von einer SZs-Lehre, die in der Strafmaßbestimmung die „Domäne" des strafrichterlichen Ermessens sieht. Sie lehrt, daß es dem Richter wegen der unterschiedlichen Umstände jeden Einzelfalles bei der SZ erlaubt sei, unter einer großen Zahl von Entscheidungsmöglichkeiten die richtige herauszufinden, ohne die Wahl mit der Genauigkeit und Stringenz zu begründen, die von ihm sonst verlangt wird[35]. Historisch dürfte diese Ermessensfreiheit ihren Grund darin haben, daß Gesetz und Wissenschaft dem Richter keine Kriterien bieten, die es ihm ermöglichen, erstens in einem der Subsumtion ähnlichen Verfahren die Strafe zu finden und zweitens diese Strafe entsprechend zu begründen. Eine Theorie, die diesen Zustand decken will, muß zum beschriebenen Ermessen greifen[36]. Diese Methode hat überdies einen negativen Rückkopplungseffekt: Weil die Theorie das richterliche Verfahren deckt und auf die Umstände des Einzelfalles verweist, fehlt dem Richter die Motivation, sich seinerseits um Systematisierung der vorhandenen Obersätze zu bemühen[37].

Rechtstheoretisch ist die Ermessenslehre der juristischen Hermeneutik[38] zuzuordnen. Dort findet sie auch ihre Befürworter[39]. Ihre Kritiker weisen zutreffend darauf hin, daß die SZ und die Beweiswürdigung die einzigen Bereiche sind, in denen der Tatrichter noch seine Ermessens-Domäne hat: „Wie die Freiheit der Beweiswürdigung auf eine Methodik der Wahrheitsfindung verzichtet, so die Freiheit der Strafzumessung auf eine Methodik der Strafberechnung."[40] Die bedeutende Frage, ob eine Systematisierung der Beweiswürdigung möglich ist, die flexibel genug ist, den in den Einzelfällen auftretenden besonderen Umständen Rechnung zu tragen, wäre es wert, eingehend untersucht zu werden. Schreiber[41] hat eine Theorie aufgestellt, die es ermöglichen soll, Erfahrungssätze der Beweiswürdigung zu formulieren. Auch sein Ansatz zeigt deutlich, daß keinesfalls von dem – möglicherweise richtigen – Grundsatz der Freiheit der Beweiswürdigung auf einen entsprechenden Grundsatz im Bereich der SZ zu schließen ist.

1.2.2. Tradition

Will man die Methode der Strafmaßbestimmung über die Merkmale „Intuition" und „Ermessen" hinaus charakterisieren, so ist wohl am treffendsten Max

---

35 Vgl. etwa *Bruns,* S. 64 ff mwN

36 Vgl. ähnlich *Hassemer,* Automatisierte und rationale SZ, S. 106

37 Ähnlich *Hassemer,* Automatisierte und rationale SZ, S. 106

38 Vgl. *Kaufmann-Hassemer,* Grundprobleme der zeitgenössischen Rechtsphilosophie und Rechtstheorie S. 65 ff

39 Etwa *Esser,* Vorverständnis und Methodenwahl in der Rechtsfindung, S. 157

40 *Ostermeyer, Strafunrecht S. 81*

41 Theorie des Beweiswertes für Beweismittel im Zivilprozeß S. 3 und passim

Webers Schlagwort vom „traditionellen Handeln". Das Kernstück der SZ ist Abschätzung und Vergleichung an Hand von Ordnungsvorstellungen, die der Richter mehr oder weniger deutlich, richtig und differenziert ähnlich einer Skala in sich trägt. Diese Skala ist von Tradition und Richterarbeit geschaffen. Ihre Anwendung ist deshalb so schwierig, weil der mit der Skala zu vergleichende Stoff äußerst verwickelt und verschiedenartig zusammengesetzt ist. Deshalb kann keine Gebrauchsanweisung beigegeben werden. Aber: erfahrene Kriminalisten vollziehen die Akte der Abschätzung und Vergleichung oft in einem einzigen psychischen Griff[42]. Dies ist ein sehr prägnanter Ausdruck einer Erkenntnis, die insbesondere auch Exner[43] und Dreher[44] schon hatten. Der „richterliche Strafrahmen" ist das von Bruns[45] so bekämpfte Kennzeichen dieser Methode. Auf seine Verbreitung in der Praxis weist auch Laum[46] hin, indem er einen Überblick über die (recht engen) richterlichen Strafrahmen eines Landgerichtsbezirks bei fahrlässiger Tötung und Körperverletzung im Straßenverkehr gibt.

Auch Opp-Peukert[47] betonen das traditionelle Element bei der richterlichen Strafmaßbestimmung. Sie nennen die Vorstellung, die der Richter über die Zuordnung einer Strafe zu einer bestimmten Schuld hat, Straf-Adäquanztheorie und sind der Meinung, man könne, wenn man noch drei weitere Richtertheorien kenne (pragmatische Rückfälligkeitstheorie, pragmatische Schuldtheorie und die Strafwirkungstheorie) bei vorgegebenem Sachverhalt das Urteil prognostizieren[48].

---

42 *Wimmer,* DRZ 50, 268, 270

43 Studien S. 9, 10

44 MDR 61, 343, 344; vgl. auch *Geerds,* Konkurrenz S. 468, *Schoene,* NJW 67, 1118 ff.

45 S. 49, 59 ff

46 Die richterliche SZ, S. 102 ff

47 Ideologie und Fakten in der Rechtsprechung S. 104

48 Dieser Satz ist logisch sicher richtig, er bringt uns aber nicht weiter, weil es beschreibbare Theorien dieser Art bei Richtern nicht gibt. Kein Richter ist in der Lage, seine Theorien so zu beschreiben, daß man daraus zuverlässig auf ein Urteil schließen könnte. Auch subtile Befragung kann dem Richter solche Theorien nicht entlocken. – Im übrigen zeigt die Arbeit von *Opp-Peukert* die Notwendigkeit interdisziplinärer Zusammenarbeit. Ihrem Vorurteil gegen Juristen („Ergebnisse der modernen analytischen Wissenschaftstheorie, die ein Soziologiestudent bereits im ersten Semester lernt, haben sich in der Justiz noch nicht herumgesprochen", S. 21) entspricht ihre offensichtlich fehlende praktische Erfahrung in der juristischen Arbeitsweise. Anders sind die Gleichsetzung von Sühne mit Rache (S. 112), der auf S. 119 geäußerte Verdacht, daß Urteilsbegründungen „nichts anderes als Rechtfertigungsstrategien für das Urteil darstellen, die dem Urteil eine höhere Dignität verleihen und somit Kritik eliminieren sollen" und die praxisfernen Darstellungen von Richtertheorien nicht erklärbar. Wegen dieses Vorurteils dürfte die Arbeit für die Entwicklung einer gleichmäßigen SZ nur von begrenztem Wert sein.

Wie ordnet sich das traditionelle Handeln in die moderne Methodenlehre ein? Es ist ein Fall der Berücksichtigung des Vorverständnisses in der Rechtsfindung, über das in den letzten Jahren viel diskutiert wurde[49]. Das vorliegende Modell versucht, das durch die Tradition gebildete Vorverständnis weitgehend auszuschalten und an seine Stelle ein formales Verfahren zu setzen, bei dessen Anwendung Vorverständnis nur in meßbaren Größen in das Strafmaß eingeht.

1.2.3. Schematisierung ohne „geregelte Individualisierung"

Die traditionelle Methode mag ihre Vorzüge haben. Ihr Nachteil ist, daß sie zu einer Schematisierung und einem Straftaxensystem führt, das in der Literatur mit Recht als unhaltbar bezeichnet wird. Wenn ein Richter[50] die Freiheitsstrafe für einen Kraftfahrer, der mit 1,9 ‰ Blutalkohol-Konzentration gefahren ist, trotz geringer Schuld im übrigen nicht zur Bewährung aussetzt mit der Begründung, jedes Urteil, das die Strafe bei Tätern mit über 1,8 ‰ aussetze, werde aufgehoben, so ist er allenfalls in seiner Ausdrucksweise ungeschickt. In der Sache ist er bzw. der Angeklagte Opfer einer Schematisierung geworden, die im Bestreben, Gleiches gleich zu behandeln, Regeln entwickelt, die zu wenig differenziert sind.

Gerade dieser Aspekt einer Regelsetzung ist es, welcher der überwiegenden Meinung suggeriert, es gebe nur die Alternative zwischen „Regeln mit Schematisierung" und „keine Regeln mit Individualisierung". Daß es auch *differenzierte* Regeln geben kann, die jeden für die SZ relevanten Umstand für *alle gleichermaßen* erfassen, scheint für sie ausgeschlossen zu sein. Und unter diesen Voraussetzungen bevorzugt sie mit Recht die regellose Individualisierung, und zwar auch da, wo diese, wie besonders bei § 23 Abs. III Nr. 1 a.F. StGB, in Ermangelung jeglichen faßbaren Begriffsinhaltes nur noch auf das unartikulierte Gerechtigkeitsgefühl des Urteilenden abstellt: „Allgemeine rechtliche Erwägungen über die vom Richter aufzustellenden Zumessungserwägungen können und dürfen also nicht aufgestellt werden. Sie wären entweder . . . zu allgemein . . . oder sie wären so speziell, daß der SZ die erforderliche Anpassung an den Einzelfall verloren ginge."[51, 52]. Das OLG Oldenburg[53] sieht es sogar schon als rechtsfehlerhafte Schematisierung an, wenn ein Gericht

---

49 Vgl. *Esser*, Vorverständnis und Methodenwahl in der Rechtsfindung, neuerdings *Haverkate*, ZRP 73, 281

50 Vor Inkrafttreten des § 23 StGB idF. des 1. StrRG

51 *Wimmer*, DRZ 50, 268, 270

52 Aus diesem Grunde sind gegen eine Schematisierung BGH bei *Martin*, DAR 63, 173, 187; OLG Hamburg NJW 63, 2387; OLG Hamm MDR 64, 254; OLG Köln NJW 66, 895; OLG Neustadt DAR 63, 304; OLG Oldenburg, Blutalkohol 68, 132, 134; *Bruns*, S. 49 mwN; *Floegel-Hartung*, § 21 StVG (a.F.) RdNr. 18.

53 Blutalkohol 68, 132, 134; a.A. *Meier-Branecke* DAR 67, 80, 82

seine Aussetzungspraxis nach den sehr vorsichtig formulierten Empfehlungen des 4. deutschen Verkehrsgerichtstags ausrichtet. Auch die wenigen, die bereit waren, für die Einheitlichkeit der SZ einen gewissen Grad an Schematisierung in Kauf zu nehmen[54], schränkten ihre Forderung auf fahrlässige Verkehrsdelikte ein und hatten wohl – z.T. unausgesprochen – nur solche Delikte im Auge, die heute durch den Bußgeldkatalog in einer Weise schematisiert sind, die – folgt man den Urteilen aus den vor 1968 liegenden Jahren[55] – einen unzulässigen Widerspruch zum Prinzip des Schuldstrafrechts darstellt.

So bleibt denn die Praxis – angehalten durch die Obergerichte – formal bei einer regellosen Individualisierung, schreibt in ihre Urteilsgründe SZs-Erwägungen, die sich in einer Aufzählung der zu beachtenden SZs-Tatsachen erschöpfen, deren im einzelnen nicht geklärtes Gewicht[56] schließlich die verhängte Strafe als „schuldangemessen, aber auch ausreichend erscheinen" läßt – Rationalisierung einer vom Gefühl bestimmten Strafe[57]. Dogmatische Rückenstärkung erhält sie dabei von Autoren, die es für richtig halten, daß Gefühl und Wille[58] dem Verstand helfen, in einer Gesamtschau die gerechte Strafe zuzumessen.

Diese Ausführungen erschienen notwendig, um das vorgelegte Modell von anderen „Schematisierungen" abzuheben. Denn im Gegensatz zu ihnen versucht es, eine Individualisierung nach allgemein geltenden Regeln zu erreichen. Und es ist so gestaltet, daß es vom Vorwurf der Schematisierung, dem ein „Schema" sehr leicht ausgesetzt ist, nicht getroffen wird[59].

54 *Booss* NJW 60, 373; *Ludewig*, 2. deutscher Verkehrsgerichtstag 205, 207/208, 214, 217/218, 220, 221; *Meier-Branecke* DAR 66, 93, 94; *Middendorf*, 2. deutscher Verkehrsgerichtstag 188, 193; *Schönke-Schröder*, vor § 13 RdNr. 79 (für Übertretungen!).

55 OLG Hamm MDR 64, 254

56 Vgl. *Dubs*, Analytische Bewertung S. 20

57 So *Rolinski*, Prägnanztendenz S. 44

58 *Spendel*, Zur Lehre vom Strafmaß S. 44

59 Dasselbe Ziel setzt sich *Haag*: Das von ihm entwickelte Modell gestatte „volle Individualisierung bei der Strafzumessung, verbunden mit größtmöglicher Exaktheit und Gleichmäßigkeit. Unser Modell ist also nicht nur auf Standard- und Durchschnittsfälle anwendbar, sondern beansprucht, ein allgemeines Modell der Strafzumessung darzustellen." (S. 16).

1.3. Kurze Erläuterung der hier vorgeschlagenen Methode, des „Schemas"

1.3.1. Abstrakte Erklärung des Verfahrens

Das vorliegende Modell beruht auf dem Gedanken, alle für die SZ relevanten Tatumstände und Tätermerkmale müßten unter ein System von Obersätzen subsumiert werden, das eine zahlenmäßige Bewertung zuläßt. Dabei soll der globale Obersatz „Schuld" in Unterbegriffe aufgegliedert werden, denen Teile des Sachverhalts in plausibler Weise zugeordnet werden können. Sowohl der Sachverhalt als auch die Obersätze müssen also in geeignete – nämlich für die SZ relevante – Teile *aufgegliedert* werden.

Bei der Verwirklichung dieser Maximen folgen wir einem Vorschlag von *Dubs*[60], der erkannt hat, daß das Problem der exakten SZ ähnlich gelagert ist wie das – weitgehend gelöste – der Arbeitsplatzbewertung bzw. Lohnfestsetzung: Hier wie dort muß eine – sich in fest bestimmten Zahlen ausdrückende – Entscheidung (über das Strafmaß bzw. die Lohnhöhe) auf Grund der Bewertung verschiedenartiger, nicht ohne weiteres meßbarer Faktoren von unterschiedlicher Bedeutung getroffen werden. Daher empfiehlt sich für die SZ – in Anlehnung an die Methode der Arbeitsplatzbewertung[61] – folgendes Vorgehen:

Alle für die SZ relevanten Merkmale, z.B. Höhe der Blutalkohol-Konzentration, Vorstrafen, werden in einer Liste (Merkmalkatalog) festgelegt. Jedem dieser Merkmale wird ein bestimmter Zahlenbereich zugeordnet (z.B. 1 bis 20). Bei der konkreten Anwendung der Methode[62] ordnet der Richter den zu beurteilenden Sachverhalt den für den vorliegenden gesetzlichen Tatbestand in Betracht kommenden Merkmalen in der Weise zu, daß er das Vorliegen einer bestimmten „Merkmalsstärke" feststellt (z.B. Schwere der Verletzung, Höhe der Blutalkohol-Konzentration). Aus dem Merkmalkatalog entnimmt er dann die Zahl, die dieser Stärke fest zugeordnet ist (Merkmalswert oder Merkmalszahl).

Eine bestimmte Auswahl von Merkmalswerten verknüpft er alsdann gemäß einer – bei jedem Tatbestand verschiedenen – Vorschrift (Verknüpfungsregel[63]) durch Addition oder Multiplikation. Das Ergebnis heißt Strafrohzahl.

---

60 Analytische Bewertung als Grundlage richterlicher SZ, S. 9, 20. An anderer Stelle (Grenzen der Individualisierung im Strafrecht, S. 38) schlägt *Dubs* vor, das Gewicht der Präventionstatsachen dadurch zu limitieren, daß der Richter die nach der Tatschuld angemessene Strafe nur um einen bestimmten Prozentsatz verändern darf. Das entspricht im Ergebnis der Schuldrahmentheorie, vgl. unten S. 57

61 Vgl. *Dubs*, Analytische Bewertung, S. 21

62 Vgl. zum Folgenden die schematische Übersicht auf S. 11

63 Ähnlich *Haag* (S. 106): Verknüpfungsfunktion

Durch Anwendung der „Allgemeinen Entscheidungsregeln" – in welche die bisher noch nicht verwerteten Merkmalswerte eingehen – auf die Strafrohzahl wird die zu verhängende Strafe gefunden.

Diese Beschreibung vereinfacht in mancher Hinsicht. Sie genügt aber für das Verständnis des folgenden Beispiels, wenn noch dies hinzugefügt wird: Bei einigen Merkmalen gibt es zwei Arten von Merkmalszahlen (Merkmalswerten): die Merkmalsgrundzahl und die Merkmalsendzahl. Die Merkmalsgrundzahl ist der Merkmalsstärke direkt zugeordnet. Die Merkmalsendzahl ist das Produkt aus Merkmalsgrundzahl und einer weiteren Zahl, dem sogenannten – tatbestandsabhängigen – Gewicht. Diese Zahl gibt das Gewicht an, welches das Merkmal bei dem gesetzlichen Tatbestand im Verhältnis zu den anderen Merkmalen haben soll.

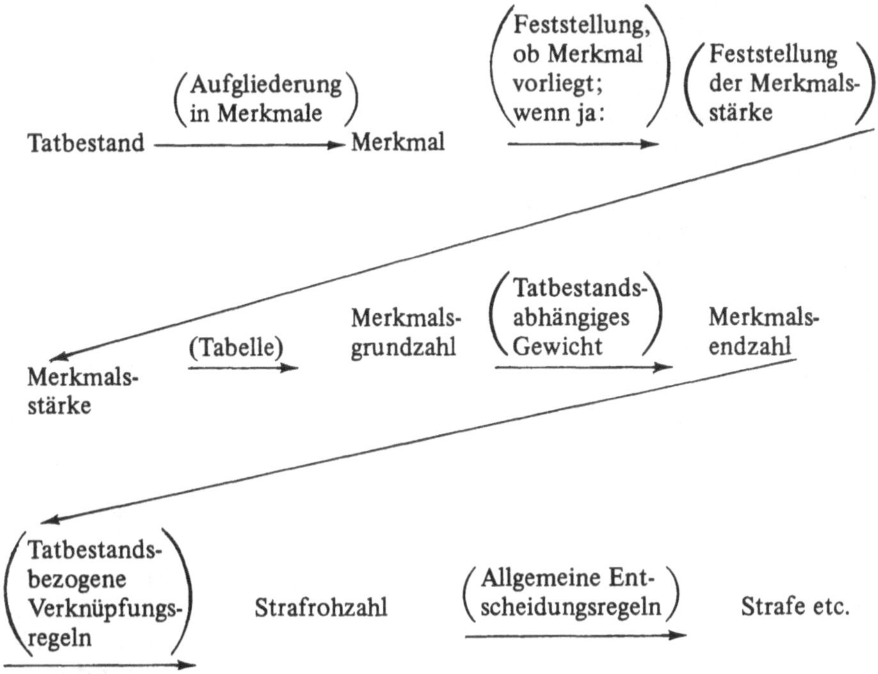

1.3.2. Beispielhafte Erläuterung an einem Fall des § 316 StGB

Ein Beispiel von Trunkenheit im Straßenverkehr (§ 316 StGB) soll das gesamte Verfahren weiter verdeutlichen.

Der Täter ist verheiratet und hat zwei schulpflichtige Kinder. Seine Frau ist erwerbstätig. Er ist Angestellter im öffentlichen Dienst und verdient monatlich 900,– DM netto. Er fährt mit seinem Auto zum Kegelabend und will es auch zur Rückfahrt benutzen. Nachdem er auf dem Heimweg 3 km durch unbelebte Straßen gefahren ist, stoppt ihn die Polizei bei einer Routinekontrolle, ohne daß er aufgefallen wäre. Seine Blutalkoholkonzentration beträgt 1,6‰. Er benutzt sein Fahrzeug täglich auf dem Weg zur Arbeitsstätte, kann aber mit nur mäßigem Zeitverlust auch ein öffentliches Verkehrsmittel benutzen.

Der Richter findet für § 316 StGB folgende Übersicht über die zu bewertenden Merkmale vor:

Kenn-nummer	Kurze Bezeichnung[64] des Merkmals	Merkmals-Zahlbereich	Gewicht	Merkmals-Endbereich
1	Blutalkohol			1,3 – 1,65
3	Fremdschaden, Sach-	1– . . .	3	3 – . . .
7	Länge der Fahrt	1– . . .	4	4 – . . .
8	Gefährlichkeit	10–50	2	20 –100
9	Verkehrsstärke	10–50	2	20 –100
10	Ordnungswidrigkeit	5–500	1,5	7,5 –750
15	Mitverschulden			0,1 – 1,0
26	Vorsatz, Fahruntüchtigkeit			2,05– 3,0
32	Fahrvorsatz	1–30	6	6 –180
33/2	Zweck der Fahrt			0,65– 1,6
34	Fahrlässigkeit, Fahruntüchtigkeit	10–50	3	30 –150
36	Vorstrafen	1–83	9	9 –747
37	Nachtatverhalten			0,8 – 1,275
38	Eigenschaden, Personen-			1,0 – 0,5
39	Eigenschaden, Sach-			1,0 – 0,8
40	Einkommen			1,0 – 2,5
41	Freiheitsstrafen-Empfindlichkeit			0,715– 1,0
42	Prognose			0,92 – 1,3
43	Fahrerlaubnis			0,72 – 1,1
44	Veränderungen			0,62 – 1,0
45	Sonstige Umstände			0,62 – 1,0

Die Zahlen in der Spalte „Kenn-Nummer" sind die in Zahlen ausgedrückten Namen der Merkmale; sie dienen nur als Kürzel. Die Skala „Merkmals-Zahlbereich" zeigt für jedes Merkmal die Mindest- und Höchstwerte an, welche die Merkmalszahlen annehmen können; in der Spalte „Merkmals-Endbereich"

64 Vgl. zur genauen Bezeichnung die Angaben im Merkmalkatalog unten S. 61 und die Übersicht über die Merkmale und ihre Kenn-Nummern im Anhang S. 210

ist das Produkt aus den Spalten „Merkmals-Zahlbereich" und „Gewicht" aufgeführt. Es wäre also auch möglich, nur die Spalte „Merkmals-Endbereich" anzugeben, wie dies auch bei den kein tatbestandsabhängiges Gewicht aufweisenden Merkmalen geschehen ist. Wir führen auch die Merkmalszahlbereiche und Gewichte auf, weil die Merkmalszahlbereiche tatbestandsunabhängig und miteinander vergleichbar sein sollen. Dies erleichtert auch die Übersicht, weil viele Merkmale bei mehreren gesetzlichen Tatbeständen angewendet werden.

Welche Merkmalszahl einer bestimmten Merkmalsstärke entspricht, ersieht der Richter aus dem hier noch nicht aufgeführten Merkmalkatalog[65]. Dort findet er z.B., daß er für eine Blutalkohol-Konzentration von 1,7‰ die Zahl 1,54 einzusetzen hat. In unserem Fall wird er sich folgende Aufstellung machen:

Kenn-Nummer	Merkmalsgrundzahl	Merkmalsendzahl
1	–	1,52
3	–	–
7	3	12
8	20	40
9	20	40
10	–	–
15	–	–
26	–	–
32	25	150
33	–	1,1
34	30	90
36	–	–
37	–	0,9
38	–	–
39	–	–
40	–	1,0
41	–	1,0
42	–	1,0
43	–	1,0
44	–	1,0
45	–	1,0

Die Merkmalsendzahlen setzt der Richter nun in die Verknüpfungsregel ein, welche lautet:

$$\langle[(3 \cdot 15 + 7 + 8 + 9 + 10 + 32) \cdot 1 + 34] \cdot 26 \cdot 33 \cdot 37 + 36\rangle \cdot 38 \cdot 39 = \text{Strafrohzahl (SRZ)}$$

65 vgl. unten S. 61 ff

Hierin sind die Zahlen die Kenn-Nummern der Merkmale. „8 + 9" heißt also: Man addiere die Endzahlen der Merkmale 8 und 9, die man in diesem Fall ermittelt hat. Die mit den Merkmalszahlen dieses Falles ausgefüllte Verknüpfungsregel sieht dann folgendermaßen aus:

$$\langle[(\;\; -\text{*}) + 12 + 40 + 40 + \;\; - + 150) \cdot 1{,}52 + 90]$$
$$\cdot - \cdot 1{,}1 \cdot 0{,}9 + - \rangle \cdot - \cdot - = \text{SRZ}$$

$$\langle[(3 \cdot 15 + 7 + 8 + 9 + 10 + 32) \cdot 1 + 34] \cdot$$
$$\cdot\, 26 \cdot 33 \cdot 37 + 36\rangle \cdot 38 \cdot 39 = \text{SRZ}$$[66].

Das ergibt ausgerechnet:

$$(252 \cdot 1{,}52 + 90) \cdot 1{,}1 \cdot 0{,}9 = \text{SRZ}$$
$$(383 + 90) \cdot 0{,}99 = \text{SRZ}$$
$$473 \cdot 0{,}99 = \text{SRZ}$$
$$468 = \text{SRZ}$$

Die Strafrohzahl hat keine materielle Funktion; sie ist nur die Zahl, an die das Verfahren in den Allgemeinen Entscheidungsregeln – die für alle Tatbestände gleich sind – anknüpft. Da diese Regeln hier noch nicht eingehend erläutert werden können, wäre es verwirrend, sie an dieser Stelle schon im einzelnen anzuführen. Es möge daher jetzt mit der Angabe des Ergebnisses vorliebgenommen werden: 312,– DM Geldstrafe, 3 Monate Fahrverbot. Auch ist die Kenntnis dieser Regeln zum Verständnis des Systems nicht erforderlich, denn es ist leicht einzusehen, daß aus einer einzelnen Zahl – der Strafrohzahl – eine Strafe errechnet werden kann.

Auch die Verknüpfungsregel, deren Ausgestaltung vielleicht etwas willkürlich erscheinen mag, soll hier noch nicht erläutert werden[67]. Es sei aber jetzt schon versichert, daß es Erwägungen gibt, die für diese und gegen jede andere Gestaltung dieser Regel sprechen.

1.4. „Dogmatische" Voraussetzungen des Schemas

1.4.1. Rationalität der Strafzumessung

„Der Fortschritt des Strafrechts bedeutet eine fortschreitende Affektbefreiung, Ernüchterung und Rationalisierung der Strafe."[68]

---

*) Dieses Zeichen bedeutet „entfällt", es ist kein Zeichen für „Minus".

66 Die abstrakte Verknüpfungsregel wird, um das Vergleichen zu erleichtern, hier noch einmal aufgeführt.

67 S. dazu unten S. 152 ff

68 *Radbruch,* zit. nach *Heinemann,* DriZ 68,3 der keine Quelle angibt.

„Rationalität der SZ" ist eine erste und sehr selbstverständliche Voraussetzung dieser SZs-Methode. Bruns[69] wird nicht müde, sie zu fordern[70], so daß Zipf sie schon als gesicherte Position betrachten kann[71]. Es wäre also – außer aus systematischen Erwägungen heraus – nicht notwendig, auf diese Forderung hier erneut einzugehen, träfe man nicht auch in der neueren Literatur auf Äußerungen, die den Anschein erwecken, als sei es – wegen der Irrationalität der SZ im Einzelfall – besser, sich mit einer wissenschaftlichen Durchdringung dieses Gebietes nicht zu befassen.

So schreibt Dreher[72] im Jahre 1955: „Natürlich zeigt auch die Arbeit Spendels (sc. Zur Lehre vom Strafmaß), daß der Rationalisierung der SZ Grenzen gesetzt sind und daß das tabu, mit dem die Frage lange Zeit umgeben schien, nicht von ungefähr kommt. Im Ausspruch über die Strafe wirkt die sakrale Funktion des Richteramtes am stärksten nach. Ein irrationaler Kern wird hier immer bleiben und muß es auch, wenn wir nicht in Gefahr kommen wollen, aus dem Gerichtssaal eine Art psychologisches Laboratorium zu machen."

Ähnliche Gedanken drückt Eb. Schmidt[73] so aus: „In alles Strafen spielen irrationale Momente hinein, Imponderabilien, die sich nicht in Worte fassen lassen. Dazu gehören die Gedanken der Gerechtigkeit und der Sühne. Ich bin der Letzte, der dies bagatellisieren möchte; aber ich möchte sie, gerade weil ich mit ihnen eine unendlich tiefe Bedeutung verbinde, aus dem bequemen rationalen Gerede entfernt wissen, das sich immer dann einstellt, wenn man in Wahrheit um SZs-Gründe verlegen ist, die die kriminalpolitische Sachlichkeit des Urteils dartun könnten."

Hier[74] wird das Irrationale als legitimes Element der SZ verteidigt. Man mache sich klar, was damit gesagt wird: Die Gründe, die zur Zumessung einer – durchaus nicht irrationalen – Strafe führen, sind vom Verstand nicht faßbar, vermögen und brauchen es auch nicht zu sein. Wir behaupten dagegen: Es liegt an gewissen Traditionen, deren man sich als solcher nicht bewußt war, daß der Begriff des Irrationalen in die SZ Eingang finden konnte. Es wurde versucht, diese Tradition rational zu begründen. Das Ergebnis dieser Bemühungen ist

69 Vgl. besonders S. 20, 16, 17, 47, 175, 201

70 Gleichwohl räumt auch er (S. 1) das Vorliegen „gewisser irrationaler Unwägbarkeiten" ein.

71 S. 2, 4, 20 ff; vgl. auch *Hassemer* Automatisierte und rationale SZ S. 112, der mit Recht rügt, daß der Begriff in Untersuchungen zur SZ häufig benutzt wird, ohne daß der Autor sagt, was er darunter versteht. *Hassemer* sieht bereits in vielen Fällen eine Scheinrationalität unter dem Mantel der Rationalität.

72 GA 55, 191, 192; vgl. auch in MDR 61, 343, 344: „Die SZ entzieht sich einer völligen Rationalisierung."

73 MatStrRReform, 1. Bd. S. 9, 28

74 Im gleichen Sinn auch *Knoche,* DRiZ 68, 14; *Ostermeyer,* NJW 66, 2301.

unsere gegenwärtige SZs-Dogmatik. Sie hat einige Komponenten der SZ geklärt. Diejenigen, die sie nicht hat erfassen können, nennt sie irrational. Da Strafen und Strafmaß-Traditionen den Versuchen, sie zu begründen, vorausgingen[75], ist es nicht verwunderlich, daß die Begründungsversuche die Strafen nicht immer völlig decken konnten, daß also eine Differenz zwischen dem Begründbaren und der Strafe entstand. Diese Differenz zu verteidigen, darf nicht Ziel und Gegenstand wissenschaftlicher Diskussion sein. Vielmehr gilt es, die Strafen den rationalen Erwägungen anzupassen, den irrationalen Rest zu eliminieren und alle Nachwirkungen der sakralen Funktion des Richteramtes als solche zu erkennen und auszuschalten. Denn allein dieser sakralen Funktion in Verbindung mit dem angeblich metaphysischen Charakter der Schuld verdanken wir wohl das weitgehend unwidersprochene Auftauchen des Wortes „irrational" in der Strafmaßdiskussion. Das Beiwort „metaphysisch" verleitet dazu, Ungenauigkeiten hinzunehmen, die man sonst weit von sich wiese. Metaphysisches ist im Leben nicht nachprüfbar. Darum ist es „bequem", sich der Aufgabe exakter SZ mit dem Hinweis auf den metaphysischen Charakter der der Strafe als Maßstab dienenden Schuld zu entziehen.

Auch wenn man den „irrationalen Rest" ablehnt, braucht der Gerichtssaal kein „psychologisches Laboratorium" zu werden. Wer so argumentiert, verwechselt Diagnose und Therapie. Denn das Irrationale in der SZs-Praxis ist nicht die – ohne psychologisches Laboratorium in der Tat unaufklärbare – Täterpersönlichkeit, sondern es ist der unaufgegliederte Schuldbegriff. Bisher setzt der Richter ungenaue Feststellungen über die Täterpersönlichkeit auf eine irrationale Weise in eine Strafe um. Bei einer rationalen Methode der SZ würde er diese – zugestandenermaßen ebenso ungenauen – Feststellungen in einem rationalen, nachprüfbaren, das Gewicht jeder Tatsache vorschreibenden Verfahren verwerten.

Das „bequeme Gerede" ist das Gerede vom Irrationalen: Soweit es eine rationale Begründung für eine Strafe nicht mehr gibt, die Strafe aber trotzdem als richtig und gerecht *empfunden* wird, hilft das – dogmatisch zugelassene – Irrationale, sie unanfechtbar zu machen.

1.4.2. Grundsätzliche – theoretische – Vergleichbarkeit von Schuld und Strafe, Meßbarkeit der Schuld

In engem Zusammenhang mit der Meinung, es gebe einen „irrationalen Rest" bei der SZ, steht die Behauptung, Tat und Strafe seien „inkommensurabel"[76], deswegen spielten bei der SZ „Imponderabilien" mit, die rational nicht faßbar

---

75 Vgl. *Exner,* Studien S. 10: „Es handelt sich bei der heutigen SZ . . . nicht um rationales, sondern um traditionelles Handeln."

76 *Middendorf,* 2. deutscher Verkehrsgerichtstag S. 188; ders., 4. deutscher Verkehrsgerichtstag S. 163, 164; *Wimmer,* DRZ 50, 270

seien[77], mit dem Ergebnis, daß auch aus diesem Grunde eine eindeutige Zuordnung einer bestimmten Strafe zu einer bestimmten Tat schon gedanklich unmöglich sei. Schuld und Strafe seien „heterogene Begriffe mit gemeinsamer Wurzel im Irrationalen"[78], sie seien daher „einer rationalen Erklärung nicht zugänglich und somit auch nicht meßbar". Demgemäß müsse auch „die SZ im Einzelfall . . . ein Problem kunstvoller, wenn nicht gar künstlerischer Bewertung[79] sein.

Auch von Autoren, die sich für eine rationale SZ einsetzen, wird die Meinung vertreten, es gebe keine Skala, die es ermöglichen könnte, den Grad des Einflusses schuldrelevanter Merkmale auf die Strafe zu bestimmen[80], kein Zentimetermaß, an dem man die Tat messen könne[81]; die prinzipielle Schranke, daß sich Werturteile nicht in numerische Größen umsetzen lassen, daß sie nicht quantifizierbar sind, sei unübersteigbar[82]. Dem stehen ein praktisches und ein logisches Argument entgegen.

Das praktische formuliert Haag[83] lapidar: „Es ist also gar keine Frage, ob die Tatschuld quantifizierbar ist, d.h. ob sie gemessen werden kann, sie wird tatsächlich in der Praxis ständig gemessen: *Auch die herkömmliche Bestimmung der Tatschuld* (hier der schuldangemessenen Strafe) *ist eine Messung*[84]. Die Frage kann höchstens lauten, welche Meßmethoden tatsächlich angewendet werden und welche angewendet werden sollten."

Ähnlich schon Exner[85]: „Man mag also immerhin Schuld und Strafe für unvergleichliche Größen erklären, tatsächlich *werden* sie verglichen."

Das logische Argument ist: Es gibt nicht Inkommensurables. Zwei Dinge oder Begriffe sind entweder gleich oder ungleich. Das Urteil über ihre Gleichheit differiert lediglich nach der Art des Maßstabes, der angelegt wird. Schuld und Strafe sind also in bezug auf ihr „Wesen" – was immer das sei – ungleich. Dies hindert aber nicht, einem bestimmten Verschuldensgrad – vorausgesetzt man hat ihn einmal festgestellt – eine bestimmte Strafe zuzuordnen.

---

77 *Tröndle*, 5. deutscher Verkehrsgerichtstag S. 67, 72

78 *Knoche*, DRiZ 68, 14

79 *Middendorf*, 2. deutscher Verkehrsgerichtstag, S. 188, 189; ders., 600 Alkoholtäter, S. 46; ähnlich *v. Weber*, Die richterliche SZ S. 29

80 *Stratenwerth*, Tatschuld und Strafzumessen S. 35

81 *Ostermeyer*, Strafunrecht S. 79

82 *Stratenwerth*, Tatschuld und Strafzumessung S.35

83 S. 60

84 Hervorhebung im Original

85 Über die Gerechtigkeit im Strafmaß S. 13

Wenn unser Strafrecht ein Schuldstrafrecht ist und wenn der Maßstab (oder die Grenze) der Strafe der Grad des Verschuldens ist, so entbehrten die verhängten Strafen jedes Maßstabes, wenn man sie, wie behauptet wird, nicht mit der Schuld vergleichen kann. Denn „Messen (im allgemeinsten Sinne) besteht in einem Zuordnen von Zahlen zu Objekten (Sachverhalten usw.), so daß bestimmte Relationen zwischen den Zahlen entsprechende Relationen zwischen den Objekten widerspiegeln."[86] Und der Strafrichter ordnet einem bestimmten Sachverhalt (der begangenen Straftat) eine bestimmte Zahl (Strafmaß) zu.

Der Auffassung von der Inkommensurabilität liegt ersichtlich – wie auch das Bild des fehlenden Zentimetermaßes, der fehlenden Skalen zeigt – die Meinung zugrunde, Schuld und Strafe stünden nicht in einem einfach zu messenden Verhältnis wie etwa zwei natürliche Zahlen, sondern seien eben einfach ungleich. Das ist richtig. Fehlende Gleichheit zweier Begriffe hindert aber nicht, sie einander zuzuordnen: So wie einem gewissen Konsumgut vom Händler ein gewisser Preis zugeordnet wird[87], ohne daß jemand behauptete, das Gut sei mit dem Preis nicht vergleichbar, weil das Verglichene wesensmäßig verschieden sei; oder aber andererseits: das Gut sei gleich dem Preis, – so ordnet der Richter einem gewissen Verschuldensgrad eine gewisse Strafe zu. Wäre Verschulden nicht meßbar, so könnte man diese Zuordnung nicht vornehmen. Verschulden muß also – will man nicht den Gedanken des Schuldstrafrechts aufgeben – jedenfalls ideell meßbar sein.

Ein Mangel an Meßbarkeit liegt bei der gegenwärtigen Methode der SZ allerdings insoweit vor, als hier und heute der geeignete Maßstab („Zentimetermaß", „Skala") fehlt. So wie ein Tisch nicht meßbar ist, wenn kein Zollstock zur Hand ist – der Tisch ist der Idee nach auch dann meßbar –, so ist heute das Verschulden nicht meßbar, weil es an geeigneten Begriffsbildungen fehlt. Die Aufgabe besteht darin – dies muß man Stratenwerth[88] und Ostermeyer[89] anworten – die Skala, das Zentimetermaß herzustellen; d.h. durch Aufsuchen, Bewerten und Verknüpfen geeigneter Begriffe die Schuld auch hier und jetzt meßbar zu machen.

Stratenwerth[90] ist der Auffassung, ein Indiz für die Unüberschreitbarkeit der Schranke – daß sich Werturteile nicht in numerische Größen umsetzen lassen,

---

86 *Haag* S. 60

87 Vgl. *v. Weber,* Die richterliche SZ S. 16

88 Tatschuld und SZ S. 35

89 Strafunrecht S. 79

90 Tatschuld und SZ S. 35

91 S. o. S.

nicht quantifizierbar sind – sei auch der Vorschlag von Dubs, der dieser Arbeit zugrunde liegt[91]: „Denn damit verschiebt sich das Problem auf die Gewichtung dieser *einzelnen* Faktoren[92], für die es – im Rahmen des Schuldmaßstabes – keine rationalen Kriterien gibt."[93]

Damit kann zweierlei gemeint sein: Zunächst verschiebt sich das Problem auf die Frage, in welcher Stärke ein Merkmal (Faktor) vorliegt. Insoweit ist es ersichtlich leichter, die Stärke eines je einzelnen Merkmals zu erkennen als die Schwere der Gesamtschuld. Dies gilt auch für die Arten von Merkmalen, die, solange noch keine hinreichende Anzahl von Präjudizien vorliegt, noch eine Bewertung durch den Richter erfordern (z.B. Grad der Fahrlässigkeit im Hinblick auf das Nichterkennen der Fahruntüchtigkeit). Darüber hinaus verschiebt sich das Problem auf die Frage, mit welchem Gewicht ein gefundener Merkmalswert in die Strafe eingehen soll[94]. Dies ist in der Tat eine schwierige Frage. Sie muß aber gelöst werden, und sie wird in der Praxis ja täglich – jedoch unsichtbar – gelöst. *Irgend* ein Gewicht haben die Faktoren nämlich auch bei der herkömmlichen Methode der SZ; denn sie werden berücksichtigt, und ihre Berücksichtigung führt zu einem durchaus numerischen Strafmaß. Wenn es nun für die Sichtbarmachung der Gewichtung keine rationalen Kriterien geben kann, dann kann es für die SZ überhaupt keine rationalen Kriterien geben.

Spendel[95] wendet sich gegen die Meßbarkeit der Schuld und insbesondere gegen die Haag'sche Anwendung der Definition des Messens auf die Strafmaßbestimmung[96] mit folgenden Erwägungen:

„Diese Zumessung der Übelsgröße – nach Haag die ‚Zuordnung einer Zahl' – ist aber nur eine mittelbare ‚Quantifizierung' des Delikts. Denn sie ist der zweite Schritt, der den ersten, die unmittelbare Be-messung der Tatschwere gedanklich voraussetzt. Das ‚Gewicht' einer Tat wird sich aber oft gar nicht unmittelbar quantitativ oder zahlenmäßig bestimmen lassen. Verbrechen und Strafe sind nur in Beziehung zu setzen, wenn man sie als g l e i c h w e r t i g e (Hervorhebung im Original) Größen auffaßt, wenn man sie gerade nicht ‚quantifiziert' sondern ‚qualifiziert'.

Auch dies ist unseres Erachtens kein durchgreifender Einwand gegen die Meßbarkeit der Schuld.

---

92 Das sind die Merkmale im Sinne des hier vorgelegten Schemas

93 Tatschuld und SZ S. 35 Fußnote 78

94 Vgl. dazu die exemplarischen Ausführungen unten S. 95 und S. 144

95 ZStW 83,237, 238

96 *Haag* S. 60: „Messen (im allgemeinsten Sinne) besteht in einem Zuordnen von Zahlen zu Objekten (Sachverhalten usw.), so daß bestimmte Relationen zwischen den Zahlen entsprechende Relationen zwischen den Objekten widerspiegeln."; vgl. oben S. 18

Gewißt gibt es zwei Schritte: der erste besteht darin, daß man die Tat und den Täter „ansieht" (Wie hoch war die Blutalkoholkonzentration? Wie hoch der Grad der Fahrlässigkeit?) Das ist die Be-messung der Tatschwere im Sinne von Spendel, die Ermittlung der Merkmalsstärke im Sinne der vorliegenden Arbeit. Dies ist schon eine erste Zuordnung (eines Sachverhalts zu einer Zahl; Stärke der Blutalkoholkonzentration, Grad der Fahrlässigkeit). Der nächste Schritt ist die Bewertung der vom Beurteiler rezipierten Tat und des Täters dieser Tat durch eine (Straf-)Zahl (Welche Strafe soll bei *dieser* Stärke der Blutalkoholkonzentration und *diesem* Grad der Fahrlässigkeit festgesetzt werden?) Dies ist die Zu-messung der Übelsgröße im Sinne von Spendel, die Zuordnung der Merkmalswerte und ihre Verknüpfung im Sinne der vorliegenden Arbeit. Diese zweite Zuordnung ist in dem hier vorgeschlagenen Verfahren fixiert und dem Ermessen des Richters entzogen.

Die Erkenntnis, daß es zwei Schritte gibt, löst aber nicht die Aufgabe, einer Tat eine Strafe zuzuordnen, vor die jeder Strafrichter gestellt ist. Und ob man diese Zuordnung Quantifizierung oder Qualifizierung nennt, soll kein Streitpunkt sein. Wichtig ist die Erkenntnis, daß „3.000,– DM Geldstrafe" etwas anderes ist als „Fahren ohne Fahrerlaubnis im Wiederholungsfalle". Und die Aufgabe liegt darin, der Tat die Strafe nach rationalen Regeln zuzuordnen. Wäre Verschulden nicht meßbar, so könnte niemand diese Zuordnung vornehmen.

1.4.3. Möglichkeit, verschiedene Schuldgrade zu bestimmen, durch Aufgliederung des Schuldbegriffs in Unterbegriffe

Eine Strafe soll gerecht sein. Dieser Satz wird nicht in Frage gestellt. Die Ungewißheit beginnt beim Suchen nach dem, was gerecht ist. Wir gehen davon aus, daß eine Strafe dann gerecht ist, wenn sie „angemessen", „materiell richtig" ist – der Maßstab hierfür ändert sich im Laufe der Zeiten[97] – *und* mit Hilfe eines Maßstabes gefunden worden ist, der für alle Straftaten gleichermaßen gilt. Im Hinblick auf diesen Maßstab ist zweierlei zu beachten:

(1) Zur Bestimmung der Verschuldenshöhe und damit zur Festlegung der Rechtsfolgen, die an eine bestimmte Verschuldenshöhe anknüpfen, sind – ebenso wie zur Bestimmung der Rechtsfolgen in *allen* anderen Bereichen unserer Rechtsordnung – Obersätze erforderlich, unter die subsumiert werden kann.

(2) Die Obersätze müssen zur Subsumtion *geeignet* sein.

Der gegenwärtig gültige Obersatz im Bereich der SZ lautet: „Die Strafe hängt vom Maß des Verschuldens ab; Präventionsgesichtspunkte können bei ihrer

97 *Dreher*, JZ 67, 41/43, *Schmidhäuser*, Vom Sinn der Strafe S. 41

Bemessung Berücksichtigung finden". Dieser Obersatz ist ungeeignet. Denn er ist zu weit und ungenau, um eine überprüfbare, plausible Subsumtion zu ermöglichen.

Aufgabe der Forschung muß es daher sein, den an sich für die SZ richtigen, für die Bemessung einer Strafe aber ungeeigneten Verschuldensbegriff aufzugliedern in Unterbegriffe, denen ein Lebenssachverhalt „eindeutig", plausibel und nachprüfbar zugeordnet werden kann.

Dasselbe scheinen Haft/Müller-Krumbhaar[98] zu meinen, wenn sie für den Einsatz formaler Methoden (computerunterstützte Rechtsfindung) bei der Entscheidung von Rechtsfällen allgemein, d.h. nicht beschränkt auf das Gebiet der SZ, die Möglichkeit diskutieren, „die Zahl der verwendeten Begriffe zu vergrößern". Zugleich könne die Konkretheit der Begriffe durch Verankerung in der Realität verstärkt werden. Eben dies wird hier für die SZ bei Verkehrsdelikten versucht: Der Begriff „Blutalkohol-Konzentration" ist konkreter als der des Verschuldens. Und er ist auch insofern realitätsnäher und weniger abstrakt, als das Maß der Blutalkohol-Konzentration nachprüfbar ist. Aber auch insoweit, als Merkmale vorgesehen sind, die eine Wertung voraussetzen (z.B. Grad der Fahrlässigkeit) besteht eine engere, eine genauere Plausibilitätskontrolle zulassende Beziehung zwischen Sachverhalt und Obersatz (Merkmal) als bei dem weiten Merkmal „Verschulden".

1.4.3.1. Parallele im Patentrecht

Die Aufgliederung eines abstrakten, bei der Subsumtion Schwierigkeiten bereitenden Begriffs in einzelne Merkmale wird auch auf einem ganz anderen Rechtsgebiet vorgeschlagen: dem des Patentrechts – dort für den Begriff der Erfindungshöhe.

Die Beantwortung der Frage, was Erfindungshöhe ist, ist ebenso kurz und für die Praxis ebenso unbrauchbar wie die Antwort auf die Frage, was Verschulden sei. Gleichwohl geben wir zum besseren Verständnis des Folgenden eine Umschreibung: die Erteilung eines Patents setzt voraus, daß der Gegenstand der Patentanmeldung neu und fortschrittlich ist und darüber hinaus eine gewisse Erfindungshöhe aufweist. „Das bedeutet: es soll über die Grenze des § 2 (sc. PatG, der das Erfordernis der Neuheit normiert) noch eine Sicherheitszone geschaffen werden, die den Raum freihält für die natürliche, stetige Weiterentwicklung der Technik. Erst in gewissem Abstand jenseits der durch den Stand der Technik bestimmten Grenze beginnt der Bereich eines Sonderrechts."[99] Häufig wird auch Erfindungshöhe kurz mit „schöpferischer Leistung" gleichgesetzt.

---

98 NJW 73, 85/88 links

99 *Reimer*, PatG § 1 Anm. 31 (S. 50/51)

Die Schwierigkeiten, die der Begriff im Patentrecht bereitet, sind insofern anderer Art als diejenigen, die das Verschulden bei der SZ macht, als bei der Erfindungshöhe – wie üblicherweise bei den Tatbestandsmerkmalen eines Obersatzes – nur eine Ja-Nein-Entscheidung, keine Graduierung verlangt wird. Sie sind insofern gleich, als der Begriff einen hohen Abstraktionsgrad aufweist und bei seiner Anwendung zahlreiche Fallgruppen gebildet werden. Hier wie dort hängt „die letzte Entscheidung . . . von einem rational nicht mehr begründbaren (irrationalen) Werturteil"[100] ab, ist die Beurteilung „mit einem gewissen Unsicherheitsmoment behaftet"[100]. Hier wie dort ist die Beurteilung nur nach subjektiven Kriterien möglich[101].

Und auch dort wurde unter anderen, mathematische Methoden verwendenden Versuchen[102] der Versuch gemacht, durch Aufgleiderung in Unterbegriffe eine berechenbare und nachprüfbare Entscheidung zu ermöglichen. Öhlschlegel[103] hat vorgeschlagen, den Begriff „Erfindungshöhe" in insgesamt 19 Unterbegriffe (z.B. entwicklungsraffende Leistung, Nützlichkeit, überraschendes Ergebnis) aufzuspalten, die jeweils eine einfachere und leichter überprüfbare Ja-Nein-Entscheidung ermöglichen. Diese sollen – wie im vorliegenden Vorschlag – gewichtet werden[104]. Bei einem bestimmten Verhältnis von bejahten zu verneinten Kriterien soll auch der gesuchte Begriff „Erfindungshöhe" bejaht werden. Auch wird die Einführung der Unterbegriffe als Faktoren und Summanden diskutiert[105].

Es hat auch dort nicht an Kritik gefehlt[106]. Sie hat sich aber nicht gegen die rechnerische Methode, sondern lediglich gegen die Ausgestaltung des Vorschlags gewendet.

1.4.3.2. Unerkennbarkeit der Schuld

Die Aufgliederung des Schuldbegriffs in einzelne Merkmale zeigt auch, warum die bisher herrschende Lehrmeinung von der Richtigkeit der Aussage ausgehen mußte, der Mensch sei unfähig, Schuld im Sinne eines bestimmten Verschuldensgrades zu erkennen[107].

---

100 *Reimer*, PatG § 1 Anm. 62 (S. 85)

101 *Öhlschlegel*, GRUR 64, 477 rechte Spalte

102 Besonders *Winkler*, Mitt. 63, 61; *Wirth*, GRUR 60, 405; *Kumm*, GRUR 64, 236; vgl. weiter die Nachweise bei *Öhlschlegel*, GRUR 64, 477 ff

103 GRUR 64, 477/482

104 a.a.O. S. 483 linke Spalte

105 a.a.O. S. 478 linke Spalte/479 rechte Spalte

106 So von *Kumm*, GRUR 65, 1; *Oelering*, GRUR 66, 84

107 *Dreher*, Protokolle 8. Bd. S. 44; *Dünnebier*, Protokolle 8. Bd. S. 49; *Kaufmann*, Das Schuldprinzip S. 66: „ . . . daß das Maß der Schuld nicht eindeutig festzustellen ist."

Dies ist insoweit richtig, als die „Globalschuld" in ihrer herkömmlichen Bedeutung nicht auffindbar ist. Wohl aber ist Schuld erkennbar, wenn man sie in einzelne, leicht bestimmbare, konkrete Merkmale zerlegt und sich über das Verhältnis der Merkmale zueinander einig wird.

Daß der weite Schuldbegriff einerseits bei der Frage, *ob* eine Strafe verhängt werden kann, so gute Dienste leistet und insoweit auch keiner Aufgleiderung bedürftig ist, andererseits als Maßstab für die Bewertung (und Bestrafung) verschieden schwerer Lebenssachverhalte versagt, mag an seiner Doppelfunktion liegen, die darin besteht, daß die Schuld in der Verbrechenslehre die persönliche Vorwerfbarkeit der rechtswidrigen Tatbestandserfüllung ist, während sie in der SZs-Lehre den Maßstab für die Strafhöhe darstellt. Konzipiert war der Schuldbegriff zur Beantwortung einer Frage, auf welche die Antwort nur „ja" oder „nein" lauten konnte. Sie heißt: ist der Täter einer tatbestandsmäßigen und rechtswidrigen Tat zu bestrafen? Ja, wenn ihn Verschulden trifft; nein, wenn der Schuldvorwurf fehlt. Ein solcher Begriff brauchte nicht geeignet zu sein, Graduierungen auszudrücken. Es genügte zu wissen, daß Verschulden vorlag, gleichgültig in welcher Stärke. Nun wird von diesem Begriff verlangt, als Maßstab für die *Höhe* der Bestrafung zu dienen[108]. Es wäre erstaunlich, wenn er dazu geeignet würe, obwohl er nicht im Hinblick darauf entwickelt worden ist. Denn die „Lücke", die zwischen dem Schuldbegriff der Verbrechenslehre und dem der SZs-Lehre „klafft"[109], ist leider nicht so breit, daß die durch sie getrennten Begriffe den ganz verschiedenartigen Anforderungen der Verbrechenslehre einerseits und der SZs-Lehre andererseits genügen könnten.

Aus der geringen Eignung des weit definierten Schuldbegriffs als Maßstab zur Ermittlung der Strafe hat bisher, soweit ersichtlich, nur Rolinski[110] Konsequenzen gezogen: „. . . bedeutet die Vernachlässigung der direkten Frage nach der Proportionalität von Schuld und Strafe nicht viel . . . Die Forderung nach der schuldangemessenen, ‚gerechten' Strafe ist daher eine so *allgemein formulierte These*[111], daß es berechtigt ist, zunächst konkretere und spezifisch formulierte Unterfragen zu klären. Zu diesen zähle ich die Frage nach den Möglichkeiten, die zu einem gleichmäßigen Strafen führen".

Rolinski meint, durch Beantwortung von Unterfragen schließlich die Hauptfrage nach der schuldangemessenen Strafe beantworten zu können. Darüber hinaus erscheint es als nicht ausgeschlossen, daß sich nach der Lösung aller

---

108 Vgl. dazu auch *Stratenwerth,* Tatschuld und Strafzumessung S. 29

109 *Bruns,* S. 381 mwN. Dort auch weitere Bemerkungen zu der Doppelfunktion des Schuldbegriffs.

110 Die Prägnanztendenz im Strafurteil S. 90

111 Hervorhebung vom Verfasser

Unterfragen die Frage nach der schuldangemessenen Strafe erübrigt, daß vielmehr die Strafe, die sich aus der Summe der Antworten auf die Unterfragen ergibt – und unter Anwendung gewisser Regeln ergibt sich eine Strafe –, als die schuldangemessene, „richtige", gerechte Strafe definiert werden kann. Der Begriff der Schuld *als Maßstab der Strafe* könnte unter diesen Voraussetzungen als zu weit und ungeeignet entbehrlich sein.

1.4.4. Der eigene Vorschlag und Auseinandersetzung mit Einwänden

1.4.4.1. Der eigene Vorschlag

Nach dem hier vorgelegten Vorschlag soll die Gesamtschuld in der Weise aufgegliedert werden, daß einzelne Tataspekte, die bei der herkömmlichen Methode der SZ nicht je einzeln numerisch bewertet werden, eine Einzelbewertung erfahren, indem sie Einzelmerkmalen zugeordnet werden. Bei einem solchen Vorgehen wird der Raum, der noch eine Bewertung durch den Richter erfordert, stark eingeengt, wenn die zu berücksichtigenden Merkmale zahlreich sind, der Lebenssachverhalt, der unter ein Merkmal zu subsumieren ist, dementsprechend nur einen kleinen Ausschnitt aus dem Gesamtgeschehen darstellt und innerhalb der Merkmale die einzelnen Merkmalsstärken genau beschrieben sind. Die Beschreibung der Merkmalsstärken ist zum Teil einfach und naheliegend: so wird z.B. eine bestimmte Blutalkohol-Konzentration in einem Zahlenwert ausgedrückt. Schwieriger wird die Beschreibung, wo subjektive Tatbestände (Willensrichtungen und -stärken) beurteilt werden müssen. Aber auch dort kann im Laufe kurzer Zeit durch die Rechtsprechung der Katalog der Beschreibungen so vervollständigt werden, daß jeder Fall in einer nur sehr kleinen Umgebung eines Punktes angesiedelt werden kann. Denn es gibt nicht unendlich viele Fahrlässigkeitsgrade oder unendlich viele Formen des Nachtatverhaltens. Sobald man sich mit nur einem Aspekt des Gesamtverschuldens beschäftigt, klärt sich sehr bald, daß viele Grade der Fahrlässigkeit nur solche Unterschiede aufweisen, die vernachlässigt werden und dementsprechend alle *einem* Punkt zugeordnet werden können.

1.4.4.2. Die Einwände gegen diesen Vorschlag

1.4.4.2.1. Die „unzähligen" Fallgestaltungen

Auch diese Behauptung der Aufgliederungsfähigkeit der Schuld in Teilaspekte, die einen Lebenssachverhalt mit einer für die SZ hinreichenden Genauigkeit erfassen, wird auf Widerspruch stoßen.

Rolinski[112] hat die künftigen Einwendungen schon vorweggenommen, wenn er – unter Hinweis auf Mergen[113] – schreibt:

---

112 Prägnanztendenz S. 91

113 Die Wissenschaft vom Verbrechen S. 19

„Es ist aber sehr schwierig, je beinahe unmöglich, rein deskriptiv Verbrechen und Verbrecher in ihren Erscheinungsformen zu beschreiben. Ich glaube daher nicht, daß Psychologie und Kriminologie in der Lage sind, eine solche Ordnung dieser seelischen Wirklichkeiten vorzunehmen, und zwar in einer so differenzierten Weise, daß die Klassifikation als Richtschnur für die Strafbemessung dienen kann. Eine solche Gruppierung der seelischen Phänomene und der sonstigen Tatumstände müßte übersichtlich sein. Übersichtlichkeit bedeutet aber in diesem Fall Vergröberung der Einteilung, und diese wiederum heißt nichts anderes als Verlust individualisierender Gerechtigkeit. Der konkrete Fall, das blutvoll Einmalige an einer strafbaren Handlung eines bestimmten Täters würde nicht erfaßt werden."[114]

Ähnliche Argumente haben zum Grundsatz der freien Beweiswürdigung geführt. Auch auf diesem Gebiet werden Bestrebungen bekannt, durch Formalisierung zu intersubjektiver Nachprüfbarkeit zu gelangen[115].

1.4.4.2.1.1. Antwort auf diesen Einwand

1.4.4.2.1.1.1. Überschätzung der Differenziertheit der für die SZ relevanten Umstände

Nun ist die Frage erlaubt, ob wirklich jedem der vielen hundert Fälle von z.B. folgenloser Trunkenheitsfahrt, die das Amtsgericht einer Großstadt jährlich beschäftigen, etwas „blutvoll Einmaliges" anhaftet. Dies müßte sich auch in ebenso einmaligen Strafen ausdrücken. Jedoch wird ganz im Gegensatz dazu überall – wenn auch kritisch – betont, daß sich Straftaxen herausbilden[116] (die zu allem Überfluß auch noch von Stadt zu Stadt verschieden sein können). Es könnte aber immerhin sein, daß die Taxen zu Unrecht bestehen, daß also der Richter, der sich an diesen Taxen orientiert, das Einmalige an dem Fall nicht gesehen oder aber zwar gesehen, aber nicht bewertet hat. Jeder, der versuchte, alle Straftaten detailliert zu beschreiben, käme natürlich zu dem Ergebnis, daß keine Tat der anderen gleicht, schon weil es an der Identität der Täter fehlen muß. Aber viele Taten gleichen sich in all den Umständen, die für die SZ relevant sind; und diese machen aus der Menge aller für eine Straftat cha-

---

114 Im gleichen Sinne *Janiszewski*, Blutalkohol 68, 27, 40 und *Kahl*, DJZ 1906, 895, 896

115 Vgl. *Schreiber*, Theorie des Beweiswertes für Beweismittel im Zivilprozeß. *Schreiber* versucht in dieser Schrift mit Hilfe von Wahrschienlichkeitsregeln eine Theorie zu erarbeiten, die es ermöglicht, Erfahrungssätze der Beweiswürdigung zu formulieren (S. 3). Die Vorteile sind wie hier: Überprüfbarkeit und Vorhersehbarkeit.

116 BGH bei *Martin*, DAR 63, 187; OLG Hamburg NJW 63, 2387; OLG Hamm MDR 64, 254; OLG Köln NJW 66, 895; OLG Neustadt DAR 63, 304; *Bruns*, S. 20, 48, 49; *Floegel-Hartung*, § 21 StVG (a.F.) RdNr. 18.

rakteristischen Umstände nur eine ganz geringe Teilmenge aus. Unsere Behauptung geht nun dahin, daß es möglich sei, diese Umstände derart in ein System zu bringen, daß eine Straftat mit einer für die SZ hinreichenden Genauigkeit beschrieben werden kann, ohne daß das Ergebnis die vielgeschmähte Schemtisierung der SZ wäre.

1.4.4.2.1.1.2. Vergleich mit dem Tatbestandssystem

Denjenigen, die diese Möglichkeit mit der Behauptung verneinen, die für die SZ wichtigen Umstände seien „unzählig" und „vielgestaltig wie das Leben selbst"[117], man könne sie allenfalls in einer „Gesamtschau" in den Griff bekommen, sei hier ganz grundsätzlich entgegengehalten: Wo stünde heute eine Strafrechtsdogmatik, wenn ihre Väter sich mit dem Hinweis begnügt hätten, es gebe unzählige Handlungen; ihre Summe bilde das vielgestaltige Leben, das grundsätzlich nicht in Regeln zu fassen sei. Deshalb müsse man es dem Ermessen des Richters überlassen, ob er eine angeklagte Handlung als strafbar ansehe oder nicht. Die Leistung einer Wissenschaft, der es gelungen ist, strafbares Verhalten berechenbar und eindeutig von nicht strafbarem aus der Vielfalt aller Handlungen auszusondern, war gewiß größer und auch schwieriger, als die Leistung sein wird, die aus der Menge strafbaren Verhaltens jeder Tat nur eine Strafe zuordnet.

Es kann dahingestellt bleiben, warum es bisher noch nicht gelungen ist. Sowohl das Verhaftetsein in der Tradition als auch die im Verhältnis zu den Verbrechens-Dogmatikern geringe Zahl derer, die sich systematisch mit der SZs-Lehre befaßten, haben gewiß dazu beigetragen. Die meisten unterlagen offenbar dem „weitreichenden Irrtum der bisherigen Rechtstheorie anzunehmen, daß aus Komplexität Irrationalität folge,"[118] und hielten deswegen eine Beschäftigung mit den komplexen SZs-Tatsachen für unergiebig und aussichtslos.

1.4.4.2.1.1.3. Theoretische Fähigkeit des Schemas zur Individualisierung

Aber auch unabhängig von solchen grundsätzlichen Erwägungen besteht rein theoretisch die Gefahr des „Verlustes individualisierender Gerechtigkeit" nicht: Wenn es für einen Tatbestand 10 Merkmale gibt (für die meisten gibt es mehr) und jedes Merkmal 10 Werte annehmen kann (die meisten Merkmale haben einen größeren Bereich), so sind für diesen Tatbestand nach unserem Schema 10^{10}, das sind 10 Milliarden Variationsmöglichkeiten denkbar. Diesen 10 Milliarden Variationsmöglichkeiten entspricht zwar nicht dieselbe Anzahl verschiedener Ergebnisse – eine solche Zahl verschiedener gesetzlicher Strafdrohungen gibt es bei *einem* Tatbestand auch gar nicht –, aber es kommt in

117 *Schweling*, GA 55, 289, 290 und ihn anerkennend *Geerds*, Konkurrenz S. 513 Note 474; ferner *Löwe-Rosenberg-Jagusch*, § 337 Anm. I, 2, a) (S. 827).

118 *Podlech*, BB 68, 106, 110 Note 46 mwN.

diesem Zusammenhang auch weniger auf die Ergebnisse als vielmehr darauf an, daß verschiedene Tatmodalitäten angemessen erfaßt werden; und das ist – jedenfalls theoretisch – der Fall.

1.4.4.2.1.1.4. Praktische Brauchbarkeit – Charakter des Schemas als Vorschlag

Die theoretische Differenzierbarkeit ist noch kein Beweis für die praktische Brauchbarkeit. Diese kann auch nicht durch theoretische Erörterungen, sondern allein durch praktische Erprobung, Simulation erwiesen werden. Es wäre auch nicht zweckmäßig, die Praktikabilität dadurch zeigen zu wollen, daß man Fälle, die in der Praxis entschieden worden sind, noch einmal nach dem Schema entscheidet. Denn weder eine Übereinstimmung mit der Praxis noch ein Abweichen von den praktischen Ergebnissen hätten einen Aussagewert. Dies auch deshalb nicht, weil das Schema – in einer nachprüfbaren Weise – erst feststellt, was im konkreten Fall richtig und angemessen sein soll.

Ich bin von einem glänzenden Vertreter der Strafrechtswissenschaft gefragt worden: Wer im Himmel hat Ihnen denn Ihre detaillierten Merkmalswerte verraten? Darauf muß ich antworten: Derjenige, der dem Richter verrät, daß er 850,– und nicht 870,– DM Geldstrafe zu verhängen hat. Das soll heißen: Die einzelnen Zahlenwerte des Schemas wurden so gewählt, daß es Ergebnisse liefert, die denen der Praxis nahekommen. Was heißt „Praxis"? Es gibt noch nicht einmal in beschreibbarer Weise z.B. „die Praxis des Amtsgerichts München". Aber ich habe nach Durchsicht von 200 Urteilen dieses Gerichts in Verkehrsstrafsachen und Teilnahme an zahlreichen Haptverhandlungen eine – globale und notwendig unartikulierbare – Meinung von der Strafpraxis dort gewonnen. Diese Meinung diente in Verbindung mit Vorstellungen über einige von der Praxis unangemessen gesetzte Gewichte[119] als Grundlage der im Schema konkret eingesetzten Werte.

Aus diesem Grunde ist das Schema in seiner konkreten Ausgestaltung ein Vorschlag und nichts als ein Vorschlag! Jeder Merkmalswert, jedes Gewicht, jeder Merkmalszahlbereich und jede Beschreibung einer Merkmalsstärke sind Vorschläge, die aufgegriffen, geprüft und verbessert werden möchten. Wenn der Gesetzgeber[120] der Meinung ist, die Vorstrafen müßten bei dem Tatbestand x stärker bewertet werden, so ist dort die Zahl 9 in 15 oder welche auch immer zu verändern. Dieses Schema ist allein deswegen nicht in einer Form vorgelegt worden, die keine einzige Zahl enthält, weil es dann noch weniger Verständnis in der Jurisprudenz hätte erwarten dürfen als es dies in der vorliegenden Form erhoffen darf.

---

119 Ich habe in den Erläuterungen des Merkmalskataloges und der allgemeinen Entscheidungs- und Verknüpfungsregeln jeweils angemerkt, wann das Schema von der Praxis abweicht.

120 Dazu, daß das Schema Gesetzesform bekommen muß, unten S. 46

1.4.4.2.2. Wechselndes Gewicht und Divergenz einzelner SZs-Tatsachen

Der Behauptung der „Unzähligkeit" der SZs-Tatsachen korrespondiert das Dogma vom wechselnden Gewicht derselben Tatsachen bei verschiedenen Taten. Es gebe einen „Grundsatz, daß der Rangwert *jeden* Faktors stets variabel ist und das Ranggefüge in jedem Anwendungsfall aufgrund individueller Wertung festzusetzen ist"[121]. Und die Umstände des konkreten Falles seien auch für die Beantwortung der Frage entscheidend, welcher von den verschiedenartigen, z.T. völlig auseinanderstrebenden Gesichtspunkten, die es, insbesondere bei den Strafzwecken, für die SZ gibt, jeweils maßgeblich werde. „Dies ist der einzige Satz, der sich konsequent durchführen läßt, aber nur deshalb, weil er die Inkonsequenz zum Prinzip erhebt."[122]

1.4.4.2.2.1. Antwort auf diesen Einwand

1.4.4.2.2.1.1. Leistungsfähigkeit des Schemas auch bei divergierenden Strafzwecken

Wenn es den von Zipf ausgesprochenen Grundsatz tatsächlich gibt, so ist das vorgelegte Schema einfach falsch, weil es diesem Grundsatz widerspricht. Es geht nämlich – jedenfalls in wesentlichen Teilen – von der Maxime aus, daß bei demselben gesetzlichen Tatbestand jeder für die SZ relevante Umstand *gleich* schwer bewertet werden muß, und zwar unabhängig davon, welche Umstände sonst noch vorliegen.

Darüber hinaus ist es auch in der Lage, alle SZs-Tatsachen und Strafzwecke zu berücksichtigen, auch wenn sie in verschiedene Richtungen weisen. Weist die SZs-Tatsache a in gleichem Maße nach oben wie die SZs-Tatsache b nach unten, so heben sich beide gegenseitig auf. Weist der Strafzweck „Resozialisierung" auf eine Geldstrafe hin, die Höhe der „Tatschuld" aber auf eine Freiheitsstrafe, so ist – nachdem definiert ist, wie stark beide *überhaupt* berücksichtigt werden können – das Gewicht beider im Einzelfall zu bemessen und dann nachzuprüfen, ob die für die Strafhöhe maßgebliche Zahl, in die beide Zwecke eingegangen sind, jene Grenze übersteigt, die für den Übergang von Geldstrafe zu Freiheitsstrafe gezogen worden ist.

Damit soll nicht gesagt werden, daß das vorliegende Schema die „Disfunktionalität unseres Strafrechtssystems, die in der Antinomie der Strafziele liegt"[123],

121 *Zipf*, S. 210. S. 93 spricht *Zipf* von den die SZ beeinflussenden „Faktoren, die alle je nach der betreffenden Fallgestaltung eine ganz verschiedene Schwere . . . erlangen können." Ähnlich *Geerds*, Konkurrenz S. 376

122 *Bockelmann*, Protokolle 12. Bd. S. 53

123 Vgl. dazu *Hassemer* Strafzumessung, Strafvollzug und „Die gesamte Strafrechtswissenschaft" Seite 54 ff

aufhebt. Das Schema spiegelt das geltende Recht wider, das von einer Präponderanz der Schuld ausgeht und präventive Gesichtspunkte am Rande berücksichtigt. Die Frage, ob das richtig und konsequent sein kann, kann und will dieses Schema nicht entscheiden.

1.4.4.2.2.1.2. Ungerechtigkeit bei wechselndem Gewicht einzelner SZs-Tatsachen

Der genannte Grundsatz widerspricht elementaren Erfordernissen der Gerechtigkeit. Ist es gerecht, daß der Angeklagte A, der mit 1,7‰ Blutalkohol-Konzentration am Steuer gesessen hat, schwerer bestraft wird als der Angeklagte B, der dasselbe unter im übrigen gleichen strafzumessungsrelevanten Umständen getan hat? Nimmt man diesen Grundsatz wörtlich, so wäre es gerecht, denn der den A verurteilende Richter wertet in „individueller Wertung" die Blutalkohol-Konzentration stärker als der Richter des B. Aber auch wenn man den Grundsatz dahin einschränkt, daß jede SZs-Tatsache jedenfalls bei gleichen Fällen gleiches Gewicht haben müsse – wonach eine ungleiche Entscheidung in diesen Fällen falsch wäre –, so ist es bedenklich, dem Grundsatz zu folgen. Zunächst kann man diese Einschränkung nicht machen, ohne gleichzeitig das Erfordernis der individuellen Wertung aufzugeben. Individuelle Wertung bedeutet Regellosigkeit – auch in gleichliegenden Fällen. Gibt man aber die individuelle Wertung zugunsten einer zwingenden Vorschrift über das in verschiedenen Fällen verschiedene Gewicht der SZs-Tatsachen auf, so ist auch hier eine Systematisierung erforderlich. Denn in diesem Falle müßte man vorschreiben, in welchen Fällen welche Tatsachen welches Gewicht haben sollen. Und hätte man schließlich das getan, so wäre auch noch die Rechtfertigung der unterschiedlichen Gewichte zweifelhaft. Warum sollte man etwa den Erfolg einer Straftat – den Beinbruch des Unfallopfers – schwerer bewerten, wenn der Täter grobfahrlässig gehandelt hat, als bei nur leichtfahrlässigem Handeln? Falls man jenen Fall härter bestrafen wollte, müßte man dann nicht allein an das Ausmaß der Fahrlässigkeit anknüpfen? Warum sollen unterschiedliche Verschuldensgrade Einfluß auf die Bewertung der Unfallfolgen haben?

Mit dem hier behandelten Grundsatz wird versucht, eine unvollkommene Praxis mit einem allgemeinen Satz zu rechtfertigen. Er bietet eine einfache Lösung und stellt auch, solange die Aussagen über SZs-Gründe nur relativ wirken – und bisher haben sie nur relativ gewirkt –, den einzigen Grundsatz dar, mit dem die Rechtsprechung „dogmatisch" zu begründen ist. Man kann von einem Richter nicht verlangen, in jedem Fall der folgenlosen Trunkenheit am Steuer die Blutalkohol-Konzentration *gleich* schwer zu bewerten. Er fragte mit Recht: *wie schwer?* Diese Frage ist wegen der Relativität der Strafzumessungserwägungen bei der gegenwärtigen Methode der Strafzumessung nicht zu beantworten.[124]

124 Vgl. dazu unten S. 36 und Fußnote 163

1.4.4.2.2.1.3. Kein Ende der Diskussion durch eine Fixierung der Gewichte

Das hier entwickelte Schema beantwortet diese Frage eindeutig, ohne aber dabei für sich in Anspruch zu nehmen, das letzte Wort über das Gewicht einer SZs-Tatsache gesagt oder z.B. den berechtigten Streit über die Strafzwecke verbindlich entschieden bzw. deren Antimonie[125] aufgehoben zu haben. Es hat jedoch zumindest eine klare Position in diesem Streit eingenommen, indem es durch seine konkrete Gestaltung das Gewicht, das ein bestimmter Strafzweck äußerstenfalls erhalten kann, limitiert. Es gibt damit dem Richter eine Vorschrift, an die er sich halten kann.

Dieses Vorgehen ist nicht so unangemessen, wie es vielleicht zunächst erscheint. Man kann z.B. durchaus wissenschaftlich darüber streiten, ob die geltende Abgrenzung zwischen einfachem und schwerem Diebstahl angemessen ist. Der Gesetzgeber hielt sie für richtig und gab damit dem Richter insoweit eine bindende Vorschrift. Deshalb braucht dieser jetzt nicht mehr jeden Sachverhalt nach den Umständen des konkreten Falles individuell zu werten und die wissenschaftliche Streitfrage zu entscheiden. Der Gesetzgeber hat sie für ihn „vor"-entschieden. Nicht anders ist es, wenn das Schema die Wirksamkeit der Strafzwecke auf das Strafmaß in einer bestimmten Weise begrenzt: Es definiert zwar etwas als gerecht und bindend, verkürzt dabei aber nicht den wissenschaftlichen Streit über die „Richtigkeit" dieser Definition.

1.4.4.2.3. Arithmetik der Methode

Ein weiterer grundsätzlicher Einwand gegen eine Systematisierung durch Definitionen, wie sie hier vertreten und im folgenden an Hand von Beispielen vorgeführt wird, ist die „arithmetische", „wirklichkeitsfremde mathematisch-rechnerische" Methode[126], die dabei z.T. angewendet wird. Sie sei mit Sinn und „Wesen" gerechter SZ[127] deswegen nicht vereinbar, weil die Bestimmung des Strafmaßes als richterliche Persönlichkeitsentscheidung[128] einen schöpferischen personalen Akt[129] und eine individuelle Leistung erfordere; Gesamtschau[130] und der Einsatz des Rechtsempfindens des Richters[131] charakterisierten den Vorgang der SZ.

---

125 *Bruns,* S. 249

126 *Bruns,* S. 17, 69, 94, 580, 581; *Geerds,* Konkurrenz S. 512

127 *Baldus,* Protokolle 4. Bd. S. 385; *Bruns,* S. 94; *Geerds,* Konkurrenz S. 377.

128 *Geerds,* Konkurrenz S. 506

129 *Dreher,* JZ 68, 209, 211

130 *Geerds,* Konkurrenz S. 375; *Schweling,* GA 55, 289, 297

1.4.4.2.3.1. Stellungnahme zu diesem Einwand

1.4.4.2.3.1.1. Keine Indizwirkung der bisher gemachten Vorschläge auf das hier entwickelte Verfahren

Zwei Quellen nähren diesen Einwand – denen, die ihn erheben, vielleicht nicht immer in vollem Umfang bewußt.

Zunächst verleitet die Unbrauchbarkeit der meisten bisher vorgelegten Vorschläge dazu, den Erfahrungssatz aufzustellen, alles, was mit „Rechnen" zu tun habe, sei bei der SZ von Übel.

1.4.4.2.3.1.1.1. Vorschläge, die eine Quantifizierung durch Aufgliederung vorsehen

Mannheim[132] hat im Jahre 1921 mit einer systematischen Darstellung einiger SZsgründe für den Tatbestand der unerlaubten Entfernung von der Truppe den Anfang gemacht und dazu beherzigenswerte Sätze geschrieben:

„Ich glaube . . . , gezeigt zu haben, daß eine solche Systematik für jedes einzelne Delikt gesondert an sich möglich ist. Ihr Wert läge darin, daß sie zur exakten Verarbeitung der häufigsten und wichtigsten SZs-Gründe zwingen würde, wodurch die Aufstellung einer ungefähren Wertskala ermöglicht wäre. Schon hierdurch aber würde zweifellos eine größere Gleichmäßigkeit der SZ erreicht werden."

Grassberger[133] und Hülle[134] haben Vorschläge[135] gemacht, bei denen die Unterteilungen so grob sind, daß die arithmetische Methode – wollte man diese Vorschläge dazu rechnen – durch sie tatsächlich disqualifiziert würde.

Nur für Fahrlässigkeitstaten im Straßenverkehr befürwortet Ludewig[136] eine (recht grobe) Systematisierung, während Zipf[137] eine Aufgliederung bei jedem Delikt empfiehlt, allerdings – der Schuldrahmentheorie entsprechend – nur in Tatschuld und Persönlichkeitsbewertung. Eine weitere, bis ins einzelne gehende Aufgliederung lehnt er als „faktisch undurchführbar"[138] ab. Dabei führt

---

131 *Geerds,* Konkurrenz S. 506

132 ZStW 42 (1921), 40,61

133 Die Strafzumessung S. 78; dazu *Haag,* S. 107/108

134 DRiZ 51, 4, 35

135 *Bruns,* S. 94 charakterisiert sie richtig

136 2. deutscher Verkehrsgerichtstag S. 205, 207/208, 220/221.

137 S. 36

138 *Zipf,* S. 80

er[139] selbst einige für den Tatbestand des Diebstahls maßgebliche SZs-Faktoren an mit Beispielen, die verschiedene Kombinationen von taterschwerenden Umständen zeigen, lehnt aber insoweit eine feinere Aufgliederung mit dem Argument ab, daß auch hier allein der konkrete Fall entscheide.

Sauer[140] bringt eine dreiteilige Aufgliederung einiger für die SZ relevanter Umstände mit einer generellen Aussage über ihre relative Gewichtung zueinander. Aus dieser Regel ist also durchaus noch nicht eine konkrete Strafe zu errechnen; z.B. sei ein verwerflicher Zweck *um vieles*[141] strafschärfender anzusetzen als eine besonders schädliche Tatfolge[142]. Damit ist aber noch nicht die Frage beantwortet, um *wie* viel schärfer er im konkreten Fall zu berücksichtigen ist. Zipf[143] rügt jedoch nicht das Fehlen der Antwort auf diese Frage, sondern für ihn ist selbst Sauers Aussage schon zu bindend-speziell, da sie dem – oben[144] schon erörterten – Grundsatz des stets wechselnden Gewichts der SZs-Gründe widerspreche.

1.4.4.2.3.1.1.2. Vorschlag Bruckmann

Bruckmann[145] schlägt vor, eine arithmetische Methode anzuwenden, die nur drei Faktoren (nach der hier gebrauchten Terminologie: Merkmale) berücksichtigt: Die Gefährlichkeit des Täters (Stellenwert der Tat im Lebenslängsschnitt des Täters), die Sozialwidrigkeit der Tat (Schwere der Tat) und die Beziehungen zwischen Täter und Opfer (Verhalten des Opfers)[146]. Seine Verknüpfungsregel lautet:

> Gefährlichkeit des Täters x Sozialwidrigkeit der Tat ± Verhalten des Opfers = Endstrafe.[147]

Der Gefährlichkeit des Täters soll z.B. ein Monat Freiheitsstrafe entsprechen, wenn der Täter geringfügig vorbestraft ist, es sich aber um eine Gelegenheitstat handelt[146]. Die Schwere der Tat soll z.B. bei einem Diebstahl mit der Zahl 1 bis 2 bewertet werden, wenn der Wert der Beute zwischen DM 100,– und DM 1.000,– liegt[148]. Schließlich soll die durch Multiplikation der Gefährlichkeit des Täters mit der Tatschwere gefundene Strafe z.B. um 20% herabgesetzt werden, wenn sich das Opfer provozierend verhielt[148].

---

139 *Zipf,* S. 209

140 ZStW 50, 679, 683, 687

141 Hervorhebung vom Verfasser

142 *Sauer,* ZStW 50, 679, 687

143 S. 209

144 S. 28

145 ZRP 73, 30

146 a.a.O. S. 33 links

147 a.a.O. S. 33 rechts

148 a.a.O. S. 34 links

Stringent ist an diesem Verfahren nur die Verknüpfungsregel. Dagegen ist bei der Zuordnung der Tatumstände zu den „Faktoren" (hier: Merkmalen) dem Richter auch nach der Intention Bruckmanns ein so weiter Ermessensspielraum eingeräumt, daß sich die Frage aufdrängt, ob mit diesem Vorschlag irgend etwas gewonnen sei. Unseres Erachtens liegt die Aufgabe der SZswissenschaft gerade darin, so komplexe Begriffe wie „Tatschwere", „Gefährlichkeit des Täters" und „Opferverhalten" aufzugliedern, zu strukturieren. Mit Vorschriften wie: „Auf einen Monat und zwei Wochen *kann*[149] sich der Grundfaktor erhöhen, wenn die soziale Integration gestört und damit der Halt (der Familie, des Arbeitsplatzes) geringer geworden ist und der Täter bereits mehrfach vorbestraft ist"[150] ist genauso viel gewonnen wie mit den herkömmlichen Leitsätzen der Obergerichte zur SZ in der Form: „Es ist nicht rechtsfehlerhaft, die Tatsache a strafmindernd zu berücksichtigen"[151].

Bruckmann sieht selbst, daß in einen „Faktor" mehrere Umstände eingehen können, und er führt bei dem Beispiel des Diebstahls als Merkmale, die für die Tatschwere Bedeutung haben, den Wert und die Art der Beute (Waren ohne individuelle Merkmale oder unersetzliche Kunstwerke) an. Er macht aber keinen Vorschlag zur Verknüpfung dieser Merkmale. Dies möglicherweise bewußt; denn nach seiner Meinung „müssen die SZstatbestände praktikabel sein. Das bedeutet vor allem, daß die Zahl der zu berücksichtigenden Tatsachen (-Komplexe) nicht zu groß und die Tatsachen selbst leicht zu ermitteln sein müssen."[152]

Der Forderung nach Praktikabilität kann sich niemand verschließen. Dem Weg, den Bruckmann zu ihrer Erfüllung vorschlägt, können wir jedoch nicht folgen: die von ihm vorgenommenen Unterteilungen sind so grob, daß die Anwendung seines Vorschlags entweder zu nicht hinreichend individualisierten Ergebnissen führt oder aber – bei Erhaltung der Einzelfallgerechtigkeit – den Ermessensspielraum des Richters nicht berührt.

Harte Kritik hat Mittelstein an Bruckmann geübt („unvergorene Gedanken")[153]. Mittelstein stößt sich im wesentlichen an einem Rechenfehler Bruckmanns. Er würdigt indessen nicht, daß sein Ausgangspunkt und seine Ziele ernst zu nehmen sind.

1.4.4.2.3.1.1.3. Vorschlag Haag

Rationale Strafzumessung – dies ist der kennzeichnende Titel der Schrift von Haag, die im Jahre 1970 erschien und etwa zur selben Zeit entstanden ist wie

149 Hervorhebung nicht im Original

150 a.a.O. S. 33 rechts

151 Vgl. unten S. 41

152 a.a.O. S. 33 links

153 ZRP 73, 256; vgl. auch *Dreher*, § 13 Anm. 10): „abwegig".

die Münchner Dissertation, die der vorliegenden Arbeit zugrunde liegt. Beide Arbeiten haben wesentliche Berührungspunkte. Haag gibt die theoretisch-dogmatische Fundierung des hier in konkreter Gestalt vorgelegten Schemas – ohne daß die Verfasser während ihrer Arbeit voneinander gewußt hätten. Der rechtstheoretische Charakter der Schrift tritt auch im Untertitel in Erscheinung: „Ein entscheidungstheoretisches Modell der strafrichterlichen Entscheidung".

Bei Haag ist „Kernstück . . . die Entwicklung der *logischen Strafzumessungsgründe* in einem *entscheidungstheoretischen* Modell[154]. Die vorliegende Arbeit gibt demgegenüber ein unmittelbar anwendbares *praktisches* Modell. Auch Haag beschäftigt sich mit dem Problem der Quantifizierung und Messung:

„Wenn das Maß der Tatschuld eine obere Schranke für die Strafbemessung bilden soll, so muß dieses Maß als Zahlenwert ausdrückbar sein und die Dimension einer Strafe haben, d.h. in Strafeinheiten bestimmbar sein, da es einen Bereich möglicher Strafen abgrenzen soll . . . Die Feststellung der schuldangemessenen Strafe als Maß der Tatschuld bedeutet also, daß einer bestimmten (individuellen) Straftat eine Zahl zugeordnet wird, nämlich eine Strafgröße . . ."[155]

Welches Verfahren schlägt nun Haag für die Zuordnung einer Zahl zu einer Straftat vor? „Die einzelnen Komponenten der Tatschuld, z.B. die Schwere der Rechtsgutsverletzung, der Grad des Vorsatzes oder der Fahrlässigkeit werden zweckmäßigerweise auf jeweils einer eigenen Skala (der Schwere oder des Ausprägungsgrades) gemessen . . . Um bei der Einzelskalierung intersubjektive Konsistenz zu erreichen, müssen auch die Einzelskalen durch einheitliche Ankerwerte verankert werden. Die Einzelskalierung setzt also einen erheblich höheren Aufwand bei der Tatschuldmessung voraus . . . Die Regeln, nach denen aus den Meßwerten der Komponenten der Gesamtwert der Tatschuld zu berechnen ist, nennen wir *Verknüpfungsfunktion*[156]. Auch bei der Globalmessung der Tatschuld gehen die einzelnen Komponenten mit ein, sie werden allerdings nur unbewußt-intuitiv verknüpft. Diese zugrunde liegende Verknüpfungsgesetzmäßigkeit ist explizit rechnerisch zu erfassen und zu präzisieren. Das bedeutet: die Verknüpfungsfunktion muß so bestimmt werden, daß die aus den einzelnen Meßwerten errechneten Tatschuldwerte sich im Rahmen dessen halten, was bei einer mit denselben Sachverhalten durchgeführten (eventuell ungenaueren) Globalskalierung als Maß der Tatschuld herauskommt."[156a]

---

154 *Haag*, S. 16

155 *Haag*, S. 59

156 Hervorhebung im Original

156a S. 106

Danach könnte das hier vorgeschlagene Verfahren eine Ausführung der von Haag gegebenen Anregungen sein. Haags Skalen sind im vorliegenden Vorschlag die Merkmale, seine Verknüpfungsfunktion die Verknüpfungsregeln und die Allgemeinen Entscheidungsregeln.

Haag sieht im Vorschlag von Dubs[157] und damit mittelbar in dem hier vorgeschlagenen Verfahren zwei Mängel: Zunächst leide auch Dubs' Arbeit darunter, daß sie nicht zwischen tatschuldrelevanten und solchen Faktoren unterscheide, die bloß für den Präventionszweck oder andere Ziele von Bedeutung sind. Darüber hinaus seien die von Dubs angegebenen Kombinationsverfahren nicht allgemein richtig: die bloße Gewichtung und Addition der Komponenten sei zu einseitig. Die „Tatschuldfunktion" könne komplizierter aussehen[158].

Demgegenüber ist folgendes festzuhalten: zwischen tatschuldrelevanten Faktoren und solchen Tatsachen, die nur für den Präventionszweck von Bedeutung sind, wird im hier vorgeschlagenen Verfahren *ausdrücklich* nicht unterschieden; dies ist aber auch nicht erforderlich. Denn beim Durchmustern des Merkmalkataloges ist leicht ersichtlich, welche Merkmale der Tatschuld und welche Präventionsgesichtspunkten zuzuordnen sind. Möglicherweise erklärt sich Haags Einwand daraus, daß Dubs in seinem Beispiel nur Tatschuldmerkmale anführt.

Der zweite Einwand (bloße Gewichtung und Addition der Komponenten) trifft den hier vorgelegten Vorschlag insoweit nicht, als nicht nur additive, sondern auch multiplikative Verknüpfungen vorkommen. Gewiß könnte die „Tatschuldfunktion" komplizierter aussehen; man sollte sie aber erst dann komplizierter machen, wenn man sicher ist, daß es erforderlich ist. Grundsätzliche Bedenken gegen die Verwendung weiterer Verknüpfungsarten (Logarithmen[159]) bestehen nicht.

Das Konzipieren und Durchspielen von Schemata mit komplexen Rechen- und Verknüpfungsregeln ist nur in Gruppenarbeit und unter Verwendung elektronischer Datenverarbeitungsanlagen möglich. Zwei Fragen müssen dabei immer im Auge behalten werden:

1) Bleiben die mit komplexen Regeln erarbeiteten Ergebnisse noch im Rahmen der gerichtlichen Praxis bzw. der gesetzlichen Strafrahmen?

2) Sind die komplexen Regeln plausibel?
Damit ist die Frage gestellt, warum das Merkmal a gerade so und nicht anders mit den übrigen Merkmalen verknüpft wird.

157 Vgl. oben Fußnote 60

158 S. 107/108

159 Deren Verwendung zieht auch *Mittelstein,* ZRP 73, 256 in Betracht.

Haag schlägt auch zu dem hier mehrfach erörterten[160] Intervallproblem verschiedene Methoden vor[161]. Damit ist das Problem des Ankerwertes (Warum wird einer Blutalkohol-Konzentration von 0,8‰ ein Merkmalswert von 1,3 zugeordnet?) und das des Abstandes der Merkmalswerte voneinander (Warum wiegt die Minderung der Erwerbsfähigkeit von mehr als 50% 6,6 mal so schwer wie eine schwere Gehirnerschütterung?) angesprochen. *Konkrete* Vorschläge macht Haag indessen nicht, so daß auch unter Berücksichtigung seiner Arbeit auf die Angriffe, die sich hier immer wieder entzünden werden, zu sagen ist: Die Zuordnung z.B. einer Blutalkohol-Konzentration von 0,8‰ zu einem Merkmalswert von 1,3 ist genauso plausibel wie das Urteil, das wegen einer fahrlässigen Straßenverkehrsgefährdung eine Geldstrafe von DM 450,– und nicht von DM 442,– ausspricht. Der Unterschied zwischen dieser und jener Plausibilität liegt nur darin, daß durch die Aufgliederung in mehrere Merkmale die einzelnen Wertungen transparent und nachprüfbar werden.

1.4.4.2.3.1.1.4. Ziel aller Vorschläge: Quantifizierung

Alle hier zitierten oder dargestellten Vorschläge zeigen dies: bei der derzeitigen Methode der SZ ist das Maß, mit dem eine SZserwägung (logischer SZsgrund) in das Strafmaß eingeht (ihr „Stellenwert") nicht bestimmbar. Es fehlt – so erkennt es Haag[162] – die quantitative Angabe, wie wirksam eine Erwägung (Mahnahme) für die Strafe (zur Erreichung eines bestimmten Ziels) sein soll und wie sich die relative Bedeutung verschiedener SZserwägungen zueinander verhält. Es ist dies die Relativität der SZserwägungen[163].

Gesucht wird nach einer Möglichkeit der Quantifizierung[164] der Schuld, die – in allen Vorschlägen – in einer mehr oder weniger starken Aufgliederung des Schuldbegriffs gesehen wird.

1.4.4.2.3.1.2. Brauchbarkeit naturwissenschaftlicher Methoden in der Rechtswissenschaft

Nicht nur die Unbrauchbarkeit der meisten der bisher vorgeschlagenen Verfahren führt zu der verbreiteten Meinung, eine rechnerische Methode sei zur

---

160 Unten S. 99, 106

161 S. 87 ff; 95 ff

162 S. 45

163 *Ostermeyer* (Strafunrecht S. 78) stellt sie plastisch dar: „Die Strafe für eine schwere Jugend ließe sich nur mildern, wenn feststünde, welche Strafe der Richter verhängen würde, hätte der Angeklagte eine leichte Jugend gehabt. Aber das steht nicht fest und kann nicht feststehen."

164 *Haag*, S. 45 „Quantifizierung als Grundlage exakter Entscheidungen". Das Problem der SZ im Einzelfall sei ein Optimierungsproblem (S. 43 ff), das ohne quantitative Angaben nicht lösbar sei (S. 45).

Ermittlung des gerechten Strafmaßes ungeeignet. Ebenso gewichtig ist das Argument, eine solche Methode sei zu grob, starr, undifferenziert und wirklichkeitsfremd, um den „unzählig" verschiedenen Varianten des Lebens und der Art und Weise, gegen Strafgesetze zu verstoßen, gerecht zu werden. So begründet Geerds[165] seine Meinung: „Die SZ kann eben nicht mit einer Rechenmaschine produziert werden" mit einem Beispiel v. Buris[166] : Bei vier Wochen Gefängnis für den Diebstahl von zwei Geldscheinen mache die Strafe für den Diebstahl eines einzigen nicht die Hälfte, sondern drei Wochen aus – als hänge bei der SZ mit einer Rechenmaschine das Strafmaß notwendig nur vom Wert des gestohlenen Gutes ab und als sei diese Abhängigkeit notwendig direkt proportional!

Das Argument, rechnerische Methoden seien ungeeignet, wird wiederum aus zwei Quellen genährt: Juristen sind in der Regel in naturwissenschaftlichen Methoden schlecht ausgebildet; weder verstehen sie mühelos naturwissenschaftliche Texte noch können sie ohne besondere Anstrengung auf diesem Gebiet selbst forschen[167].

Diese Unfähigkeit wird nicht ungern hingenommen, weil man der Meinung ist, die Methoden der – beschreibenden – Naturwissenschaft seien für die – wertenden – Geisteswissenschaften ungeeignet. Dies indessen ist ein Vorurteil; denn wer könnte leugnen, daß die Fülle der Naturerscheinungen bei weitem vielgestaltiger ist als die Umstände, die bei der SZ zu berücksichtigen sind? Dies hat Newton und die ihm folgenden Physiker-Generationen weder veranlaßt, unter Hinweis auf die jeweils verschieden gelagerten und daher nicht zu systematisierenden Einzelfälle zu resignieren, noch hat es sie den Standpunkt beziehen lassen, die starre Mathematik sei mit dem Wesen einer launischen Natur unvereinbar. Im Gegenteil – sie haben die Vielfalt zu ordnen versucht, Hypothesen aufgestellt, verworfen oder verifiziert und schließlich Regelmäßigkeiten entdeckt. Diese Regelmäßigkeiten wurden mit Hilfe mathematischer Formeln abstrakt ausgedrückt, die ausnahmslos für jeden Fall zutreffen, der bestimmte Bedingungen erfüllt. So hat sich die Mathematik als diejenige Disziplin erwiesen, die geeignet ist, sehr differenzierte und vielschichti-

---

165 Konkurrenz S. 476 Fußnote 272; vgl. auch S. 512

166 Einheit und Mehrheit des Verbrechens S. 74

167 Vgl. *Spendel* ZStW 83, 203/204 in einer Rezension der Arbeit von *Haag* (Rationale SZ): „Auf diese Ausführungen (sc. betreffend die Konstruktion eines stochastischen Entscheidungsmodells) kann im Rahmen der vorliegenden Betrachtung nicht näher eingegangen werden. Sie sind für den Leser, der in der mathematischen Formelsprache der modernen Sozial- und Wirtschaftswissenschaften ungeübt ist – und dazu gehört ja in der Regel der anders denkende, weil nicht nur feststellende und beschreibende, sondern vor allem auch wertende Jurist! – nicht immer leicht zu verfolgen."

ge Naturvorgänge differenziert – und zwar *systematisch* differenziert – zu beschreiben[168]. Warum sollte ihr die Eignung fehlen, bei der Beschreibung sozialer Vorgänge Hilfe zu leisten?

Nur vereinzelt werden derzeit Stimmen laut, die eine Anwendung naturwissenschaftlicher Methoden auch auf die Geisteswissenschaften empfehlen: „Auch der Geisteswissenschaftler kann sich der Einsicht nicht verschließen, daß alles wissenschaftliche Denken prinzipiell mathematisch darstellbar ist."[169] Eine „Schule" hat sich in der Rechtswissenschaft für diese Lehre noch nicht gebildet. Anders in den Geisteswissenschaften selbst, besonders in der Sprachwissenschaft, wo der „Strukturalismus" nicht nur Methode, sondern auch Mode und Ideologie geworden ist.[170] Die Bedeutung des Strukturalismus liegt darin, „systematisch methodologische Prinzipien aus den Naturwissenschaften in die sogenannten Geisteswissenschaften eingeführt"[171] zu haben. Eines seiner methodologischen Prinzipien ist „die Notwendigkeit sinnvoller Isolierung"[172]. Sie wird mit der Komplexität der zu erforschenden Phänomene[172] begründet. Insoweit folgt das in dieser Arbeit entwickelte Verfahren strukturalistischer Methode: es versucht, komplexe Erscheinungen durch Isolierung (Aufgliederung in „Merkmale") genau und wiederholbar zu beschreiben.

Hier wird die Anwendung naturwissenschaftlicher – besonders mathematischer – Methoden in der Rechtswissenschaft befürwortet. Daraus darf nicht der Schluß gezogen werden, das hier entwickelte Verfahren wende stets oder auch nur überwiegend solche Methoden an. Überwiegend wird gerechnet; und die Zuordnungen der einzelnen Merkmalswerte zu den Merkmalsstärken werden – bei einigen Merkmalen für ausgewählte Merkmalsstärken, bei anderen Merkmalen für alle Merkmalsstärken – konkret angegeben. Möglich wäre bei vielen Merkmalen eine allgemeinere – mehr mathematische – Fassung der Zuordnungsvorschriften[173]. Davon wird aus Gründen der leichten Lesbarkeit für Juristen abgesehen.

---

168 Dies wird in der Rechtswissenschaft nur von einzelnen Autoren erkannt, z.B. von *Wagner-Haag* (Die moderne Logik in der Rechtswissenschaft, S. 22): „Man verdeutliche sich etwa am Modell der modernen Physik, welche Arbeit dort geleistet wurde, wenn man bedenkt, daß z.B. Farben, Lautstärken usw. nicht mehr durch ‚Rot' bzw. ‚sehr laut' ausgedrückt werden, sondern durch Schwingungszahlen, Wellenlängen usw. Erst dadurch wird die Anwendung eines (mathematischen oder logischen) Kalküls sinnvoll."

169 *Wagner/Haag,* Die moderne Logik in der Rechtswissenschaft S. 9

170 Vgl. die Schrift von *Schiwy*: Der französische Strukturalismus – Mode, Methode, Ideologie

171 *Schiwy*, a.a.O. S. 43

172 *Schiwy*, a.a.O. S. 44

173 S.u.S. 104 und 120

Aus alledem ergibt sich: wenn bei der SZ noch so viel von richterlicher Persönlichkeitsentscheidung etc.[174] als von einem richtigen und begrüßenswerten Verfahren die Rede ist, dann deshalb, weil notwendig auf einem noch nicht hinreichend „strukturierten" Gebiet jede Entscheidung vom persönlichen Geschmack und „Empfinden" des Entscheidenden stark beeinflußt sein muß. Die „Persönlichkeitsentscheidung" ist nur solange erforderlich und richtig, als keine Kriterien für eine wirklich rationale SZ vorliegen. Sie gehört also nicht zum „Wesen der SZ" und muß einem transparenten, nachprüfbaren Verfahren weichen, wenn ein solches Verfahren entwickelt und erprobt ist.

1.4.4.2.4. Die Unzulänglichkeit der Tatsachenfeststellung

Ein weiteres Argument wird gegen eine Systematisierung und Arithmetisierung der SZ vorgetragen: die „beschränkte Möglichkeit des Richters, in fremde Seelen zuverlässig einzudringen"[175] führe dazu, daß „die Rechnung der SZ . . . eine mit lauter variablen Unbekannten ist, die sich auch durch scheinbar mathematische Formeln nicht in Bekannte verwandeln lassen"[176]. Und – im Bereich der Präventionstatsachen – lasse sich die Wirksamkeit von Strafen und Maßregeln nicht messen[176]. Ein System sei der vergebliche Versuch einer Durchdringung von „im Grunde psychologisch Undruchdringlichem"[175]. Es wird mit diesen Anmerkungen also auf unsere Unkenntnis psychologischer und soziologischer Tatbestände hingewiesen. Diese Unkenntnis hat ihren Grund zum Teil in den – noch – nicht hinreichend entwickelten Wissenschaften, zum erheblichen Teil aber auch in der ganz persönlichen Unkenntnis des in Psychologie und Soziologie nicht ausgebildeten Richters. Alles dies verkenne ich nicht. Nur: Die Unzulänglichkeit der Tatsachenfeststellung ist eines – ein anderes ist die Rechtsfolge, die sich an die unzulängliche Tatsachenfeststellung knüpft[177]. *Irgend eine* Vorstellung von der psychischen Situation des Täters, seiner Empfindlichkeit für und Veränderbarkeit durch Strafen und der Wirkung der Strafe auf die Allgemeinheit macht sich doch der Richter auch bei der herkömmlichen SZsmethode. Nur legt er sich darüber keine Rechenschaft ab, weil die herkömmliche SZsmethode dies weder fordert noch zuläßt. Dies deswegen nicht, weil das Maß, mit dem eine SZs-Tatsache in die Strafe eingeht, nicht bestimmbar ist.

Nach dem hier vorgelegten Vorschlag ändert sich im Bereich der Sachverhaltsfeststellung nichts. Die Erkenntnisquellen des Richters verbessern sich also nicht. Aber das Maß, mit dem der – nur annäherungsweise und möglicherweise aufgrund von Vorurteilen (Vorverständnis) – festgestellte Sachverhalt

174 S.o.S. 30

175 *Löwe-Rosenberg-Jagusch,* § 337, Anm. I, 2, a) (S. 827)

176 *Dreher,* NZWehrr. 71, 119

177 Vgl. hierzu die ähnlichen Erwägungen unter dem Aspekt der Rationalität der SZ oben S. 16

in die Strafe eingeht, steht fest, und zwar für *alle Fälle gleichermaßen.* Dies ist etwas ganz anderes als der Versuch einer Durchdringung von im Grunde Undurchdringlichem, als die Ersetzung variabler Unbekannter durch Bekannte.

Nach der herkömmlichen Methode ist es möglich, daß bei gleichem Sachverhalt von zwei Richtern einer die Strafempfindlichkeit also hoch, der andere als niedrig ansieht. Dies deshalb, weil empirische Untersuchungen über die Strafempfindlichkeit nicht vorliegen. Gleichwohl können beide zu derselben Strafe kommen, weil sie keine Vorschrift haben, die sagt, wie die Strafempfindlichkeit in die Strafe einzugehen hat. Demgegenüber verhilft der hier vorgelegte Vorschlag dem Richter dazu, daß seine Vorstellungen von der Strafempfindlichkeit sich auch tatsächlich im Strafmaß auswirken.

1.4.4.2.5. Verdeckung des Inhalts durch die Form

Zerlegt man den Gesamtkomplex „Strafmaßbestimmung" in Einzelschritte und versucht man, diese Einzelschritte zu einem formalen Strukturmodell zu ordnen – das hier vorgelegte Modell unternimmt diesen Versuch, indem es ein zum Teil formales, zum Teil mit Inhalten ausgefülltes Strukturmodell abbildet – dann besteht nach *Hassemer*[178] die Gefahr, daß „die inhaltlich entscheidungserheblichen Faktoren und Erwägungen . . . sich . . . in diesem Strukturmodell umso wirksamer verbergen können", daß „verdeckte Entscheidungsgründe und damit scheinrationale SZsentscheidungen" provoziert werden.

Unseres Erachtens besteht diese Gefahr bei dem hier vorgelegten Modell nicht. Es kann vorkommen, daß ein Sachverhalt in bezug auf ein bestimmtes – dem Richter noch eine Wertungsfreiheit belassendes – Merkmal nichts hergibt oder dem Richter zu diesem Sachverhalt nichts einfällt. Dann liegt die – nichts verbergende – Wertung darin, daß der Richter die genau in der Mitte zwischen der höchsten und der niedrigsten Merkmalsstärke liegende Stärke nimmt. Er hat dies damit zu begründen, daß keine Besonderheiten erkennbar sind. Der gewählte Mittelwert ist der Ankerwert im Sinne von Haag[179].

Wir sehen ein wesentliches Merkmal und einen Vorzug des Modells gerade darin, daß richterliche Wertungen vorweg genommen und dadurch transparent und kritisierbar sind. Die „inhaltlich entscheidungserheblichen Faktoren" müssen genannt werden. Die Bedenken, die gegen ein formales Strukturmodell bestehen, greifen hier nicht durch.

178 Automatisierte und rationale SZ S. 115
179 S. 69

1.4.4.2.6. Unübersichtlichkeit des Regelsystems

Weiter wird gegen eine Systematisierung durch ein System von Regeln eingewandt, eine Vielzahl von Regeln müsse zur Undurchdringlichkeit des Regelsystems führen[180]. Dieser Eindruck entsteht in der Tat, wenn man den gegenwärtigen Zustand der von der Rechtsprechung für die SZ aufgestellten Regeln betrachtet. Die Unüberschaubarkeit hat ihre Ursache aber in der Form der von den Obergerichten festgestellten Regeln. Sie entsprechen häufig dem Muster: „Es ist nicht rechtsfehlerhaft, wenn die Tatsache a strafschärfend berücksichtigt wird."[181]

Bei solchen Aussagen bleiben – mit Absicht – mindestens zwei wichtige Fragen offen:

1) *Wie* strafschärfend darf sie berücksichtigt werden?
2) *Muß* sie strafschärfend berücksichtigt werden?, m.a.W.: ist es rechtsfehlerhaft, sie *nicht* zu berücksichtigen?

Eine Systematisierung der SZ soll jedoch nicht in einer Summe derartiger Regeln bestehen, sondern in einem Regelsystem, dessen Aussagen eindeutig zu einer fest bestimmten Strafgröße führen. Solche Aussagen macht das Schema schon in weiten Bereichen. Soweit es noch „unausgefüllte" Merkmale enthält, wird die Rechtsprechung sie mit Sätzen ausfüllen können, die generell gelten[182] und nicht mit Rücksicht auf Konsequenzen in anders gearteten Fällen so allgemein sind, daß sie sich als Obersätze zur Entscheidung eines Falles nur bedingt eignen. Solche Aussagen sind – geordnet nach Merkmalen und Merkmalsstärken – in überschaubarer Weise zu sammeln und bilden in ihrer Gesamtheit ein sowohl durchsichtiges als auch differenziertes Regelsystem.

1.4.4.4.7. Starrheit des Schemas gegenüber Veränderungen im Gerechtigkeitsgefühl

Es ist eine allgemeine Erkenntnis[183], daß die Gerechtigkeitsmaßstäbe im Hinblick auf die SZ wechseln. Daher wird man einer so aufgegliederten Definition der Gerechtigkeit, wie sie hier vorgelegt wird, vorwerfen, sie könne sich diesen Veränderungen nicht schnell genug anpassen[184].

---

180 *Löwe-Rosenberg-Jagusch* § 337 Anm. I, 2, a) (S. 827)

181 Besonders bezeichnend der Leitsatz eines Urteils des OLG Köln (NJW 73, 378): „Es ist grundsätzlich nicht rechtsfehlerhaft, frühere Verfahren, die eingestellt worden sind oder durch Freispruch mangels Beweisen ihr Ende gefunden haben, hinsichtlich der ‚Warnungswirkung' dieser Verfahren straferschwerend zu berücksichtigen. Die Verwendung derartiger SZsgründe sollte jedoch nach Möglichkeit vermieden werden."

182 Vgl. dazu noch unten S. 44

183 Vgl. *Dreher,* JZ 67, 41, 43; *Zipf,* S. 46

184 Vgl. *Rolinski,* Prägnanztendenz S. 92

Das Problem entsteht in der Tat bei der SZ nach der herkömmlichen Methode nicht. Dort kann man ja aus der Summe divergierender Urteile das gerade herrschende Gerechtigkeits-„Gefühl" nicht ablesen. Ist es „gerecht", die für Trunkenheitsdelikte verhängten Freiheitsstrafen in der Regel (zu durchschnittlich 75,9%) zur Bewährung auszusetzen wie in Baden oder in der Regel nicht (durchschnittlich 4,9%) wie in Württemberg[185]? Hier ist diese Aussetzungspraxis gerecht, dort jene; welche nun wirklich gerecht ist, ist nicht zu entscheiden. Nach der Spielraumtheorie wären wohl sogar beide – als im Schuldrahmen befindlich – als gerecht anzusehen. Ist es nicht besser, alle Gerichte urteilen nach gleichen, wenn auch vergänglichen Maßstäben, als wenn jeder Landgerichtsbezirk seinen eigenen Maßstab anlegt und so natürlich ohne Verzögerung in der Lage ist, sich den Veränderungen im Gerechtigkeitsgefühl (der maßgebenden Richter, denn auf welche Weise sollten sie Kenntnis von Gefühlsveränderungen „im Volke" erhalten?) anzupassen?

Dieser Maßstab müßte in Gesetzesform bestehen. Anders werden Richter angesichts ihrer tief verwurzelten Überzeugung von der Notwendigkeit des ihnen eingeräumten Ermessens und im Hinblick auf Art. 97 GG sich ihm keinesfalls unterwerfen. Eine maßgebliche, mit hinreichender Sicherheit feststellbare Veränderung im Gerechtigkeitsgefühl des Volkes bzw. derer, die es repräsentieren, wird nach bisheriger Erfahrung sich nicht mit solcher Heftigkeit abzeichnen, daß es nicht genügen sollte, das Schema höchstens alle fünf Jahre partiell zu ändern. Das aber wäre ohne weiteres durchführbar. Denn es ist eher einem allgemein gültigen Maßstab, der sich hin und wieder ändert, der Vorzug zu geben, als vielen ungleichen Maßstäben, die sich vielleicht ebensooft, aber unkontrollierbar ändern.

1.4.5. Ermessen und berechenbares Strafmaß

Die Unsicherheit, welche die Strafmaßbestimmung wegen der ungeeigneten Obersätze beherrscht und beherrscht hat, und die weitgehende Unüberprüfbarkeit der Erwägungen, die zu einer bestimmten Strafe geführt haben[186], haben nach einer dogmatischen Fundierung gerufen und sie in dem dem Strafrichter eingeräumten Rechtsfolgeermessen gefunden. Danach gibt es für eine Straftat auch nach Auswertung aller zur Verfügung stehenden rechtlichen Maßstäbe mehrere gleich richtige Strafgrößen[187]. Zwischen ihnen habe der Richter nach seinem Ermessen, d.h. seinen persönlichen Maßstäben auszuwählen.

---

185 Zahlen aus den Jahren 1959 bis 1962 nach *Middendorf*, 5. deutscher Verkehrsgerichtstag S. 54, 60

186 Vgl. *Sarstedt*, Die Revision in Strafsachen, S. 264, Fußnote 48 a.E.

187 So *Spendel*, Zur Lehre vom Strafmaß S. 169, 178; weitere Nachweise bei *Frisch*, NJW 73, 1345, Fußnote 9)

Dies ist im Kern auch die Lehre der Schuldrahmentheorie[188]. Nach ihr führt zwar die Würdigung der Präventionstatsachen – bei der dem Richter kein Ermessen mehr eingeräumt ist – innerhalb des Schuldrahmens zu einer punktuellen Strafe. Das ändert aber nichts an der Grundüberzeugung, daß bei Anwendung nur des Verschuldensmaßstabes mehrere gleich richtige Strafen verhängt werden könnten. Daß nach der Bewertung der Präventionstatsachen kein Ermessensspielraum mehr offen bleibt, erscheint nicht zwingend. Denn welcher Unterschied soll insoweit zwischen den Schuld- und den Präventionsgesichtspunkten bestehen? Die Zuordnung bestimmter Zahlen zu den Präventions-Obersätzen ist mit derselben Unsicherheit behaftet wie die Umsetzung von Schuldkomponenten in Zahlen. Konsequenterweise müßte daher die Schuldrahmentheorie zur Bildung eines Präventionsrahmens innerhalb des Schuldrahmens kommen. Wir wissen nämlich nicht besser, was ein Täter als Strafe *braucht* (Prävention) denn was er als Strafe *verdient* (Tatschuld)[189].

Die Meinung, der Strafrichter habe ein Rechtsfolgeermessen, findet ihre Rechtfertigung in den Methoden der SZspraxis und den unzulänglichen Obersätzen: sie lassen eine exakte Strafmaßbestimmung nur aufgrund der Anwendung rechtlicher Maßstäbe nicht zu. In der Praxis kann eine Punktstrafe nur mit Hilfe eines voluntaristischen Aktes gefunden werden.

Nach einer anderen – wohl überwiegenden[190] – Auffassung ist das, was wie Ermessensausübung aussieht, lediglich Konkretisierung des gesetzlichen Auftrages im Einzelfall, d.h. Bildung eines richterlichen Obersatzes[191] – so wie bei der Anwendung von Tatbestandsmerkmalen wie „Treu und Glauben", „wichtiger Grund" Fallgruppen und richterliche Obersätze gebildet werden. Innerhalb dieser Auffassung wird wieder die Meinung vertreten, das Gesetz wolle und decke die Mehrdeutigkeit, d.h. die Möglichkeit, zu mehreren verschieden hohen, aber gleich richtigen Strafen zu gelangen[192]; demgegenüber steht die Meinung, gedanklich solle das Gesetz nur *eine* Strafe als die richtige zulassen, wegen der Vagheit der Begriffe sei aber eine Verwirklichung dieser Idee nicht möglich[192]. Frisch lehnt mit überzeugender Begründung die Theorie von der gewollten Mehrdeutigkeit ab und kommt zu dem Ergebnis:

„Das Gesetz geht von dem formalen Prinzip nur einer richtigen Entscheidung aus, die es aber *inhaltlich* nicht stets als nur noch zu erkennendes Ergebnis fixiert, sondern für die es häufig nur den richtungweisenden Gedanken angedeutet hat. Angesichts der Vagheit der zu konkretisierenden Maßstäbe sind

---

188 Vgl. *Zipf*, S. 36 und passim sowie *Dreher*, JZ 67, 41, 42; a.A. wohl *Bruns*, S. 69.

189 Anders *Dünnebier*, Protokolle 12. Bd. S. 49

190 Vgl. *Bruns*, S. 68 mwN, *Dünnebier*, Kriminalpolitische Gegenwartsfragen, S. 98; und die Nachweise bei *Frisch*, NJW 73, 1345, Fußnoten 10) – 12)

191 Vgl. *Frisch*, NJW 73, 1345, 1346 links

192 *Frisch*, a.a.O. S. 1346 rechts

daher schöpferische, gestaltende Momente bei der Konkretisierung nicht nur keine Fremdkörper, sondern geradezu durch die Natur der vorgegebenen Maßstäbe bedingt."[193]

In diesem Raum der gestaltenden Momente ist das vorliegende Schema angesiedelt: es verlagert die Gestaltung vom Richter auf das Gesetz[194] und intendiert damit eine *Gleichheit* der Gestaltung. Denn die crux der Gestaltungsmacht des Richters liegt darin, daß jeder Richter von ihr den unterschiedlichsten Gebrauch machen kann und muß, solange nur solche (Ober-)Sätze vorliegen und konsequent durchgeführt werden können, welche die Inkonsequenz zum Prinzip erheben[195].

Gleichwohl läßt auch das vorliegende Schema dem Richter noch Raum zur Gestaltung: bei der Subsumtion unter eine Reihe von Merkmalen ist nach wie vor noch eine Wertung erforderlich (z.B. Grad der Fahrlässigkeit, Verhalten nach der Tat). Bei Anwendung des Schemas wird aber ein Obergericht nicht mehr seinerseits nur vage Obersätze nach dem Muster „Es ist nicht rechtsfehlerhaft, die Tatsache x strafschärfend zu berücksichtigen" aussprechen müssen, sondern z.B. ganz konkret sagen können: Wenn ein PKW-Fahrer mit Reifen ohne hinreichendes Profil auf regennasser Straße die zulässige Geschwindigkeit um 15% überschreitet, so ist sein Fahrlässigkeitsgrad größer als 87; oder: genau 93. Aus einer großen Anzahl solcher Sätze wird sich – wie oben[196] schon angedeutet – bald eine Skala ergeben, welche die Einordnung eines Sachverhalts in eine sehr kleine Umgebung gestattet.

Darüber hinaus schränkt das Schema die gestalterischen Möglichkeiten – und damit die Möglichkeiten zur Ungleichbehandlung – nicht nur bei der Zuordnung des Sachverhalts zu den Obersätzen ein, sondern eliminiert diese Möglichkeiten bei der Umsetzung eines bestimmten Verschuldensgrades in die Strafhöhe. Bei der gegenwärtigen Methode der SZ berücksichtigt der Richter die grobe Fahrlässigkeit erschwerend und verhängt dann eine Strafe, der man nicht ansieht, *wie stark* die grobe Fahrlässigkeit berücksichtigt worden ist. Nach dem vorliegenden Schema hat der Richter auf das Gewicht, mit dem ein von ihm festgestellter Fahrlässigkeitsgrad in die Strafe Eingang findet, keinen Einfluß mehr. Es liegt fest.

Das bedeutet weiter: wenn das Rechtsmittelgericht zu der Überzeugung kommt, es sei nicht, wie das Erstgericht angenommen hat, der Fahrlässigkeitsgrad

---

193 NJW 73, 1345, 1348 links, Hervorhebungen im Original

194 Vgl. unten S. 46

195 Vgl. *Bockelmann*, Protokolle, 12. Bd. S. 53

196 S. 24

65, sondern 125 gegeben, so ändert sich auch, wenn die SZs-Tatsachen im übrigen unbeanstandet bleiben, die verhängte Strafe. Die crux, von der Sarstedt[197] spricht, ist aufgehoben.

1.4.6. Art. 3 GG

„Gleichheit ist der Probestein der Gerechtigkeit, und beide machen das Wesen der Freiheit." (Johann Gottfried Seume)

Die Frage, ob ungleiche Strafen in gleichen Sachverhalten gegen Art. 3 GG verstoßen, haben Bruns[198] und Warda[199] in formal-rechtlicher Hinsicht eingehend gewürdigt und sind dabei zu dem Ergebnis gekommen, daß Art. 3 GG auf solche Fälle nicht anwendbar ist. Aber selbst dann, wenn man Art. 3 GG für einschlägig hielte, wäre er nicht verletzt[200]. Das Problem braucht hier nicht aufgerollt zu werden, da es im Grunde unerheblich ist, *warum* eine ungleiche SZs-Praxis unerträglich ist. Wichtig ist, daß sie von allen als unerträglich und eine gleichmäßige SZs-Praxis als eine der wichtigsten Forderungen des Strafrechts empfunden wird. Und beides wird in der Tat überall betont[201]. Welche Prinzipien im einzelnen eine ungleiche Strafpraxis verletzt, mag dahinstehen.

Hier sei nur eine Art der Argumentation erwähnt, die, indem sie das Formale betont, darauf hinweist, daß die Gerichte sehr gern die auf Art. 3 GG gestützte Revision zurückgewiesen haben, weil sie andernfalls vor der unlösbaren Aufgabe der Angleichung von Strafen gestanden hätten. So sagt der BGH[202], Art. 3 GG stehe einer ungleichen SZs-Praxis deshalb nicht entgegen, weil – obwohl die äußeren Tatumstände bei einigen Verkehrsdelikten gleich seien – es bei der SZ auch auf den inneren Tatbestand und die Täterpersönlichkeit ankomme. Deren Gleichheit aber sei nicht feststellbar. Nach dem BGH fehlt es also an der Vergleichbarkeit der Fälle[203].

Wäre diese Auffassung richtig, so wäre die Persönlichkeitsstruktur und der innere Tatbestand der Berliner bei einer folgenlosen Trunkenheitsfahrt ganz verschieden von der der Hamburger. Hier nämlich wurden im Jahre 1965

---

197 Die Revision in Strafsachen, S. 264, Fußnote 48 a.E.

198 S. 445

199 Dogmatische Grundlagen des richterlichen Ermessens im Strafrecht S. 157 ff

200 Im Ergebnis gleich BVerfGE 1, 332, 345 f; 9, 213, 223

201 Vgl. *Bockelmann,* Kraftfahrt und Verkehrsrecht, 67, 462, 474: „Das Gerechtigkeitsgefühl der Menschen wird durch nichts tiefer gekränkt als durch die ungleiche Behandlung von Gleichartigem.", *Dreher,* JZ 68, 209, 212; *Janiszewski,* Blutalkohol, 68, 27, 28; *Martin,* Blutalkohol 63/64, 289/292; *Meier-Branecke,* DAR 66, 93, 96, 97; *Schütt,* 3. deutscher Verkehrsgerichtstag 143, 151

202 VRS 21, 54, 57 = Verkehrsrechtliche Mitteilungen 61, 85

203 Vgl. auch *Bruns,* S. 446.

nur 5,6% der nach § 316 StGB Verurteilten mit einer Geldstrafe belegt, dort 82,5%[204]. Damit soll gesagt werden: Es gibt Tatbestände, für die sich – örtlich unterschiedliche – Straftaxen entwickelt haben. Bei deren Zumessung wird *in der Regel* weder der innere Tatbestand noch die Persönlichkeit berücksichtigt. Man darf in diesen Fällen die Rüge der Verletzung des Art. 3 GG nicht mit der Begründung fehlender Vergleichbarkeit zurückweisen. Dann wäre es gewiß besser, mit Warda[205] und Bruns[206] auf die Frage der Rechtsrichtigkeit abzustellen. Solange aber nicht verbindlich definiert ist, was richtig sein soll, ist das Problem der ungleichmäßigen SZs-Praxis *rechtlich* nicht zu lösen[207].

1.5. Gesetzesform des Schemas im Hinblick auf Art. 97 GG

Aus Art. 97 Abs. I GG ergibt sich, daß das Schema nur dann effektiv sein kann, wenn es in Gesetzesform eingeführt wird[208] – ein ungewöhnlicher Gedanke, der unter Richtern auf Ablehnung stoßen wird. Die Einführung des Schemas ist aber nichts wesentlich anderes, als es die Einführung von gesetzlichen Tatbeständen oder Strafrahmen gewesen ist. Alle Autoren, die bisher die Aufstellung von Regeltatbeständen, Normalstrafen etc. in der Praxis gefordert haben, hatten ein beifälliges Publikum, aber praktisch keine Wirkung[209]. So ist z.B. Schütt[210] zuzustimmen, wenn er sagt: „Jede Entscheidungsfreiheit richtet sich schließlich an Maßstäben aus, wobei wohl niemand in Anspruch nehmen will, daß er den Maßstab allein aus sich selbst entwickeln müsse".

---

204 Zahlen nach *Janiszewski*, Blutalkohol 68, 27, 31

205 Dogmatische Grundlagen des richterlichen Ermessens im Strafrecht S. 158

206 S. 447

207 Auch *Esser* (Vorverständnis und Methodenwahl in der Rechtsfindung, Seite 62) stellt die Frage nach dem Verhältnis von Ermessensspielraum und Gleichheitssatz: „Zweifelhaft kann hier (sc. bei der Frage nach der verfassungsrechtlichen Zulässigkeit eines dem Richter übertragenen Tatbestandsermessens) nur sein, ob eine voll auf die Umstände des Einzelfalles abstellende Delegation (sc. des Ermessens auf den Richter) ausreichende Gesichtspunkte für die Gleichbehandlung bietet." *Esser* beantwortet diese Frage vorsichtig: „. . . darf man aus den bisher bekannten Fällen von Billigkeitsjudikaturen wohl einräumen, daß die Kasuistik jeweils imstande ist, ihre Gesichtspunkte der kategorienmäßigen Gleichbehandlung auch im Rahmen billigen Ermessens aufzustellen und durchzuhalten."

208 Ebenso *Bruckmann*, ZRP 73, 30, 34 rechts

209 Vgl. *Ludewig*, 2. deutscher Verkehrsgerichtstag 205/206; *Rolinski*, Prägnanztendenz S. 101; *Schütt*, 3. deutscher Verkehrsgerichtstag S. 143 (Leitsatz 2), 151

210 *Schütt*, a.a.O. S. 151

Dennoch nehmen viele für sich in Anspruch, gerade das zu können, zumal da sie sich in dieser Meinung noch auf eine Lehre berufen können, die behauptet, ihre Entscheidung sei ein „personaler Akt"[211], bei dem es nur auf ihr „eigenes Werturteil"[212] ankomme, sie seien „rechtsschöpferische Kraft"[212]. Es wäre daher wenig sinnvoll, das Schema in Form von Richtlinien oder Empfehlungen der Exekutive an die Rechtsprechung zu erlassen. Solange es nicht Gesetzeskraft hat, wird kaum ein Richter sich nach ihm richten.

Der Einwand der Schwerfälligkeit eines Gesetzes wurde schon oben[213] entkräftet[214]. Im übrigen ist es ja Aufgabe der Rechtsprechung, die noch offenen, d.h. nicht mit eindeutigen Zuordnungen versehenen, Merkmale aufzufüllen. Die Obergerichte können also in demselben Maße, in dem sie dies bisher in der Dogmatik tun, die Zuordnungen den neuen Erkenntnissen anpassen. Und die Instanzgerichte können, soweit das durch ein erfolglos eingelegtes Rechtsmittel berührte Interesse der Angeklagten es erlaubt, durch Entscheidungen, die diesen Zuordnungen widersprechen, ihre Überprüfung anregen und dadurch Einfluß auf sie nehmen.

1.6. Die Schuldrahmentheorie

Die Schuldrahmentheorie ist wohl als der jüngste Vorstoß im Kampf gegen das Unbehagen an der SZ anzusehen. Zipf hat sie in einer Weise ausgearbeitet, die erhoffen läßt, daß die Diskussion künftig nicht mehr auf Grund von Mißverständnissen fruchtlos bleibt, sondern dorthin führt, wohin eine gute Diskussion führen soll: zur Klärung der den unterschiedlichen Ergebnissen zugrunde liegenden Grund-Standpunkte, gewissermaßen der juristischen „Glaubenssätze" der Debattierenden.

Eine genauere Auseinandersetzung mit dieser Theorie ist deshalb erforderlich, weil es nach ihr – jedenfalls in der ihr von Zipf gegebenen Form – Tatsachen gibt, die den punktuellen Schuldbegriff widerlegen. Das hier vorgelegte Schema legt aber – zumindest unausgesprochen – der Strafermittlung einen solchen Begriff zugrunde, wobei das Wort „Schuld" mit den angegebenen[215] Vorbehalten gebraucht wird.

---

211 *Dreher,* JZ 68, 209, 211

212 *Sauer,* Die Gerechtigkeit S. 161

213 S. 42

214 Hierzu und zu weiteren Problemen genauer gesetzlicher SZs-Vorschriften *Rolinski,* Prägnanztendenz S. 102/103. Nur für die herkömmliche Methode der SZ ist *Geerds* zuzustimmen, wenn er (Konkurrenz S. 467) sagt: „Die SZ ist als solche einer gesetzlichen Regelung naturgemäß weitgehend unzugänglich."

215 S.o.S. 23/24

1.6.1. Die Unerkennbarkeit der Schuld

Die Unfähigkeit des Menschen, das Maß einer Schuld im herkömmlichen Sinne mit hinreichender Genauigkeit festzustellen, war Ausgangspunkt und Motor der Überlegungen, an deren Ende die Schuldrahmentheorie steht.

„Selbst wenn das Maß der Schuld festzustellen wäre, bliebe doch zweifelhaft, ob es in eine feste Strafgröße umgesetzt werden könnte. Wir werden zu einer solchen Annahme leicht dadurch verführt, daß wir über beliebig teilbare, feste Strafgrößen verfügen. ... Der Richter wird damit genötigt, eine einzige feste Strafgröße zu bestimmen und die Illusion zu erwecken, als sei nur diese einzige Größe die gerechte Strafe. Diese Illusion zerstreuen zu wollen, ist das Ziel der Spielraumtheorie. Und darin liegt ihr richtiger Kern."[216]

Gemäß dem in dieser Arbeit vertretenen Standpunkt ist diesen Ausführungen Drehers entgegenzuhalten: Ein Schuldbegriff, der weder dazu taugt, verschiedene Verschuldensgrade festzustellen, noch – angenommen, er könne das doch –, daraus eine Strafe zu ermitteln, sollte *für die SZ* außer Betracht bleiben. Aber auch wer glaubt, ohne den Schuldbegriff in der SZs-Lehre nicht auskommen zu können, wird der Argumentation der Vertreter der Schuldrahmentheorie nicht immer folgen können.

1.6.2. Die Rahmengrenzen

Das Problem liegt an den Grenzen des Rahmens. Denn man behauptet, der an eine Tat angelegte Maßstab der Schuld sei zu grob, um der Tat nur *eine* Strafe zuzuordnen. Es gebe vielmehr sehr viele, verschieden schwere Strafen, die einer Tatschuld entsprächen. Es gebe aber Grenzen; und von Strafen, die jenseits dieser Grenzen lägen, könne mit Gewißheit gesagt werden, daß sie dieser Tat nicht mehr zugeordnet werden könnten. Ferner seien diese Grenzen mit hinreichender Genauigkeit feststellbar; denn „der Schuldrahmen ist der Bereich des Strafrahmens, in dem keine begründeten Zweifel über die Schuldangemessenheit der Strafe aufkommen können."[217]

1.6.2.1. Kritik der „fließenden Grenzen"

Andererseits seien die Grenzen aber wiederum fließend[218] und deshalb nicht punktuell festliegend[219]. Man könne aber merkliche Überschreitungen[220] und damit die „negative Unvereinbarkeit einer Strafe mit dem Schuldprinzip registrieren"[221].

216 *Dreher*, Protokolle 12. Bd. S. 44

217 *Zipf*, S. 81

218 *Zipf*, S. 70, „gleitend", „elastisch", S. 71, S. 80

219 *Zipf*, S. 70

220 *Zipf*, S. 70

221 *Zipf*, S. 70

Der Begriff der fließenden Grenzen ist geeignet, die größte Verwirrung zu stiften und den Gegnern der Rahmentheorie Munition zu liefern, die etwas trifft, was die Rahmentheorie gar nicht verteidigen will. Bei strenger Betrachtungsweise ist eine fließende Grenze eine contradictio in adiectu. Eine Grenze, die nicht zu einem bestimmten Zeitpunkt einen bestimmten Ort einnimmt, sondern zu *einer* Zeit mehrere Orte – so wie Zipf wörtlich zu verstehen ist –, gibt es nicht. Ein Ding kann nicht zugleich zwei Orte einnehmen. Es braucht für die Bewegung von einem Ort zum anderen eine gewisse Zeit. Eine Bewegung – und damit ein Fließen – ohne Zeit ist nicht möglich.

Aber auch wenn man das nur als *sprachliche* Ungenauigkeit ansieht, wird nicht hinreichend deutlich, wie beschaffen diese Grenzen sein sollen. Bei natürlicher Betrachtungsweise ist eine Grenze auf der Strafenskala ein Punkt, der – wie in der Mathematik – keinen Raum einnimmt. Das hätte zur Folge, daß es bei jeder Straftat zwei Strafen mit dem Unterschied der kleinsten zulässigen Strafmaßdifferenz – 1 Tag Freiheitsstrafe oder 1 DM Geldstrafe[222] – geben müßte, von denen eine innerhalb, die andere außerhalb des Rahmens läge. Das aber soll bei Zipf gerade nicht der Fall sein (weil das nach der Definition des Schuldrahmens gar nicht möglich wäre), sondern nur „merkliche Überschreitungen"[223] sollen registrierbar sein. Diese Forderung wird – nicht sehr treffend – mit „fließende Grenzen" umschrieben.

1.6.2.2. Begriff der „Schranke"

Was Zipf mit der „fließenden Grenze" ausdrücken will, würde der Mathematiker eine Schranke nennen. Der Schuldrahmen ist begrenzt durch Schranken, deren obere wie folgt definiert ist: Es gibt einen Punkt auf der Strafskala mit der Eigenschaft, daß alle Strafen oberhalb des Punktes nicht schuldangemessen sind. Das bedeutet noch nicht, daß der Punkt, der unterhalb dieser Schranke unmittelbar folgt, schuldangemessen oder schon zweifelhaft im Sinne von Zipfs Randzone[224] ist – das wäre er nur bei einer Grenze im strengen Sinne –, es bedeutet nur, daß es irgend einen Punkt auf der Strafskala gibt, der diese Schrankeneigenschaft hat. Das wäre z.B. der Punkt 1.500 DM Geldstrafe für eine leichteste Körperverletzung im Straßenverkehr mit geringstem Fahrlässigkeitsgrad. Und der kleinste Punkt mit der genannten Eigenschaft, der sich finden läßt, ist nach Zipf die Rahmenobergrenze, ohne daß – wohlgemerkt – auch dessen Nachfolgepunkt schon zur Randzone gehören müßte. Das gilt analog für die untere Schranke.

---

222 Nicht 5 DM, wie *Zipf*, S. 69 meint, vgl. *Dreher*, § 27 Anm. 2, A), § 27 Abs. I StGB ist wohl zu lesen als: „. . . in *volle* Deutsche Mark . . . ". Sonst wäre die kleinste Differenz 1 Pfennig.

223 *Zipf*, S.70

224 S. 80

Das Beispiel der Bürste verdeutlicht das Problem: 10 Borsten, in ein Stück Holz gesteckt, ergeben sicher keine Bürste. Eine Ansammlung von 2000 Borsten wird mit Recht und unwidersprochen Bürste genannt. 2000 Borsten sind also für den Begriff Bürste *eine* untere Schranke. Niemand kann aber sagen, bei welcher Borstenzahl die Bürste beginnt. 150? Dann sind doch wohl 149 und 148 Borsten auch noch eine Bürste, etc. Ganz genauso verhält es sich mit dem Schuldrahmen, wenn auch der Begriff der fließenden Grenze das nicht hinreichend deutlich macht.

1.6.2.3. „Kontinuität" des Übergangs

Daß in der Seinssphäre die Übergänge in der Regel kontinuierlich – d.h. ohne merklichen Unterschied – verlaufen[225], ist zwar richtig, lenkt aber, in diesem Zusammenhang vorgetragen, den Blick vom zu lösenden Problem ab. Eine wesentliche Leistung allen wissenschaftlichen Denkens ist das Erarbeiten von geeigneten Maßstäben, welche die Kontinuität beschreibbar machen. Wenn die Abenddämmerung „unmerkbar und kontinuierlich" in Dunkelheit übergeht, so ist das natürlich auch ein „fließender Übergang". Aber es gibt mit Skalen versehene Meßgeräte, welche erlauben, allgemein verbindliche Aussagen über den Grad der augenblicklich herrschenden Helligkeit zu machen. Gewiß ändert sich diese in jedem Moment, ist also kontinuierlich. Feststellbar ist aber, welcher Skalenbereich jeweils durchlaufen wird. Und man muß sich durchaus nicht begnügen mit Aussagen wie: Es gibt ein Maß von Dunkelheit, bei dem keine begründeten Zweifel über das Vorliegen von Dunkelheit aufkommen können.

Und ebenso, wie der undifferenzierte Hell-dunkel-Begriff aufgegliedert werden kann, verschiedene Grade von Helligkeit definiert und gemessen werden können, so muß es auch möglich sein, verschiedene Verschuldensgrade in einer Weise zu definieren, daß jeder Tat einer bestimmten Meßzahl zubeordnet wird. Auf Drehers Aussage „Es gibt kein Zentimetermaß der Gerechtigkeit" ist zu erwidern: Dann muß man versuchen, ein solches zu schaffen.

1.6.2.3.1. Das Bild der Waage

Gewiß bildet der Schuldrahmen einen Maßstab für die Strafe; er ist jedoch zu undifferenziert. Denn es gibt zwar für eine bestimmte Tat Schranken des Rahmens im oben definierten Sinne; sie liegen aber zu weit auseinander, um brauchbar zu sein.

Dies verdeutlicht auch das Bild der Waage, das Zipf[226] selbst zur Erläuterung des Schuldrahmens heranzieht. Es gibt in der Tat Waagen, die erst dann wahrnehmbar reagieren, wenn man sie mit „größeren" Mengen belastet, etwa eine Gepäckwaage im Bahnhof.

---

225 So *Spendel,* Zur Lehre vom Strafmaß S. 184 und zustimmend *Zipf,* S. 69/70

226 S. 70/71

Nach Zipf entsprechen die Gewichte, mit denen man sie belasten kann, ohne einen Ausschlag des Zeigers registrieren zu können, dem Bereich des Schuldrahmens. Schlägt sie aus, ist der Schuldrahmen verlassen. Dazwischen liegen „fließende Grenzen". Dabei übersieht Zipf, daß die Waage bis zu einem genau bestimmbaren Gewicht von x Gramm nicht ausschlägt. Legt man x + 1 Gramm auf die Waage, so schlägt sie aus. Das jedenfalls ist von einer guten Waage zu fordern, und es gibt Waagen, die das erfüllen. Sie geben, legt man Gramm um Gramm auf sie, jeweils eine eindeutige Antwort: Ausschlag oder Ruhestellung. Insoweit ist also Zipf entgegenzuhalten, daß das Bild einer guten Waage nicht für die Darstellung des Schuldrahmens paßt. Zwar sind auch bei der guten Waage unter Umständen nur „merkliche Überschreitungen" registrierbar, aber es gibt – im Gegensatz zum Schuldrahmen – einen fest bestimmten Punkt, bei dem die Überschreitung beginnt. Es handelt sich dabei nicht um eine fließende Grenze oder eine Schranke im oben[227] definierten Sinne. Jedoch wird das Waagen-Bild mit einigen Modifikationen der *Praxis* einer Schuldrahmentheorie und des Schuldbegriffs – leider – gerecht. Man stelle sich eine Waage nach Art derer vor, auf der Lastkraftwagen gewogen werden. Ihr Zeiger zeigt die Strafe an. Die Schuld soll gewogen werden. Bei ihr ist es gleichgültig, ob man sie mit 1000 oder 10.000 Gramm „Schuld" belastet – der Strafzeiger schlägt nicht aus, man befindet sich innerhalb des Schuldrahmens. Zwar ist sicher, daß sie, mit 1 Tonne (1.000.000 Gramm) belastet, ausschlägt, aber das genügt demjenigen nicht, der genauere Messungen vornehmen möchte. Das heißt m.a.W.: Der Schuldbegriff ist zu ungenau und deswegen der Schuldrahmen in Zipfs Definition zu weit, um als eine einer Differenzierung fähige Grundlage für die SZ zu dienen.

1.6.2.4. Die Randzone des Zweifels

Die von Zipf eingeführte Randzone des Zweifels ist ein Mittel, das über Ungereimtheiten bei der Lösung des Grenz-Problems hinweghelfen soll, im Grunde jedoch die eigentliche Problematik verwischt. „Der Schuldrahmen hat einen Kernbereich, in dem keine Zweifel an der Einhaltung der Schuldadäquanz auftauchen, und eine Randzone, in der man an der Schuldadäquanz zweifeln kann, und schließlich wird ein *Punkt* erreicht, wo man sagen muß: diese Strafe entspricht nicht mehr der Tatschuld[228].

Dem kann nicht zugestimmt werden. Wäre diese Auffassung richtig, dann wäre durch die Rahmentheorie die Schwierigkeit der Schuldpunktermittlung wirklich nur verdoppelt, nämlich an die Rahmengrenzen verlagert. Zipf ist vorzuwerfen, daß er einerseits von „fließenden Grenzen" des Rahmens spricht, sich schließlich aber doch wieder auf einen Punkt festlegen will. Einen solchen festen Punkt könnte es nur dann geben, wenn die Schranken des Schuldrahmens wirkliche Grenzen wären.

227 S. 49

228 S. 80; Hervorhebung nicht im Original

Im übrigen ist die Ausgliederung der „Randzone" aus dem Schuldrahmen auch von Zipfs Standpunkt der punktförmigen Grenze nicht mit dem Argument „in dubio pro reo" begründbar[229]. Denn an der „*Unter*grenze" des Schuldrahmens geht diese Definition in gleicher Weise zu Lasten des Täters – der „zweifelhafte" Bereich ist nicht mehr Bestandteil des Schuldrahmens, in dem die Endstrafe liegen muß –, in der sie ihm an der „Obergrenze" günstig ist.

Der Vorwurf gegen die Rahmentheorie, sie habe keine bestimmbaren Grenzen, ist also nicht eine ihr unterschobene Aussage[230]. Vielmehr ist er ein Hinweis auf ein Problem, das theoretisch mit Hilfe des Schrankenbegriffs lösbar ist, aber praktisch – wegen der Weite der bestimmbaren Schranken und ihrer fehlenden Eignung, auf differenzierte Fälle zu reagieren – zu dem Schluß führen muß, daß die Rahmentheorie insoweit keinen Vorzug im Verhältnis zum punktuellen Schuldbegriff aufweist.

1.6.3. Die Ablehnung des Schuldpunktes

1.6.3.1. Strafrahmenabhängigkeit der Schuld

Unter Berufung auf Dreher[231] sieht Zipf[232] einen wesentlichen Unterschied zwischen Schuldrahmen und Schuldpunkt in ihrem Verhältnis zum Strafrahmen. Gehe man von einer punktuellen Schuldhöhe aus, so widerspreche das dem Strafrahmensystem, da die Schuldhöhe – im Gegensatz zum Schuldrahmen – unabhängig vom Strafrahmen gedacht werden müsse. Das aber sei unzulässig, da der Richter ja den Strafrahmen als Einwertungs-Maßstab nehmen solle. Es ist kein Grund ersichtlich, der dafür spräche, daß ein *Bereich* einer Strecke besser in ein Verhältnis zur Gesamtstrecke (dem Strafrahmen) gebracht werden könnte als ein Punkt auf dieser Strecke. Im Gegenteil: bei einem Strafrahmen von 5 bis 10.000 DM verhält sich der Punkt 500 zur Obergrenze des Strafrahmens wie 1 zu 20, zur Untergrenze wie 100 zu 1, eine ganz einfache und durchaus nicht absolute Feststellung. Reicht der Schuldrahmen dagegen z.B. von 300 bis 900, so kann man nur das Verhältnis seiner Ober- und Untergrenzen zum Gesamtstrafrahmen ausdrücken. Das ist etwas umständlicher; es besteht aber jedenfalls insoweit kein Unterschied zwischen Schuldpunkt und Schuldrahmen.

Im übrigen scheint Zipf die Ausführungen Drehers mißzuverstehen, wenn er ihnen die von ihm behauptete Aussage entnimmt. Denn Dreher[233] behandelt

229 So aber *Zipf*, S. 81

230 So aber *Zipf*, S. 69

231 JZ 67, 41, 43 f

232 S. 67

233 JZ 67, 41, 43 f

den Unterschied von strafrahmenabhängiger und strafrahmenunabhängiger Schuld. Diese Alternative ist durchaus nicht gleichzusetzen mit der Alternative zwischen Schuldrahmen und Schuldpunkt. Ebenso wie es einen strafrahmenunabhängigen Schuldrahmen geben kann, kann es einen strafrahmenabhängigen Schuldpunkt geben und umgekehrt.

1.6.3.2. Die Änderung der Schuld nach der Tat

Nach Zipfs Auffassung kann es aber auch deswegen keinen Schuldpunkt geben, weil die Schuld sich nach der Vollendung der Tat noch verändern kann.[234] Wenn sich die Schuld in diesem Zeitpunkt ändert, so hat dies auf eine punktuell gedachte Schuld denselben Einfluß wie auf den Schuldrahmen. Auch insoweit besteht also kein Unterschied zwischen beiden.

Wenn Zipf[235] dann noch darauf hinweist, daß die Auffassung der punktuellen Schuld an ihrer nicht zu verwirklichenden Idealität leide, so übersieht er, daß dieser Vorwurf die Schuldrahmentheorie in gleicher Weise trifft.

1.6.3.3. Die Komplexität der Schuldkomponenten

Nur sehr versteckt findet sich bei Zipf eine Begründung, die vielleicht klärend zur Beantwortung der Frage beiträgt, was zur Konstruktion der Rahmentheorie geführt hat. Es hätten sich, schreibt Zipf[236], so viele Abhängigkeiten der Schuldproportionalität ergeben, daß die Auffassung von der punktuellen Schuld nicht haltbar sei. Das verstehen wir dahin: Es gibt so viele Faktoren bzw. Komponenten der Tatschuld, daß man sie nicht auf einen Punkt aufsummieren könne. Diese Auffassung mag einleuchten, solange man sich nicht klarmacht, daß auch insoweit kein Unterschied zwischen Schuldrahmen und Schuldpunkt besteht. Wenn man keine wohldefinierten Regeln hat, die aus den Komponenten eine Strafe bilden, liegt es näher, auf einen Rahmen zu kommen. Dann aber ist auch dieser Rahmen – da ja keine verbindlichen Regeln zu seiner Bildung bestehen – einer gleichmäßigen SZ nicht förderlich. Entschließt man sich dagegen zu verbindlichen Regeln, dann kann man sie zwar so gestalten, daß sich aus den Komponenten ein Schuldrahmen ergibt, jedoch besteht dazu kein Anlaß. Jedenfalls ist die Folgerung aus der Vielzahl der Schuldkomponenten auf die Notwendigkeit eines Schuldrahmens – und die „Elastizität" seiner Grenzen[237] – nicht schlüssig.

---

234 *Zipf*, S. 67/68

235 S. 68

236 S. 68

237 So S. 70: „Es ist eben die vom Richter gehandhabte Umsetzung von nicht auf einen Punkt festzunagelnden Wertvorstellungen, die geradezu elastische Grenzen bedingen."

1.6.4. Das Rechtsbewußtsein der Rechtsgemeinschaft

1.6.4.1. Die Unauffindbarkeit dieses Bewußtseins

Doch nicht allein diese mehr „dogmatischen" Bedenken sind gegen die Schuldrahmentheorie zu erheben. Auch die praktische Anwendbarkeit ist zweifelhaft. „Schuldangemessen ist nicht, was der Tatrichter als – nach seiner Überzeugung – schuldangemessen bezeichnet, sondern nur, was sich objektiv in Übereinstimmung mit dem maßgeblichen Rechtsbewußtsein der Rechtsgemeinschaft befindet. Die Schuldadäquanz ist damit . . . ein grundsätzlich objektiv verifizierbares Werturteil."[238] Zipf sieht zwar selbst die Schwierigkeiten beim Auffinden dieses Rechtsbewußtseins[239], er unterschätzt sie aber zugleich. Es wird nur in allerseltensten Fällen möglich sein, die fehlende Übereinstimmung eines konkreten Urteils mit dem Rechtsbewußtsein der Rechtsgemeinschaft festzustellen.

Deswegen darf es auch nicht als Maßstab zur Ermittlung des Schuldrahmens dienen. Ferner wird der Richter bei der Strafmaßbestimmung nach wie vor angesichts der Unauffindbarkeit des Rechtsbewußtseins der Rechtsgemeinschaft *sein* Rechtsbewußtsein – sei es auch an dem des Volkes geprägt – sprechen lassen und demgemäß den Schuldrahmen festlegen. „Auffinden" wäre richtig nach der Rahmentheorie; aber es ist – in Anbetracht der Divergenz der Meinungen über die Schuldangemessenheit selbst unter Richtern – ein Streit um Worte. Denn jeder Richter hält ja die Strafen, die er verhängt, für schuldangemessen und wird auch an ihre Übereinstimmung mit dem allgemeinen Rechtsbewußtsein glauben. Und doch gibt es in der Bundesrepublik noch immer eine unterschiedliche Praxis bei Verkehrsdelikten – ein Phänomen, das sich bei einem Versuch Middendorfs[240] wieder nachdrücklich bestätigte.

1.6.4.2. Fehlende Einheitlichkeit eines solchen Bewußtseins

Auch eine weitere Frage stellt Zipf[241] selbst: Gibt es überhaupt ein solches Rechtsbewußtsein? Eine Antwort darauf sucht man aber vergeblich. Zipf[242]

---

238 *Zipf,* S. 211, im gleichen Sinne auch S. 45/46, S. 70: Wertvorstellungen im Volksbewußtsein

239 S. 44, 46

240 *Middendorf* legte mehreren Richtern aus allen Teilen der Bundesrepublik sieben Fälle vor, deren Beurteilung – bei gleichen Begründungen – zu den unterschiedlichsten Ergebnissen führte (nach einem Bericht der WELT vom 28.4.69). In einem anderen Versuch *Middendorfs* (geschildert in 4. deutscher Verkehrsgerichtstag 163, 164/165) variierten die Strafvorschläge der befragten, im Verkehrsrecht tätigen Juristen z.T. um das Viereinhalbfache (4 bis 18 Monate Gefängnis für eine fahrlässige Tötung unter Alkoholeinfluß, 0,9‰).

241 S. 44

242 S. 44

kann zwar noch feststellen, daß über die Strafwürdigkeit des Diebstahls in der Bevölkerung fast einhellige Einmütigkeit bestehe, dann aber spricht er bei den verschiedenen Schweregraden einzelner Diebstahlsgruppen nur noch von der Aufgabe des Richters und Gesetzgebers, und zwar mit Recht. Middendorf[243] hat nämlich in sehr einprägsamen Versuchen gezeigt, wie weit auseinander die Strafen liegen, die schon relativ homogene Bevölkerungsgruppen für eine genau geschilderte Tat als angemessen erachten. Noch größer waren in diesen Versuchen die Unterschiede, als verschiedene Berufsgruppen die Fälle beurteilten. Diese eindrucksvollen Untersuchungen belegen folgenden Satz: Je nach Geschlecht, sozialer Stellung, Bildungsgrad, überwiegender Art der Teilnahme am Straßenverkehr etc. differiert die Meinung des Volkes über (Verkehrs-) Straftaten derart, daß sie als Maßstab für die Ermittlung eines Schuldrahmens ungeeignet ist. Der Grund liegt auch darin, daß bei einer gerechten Strafmaßbestimmung rein „technische" Komponenten mitwirken, über welche die große Mehrheit des Volkes keinen Überblick haben kann. Noch nicht einmal alle Autofahrer kennen die Gefährlichkeit gewisser Verhaltensweisen im Straßenverkehr. Wie sollen dann erst z.B. diejenigen Bürger, die keinen Führerschein haben, deren Strafwürdigkeit beurteilen können? Das Spektrum der „Volksmeinung" über die Strafwürdigkeit einer bestimmten Tat dürfte etwa den Bereich ausfüllen, der auch durch den Strafrahmen der Tat abgesteckt ist. Dann ist aber mit einem Schuldrahmen, der durch Erkenntnis der Rechtsanschauung der Rechtsgemeinschaft gebildet wird, nichts gewonnen.

1.6.4.3. Manipulierbarkeit des Bewußtseins

Ein weiterer Fehler des Rechtsbewußtseins im Volke ist seine Manipulierbarkeit. Auch sie gesteht Zipf[244] zu. Zunächst wirkt schon die Rechtsprechung selbst auf das Rechtsbewußtsein eines jeden ein[245]. Das ist ein ganz üblicher Lernprozeß: Wertvorstellungen bilden sich an einer Umwelt, die diese Werte konkretisiert. Wenn aber die Rechtsprechung in erheblicher Weise zur Bildung eines Rechtsbewußtseins beiträgt, so darf sie sich bei ihrer Urteilsfindung nur noch mit Vorsicht auf dieses Bewußtsein als Legitimation berufen.

Viel gravierender aber ist die mögliche Beeinflussung durch Mächte außerhalb der Rechtsprechung, die Zipf[246] jedoch dadurch ausschalten zu können meint, daß er nur eine solche Volksüberzeugung, die „intakt" ist, als für die Schuldrahmenbestimmung maßgebend zulassen will. Hier drängt sich die Frage auf: Wer bestimmt, wann die Volksüberzeugung „intakt" ist? Sicherlich wissen wir,

---

243 4. deutscher Verkehrsgerichtstag 163, 165 ff

244 S. 46/47

245 Vgl. zu dieser Wechselwirkung Volk – Rechtsprechung – Volk auch *Zipf*, S. 47

246 S. 47

daß in vielen Beziehungen die Volksüberzeugung im Dritten Reich nicht „intakt" war, aber praktischen Wert hat dieses Wissen erst seit 1945. Die Gefahr besteht darin, daß eine Volksüberzeugung dann für „intakt" ausgegeben wird, wenn diejenigen, die sich auf sie berufen wollen, sie für „intakt" halten.

Es gibt also – dieser Gedanke mag bedauerlich sein, ister aber nach allem unabweisbar – keine unmittelbare materielle Legitimation einer konkreten Strafhöhe aus dem Volk. Sie ist auch nicht erforderlich. Es muß vielmehr genügen, wenn der verfassungsmäßig berufene Gesetzgeber Kriterien aufstellt, welche die Strafhöhe in einer hinreichend feinen Annäherung berechenbar machen. Nur dann ist Rechtssicherheit garantiert, und die materielle Gerechtigkeit hängt unmittelbar von der Qualität des Staates und seines Gesetzgebers ab.

1.6.5. Mitteilung des Schuldrahmens durch den Richter

Falls ein Strafzweck im konkreten Fall nicht verfolgt werden muß, verschwindet der Unterschied zwischen der Schuldrahmentheorie und der Lehre vom punktuellen Schuldbegriff. Dann nämlich muß auch nach der Rahmentheorie ein Punkt aufgesucht werden: die Untergrenze des Schuldrahmens[247]. In diesem Fall muß also der Richter angeben, an welcher Stelle sich seiner Meinung nach die Untergrenze des Rahmens befindet. Diese Pflicht zur Angabe eines der neuralgischen Punkte des Schuldrahmens weist auf weitere Probleme hin. Die Rahmentheorie verlangt vom Richter, er möge sich, bevor er die Persönlichkeit des Täters berücksichtige, über den von der Tatschuld abgesteckten Rahmen klarwerden. Daß der Richter diesem Gebot gefolgt und nicht doch unter Auslassung eines Schrittes zum endgültigen Strafmaß gesprungen ist, kann er doch am besten dartun, indem er den von ihm gefundenen Tatschuldrahmen mitteilt[248]. Das aber lehnt Zipf[249] ab: „Gegen die Mitteilung des Schuldrahmens ... spricht entscheidend, daß die Grenzen fließend sind. Bereits dieser Umstand schließt eine präzise Benennung aus. Die fehlende Mitteilbarkeit steht der Forderung nach Mitteilung zwingend entgegen. Wer sie erhebt, verkennt das Wesen der Schuldproportionalität."[250]

Dieser Begründung kann in keiner Hinsicht gefolgt werden. Über die fließenden Grenzen ist schon oben[251] genug gesagt worden. Es soll aber nochmals betont werden, daß sie irgendwo liegen müssen, wenn der Rahmen überhaupt einen Sinn haben soll, und daß sie im Falle fehlenden Präventionsbedürfnisses auch mitgeteilt werden können und müssen, wie Zipf[252] selbst fordert. Wären

---

247 *Zipf*, S. 75

248 So auch überzeugend *Glück*, Das Prozeßverhalten des Angeklagten als SZs-Grund S. 37.

249 S. 214

250 S. 214

251 S. 48/49

252 S. 75

sie nicht mitteilbar, so könnte mit ihnen nicht gearbeitet werden. Und so muß denn auch das „Wesen" eines Gegenstandes – wie auch bei der Verteidigung der SZ gegen die arithmetische Methode[253] – zur Begründung einer These herhalten, die anders – sprich: exakt – nicht zu begründen ist. Und wenig später, wo Zipf[254] sich für die Mitteilung *aller* für die SZ relevanten Umstände einsetzt, widerspricht er diesen Aussagen auch formal: Irrationales dürfe keinen Einfluß auf die SZ ausüben; „was aber rational faßbar ist, das ist auch mitteilbar"[254]. Daraus folgt nach der logischen Schlußregel der Kontraposition[255]: Was nicht mitteilbar ist, ist nicht rational faßbar. Danach wäre der Schuldrahmen, da nicht mitteilbar, auch nicht rational faßbar – ein Ergebnis, dem Zipf mit Sicherheit nicht zustimmen wird.

Wie sollte schließlich auch die als Vorzug der Schuldrahmentheorie gepriesene[256] Vergleichbarkeit der abzuurteilenden Fälle verifiziert werden, wenn dieser Rahmen nur dem Richter bekannt wird? Soll also die Rahmentheorie irgend einen Vorteil bringen, so muß der Schuldrahmen in jedem Fall mitgeteilt werden. Der Richter muß also in jedem Fall „Farbe bekennen", muß jedesmal die neuralgischen Punkte ausfindig machen, muß die fließenden Grenzen fixieren.

Wäre es – unter der Voraussetzung, daß der globale Schuldbegriff für die SZ weiterhin entscheidend sein soll – dann nicht besser, man beföhle dem Richter, er möge den *Punkt* aufsuchen, dem seiner Meinung nach die Tatschuld zugeordnet werden muß, und dann die Präventionszwecke berücksichtigen mit der Maßgabe, daß die verhängte Strafe in einer Entfernung nach oben oder unten von dem Punkt liegt, die nicht größer ist als z.B. 50% der Tatschuld-Strafe[257]? Bei einer Tatschuld, die einem Jahr Freiheitsstrafe entspricht, müßte die Endstrafe dann zwischen 6 Monaten und 1 1/2 Jahren liegen. Ein solches System wäre zumindest ebenso praktikabel und rechtsstaatlich wie das des Schuldrahmens. Es ist also nicht richtig, daß ohne den Schuldrahmen die Spezialprävention nicht in unser Strafrechtssystem einzuordnen und in Einklang mit reinen Tatstrafrahmen zu bringen wäre.[258]

---

253 S.o.S. 30

254 S. 232

255 Sie besagt, daß auch Nicht-B ($\overline{B}$) Nicht-A ($\overline{A}$) folgt, wenn aus A B folgt. Grund: Folgte aus $\overline{B}$ A, so folgte, da aus A B folgt, aus $\overline{B}$ über A auch B. Also folgte aus der Verneinung einer Aussage ihre eigene Bejahung. Daher muß aus $\overline{B}$ $\overline{A}$ folgen.

256 *Zipf*, S. 102/103

257 Das schlägt *Dubs* vor, vgl. oben Fußnote 60

258 So aber *Zipf*, S. 114

1.6.6. Relativität der Aussagen auch der Schuldrahmentheorie

Ein weiterer Fehler der Schuldrahmentheorie liegt in der Relativität ihrer Aussagen. Es sei ihr nicht als Mangel vorgeworfen, daß sie keine eindeutige Umsetzung der SZs-Tatsachen in ein Strafmaß zuläßt – das hat bisher noch kein System vermocht. Solange aber auch mit der Schuldrahmentheorie für einen Fall noch sehr viele sehr unterschiedliche Strafen fehlerlos begründet werden können, ist diese Theorie mehr als theoretische Leistung anzusehen. So ist es denn wohl auch nur systemgerecht, daß man in Zipfs im übrigen fugenloser Arbeit jedes Beispiel für den Schuldrahmen einer konkreten Tat vermißt. Das liegt sicherlich nicht daran, daß es zu aufwendig wäre, solche Fälle zu schildern; denn es gibt viele Fälle, die gerade ohne Berücksichtigung der Täterpersönlichkeit sehr einfach liegen. Und wenn der Richter den Schuldrahmen nicht bestimmt, sondern ihn als etwas ohne sein Zutun Entstehendes nur aufsucht[259], so wäre es doch naheliegend, jedenfalls *einmal* zu zeigen, wo in einem konkreten Fall der Rahmen zu finden ist. Diese Aufgabe stellt Zipf sich konkret nicht; und abstrakt gesteht er zu, daß der Schritt von der fehlerfrei ermittelten Wertungsgrundlage (sprich: den SZs-Tatsachen) bis zum Wertungsergebnis (sprich: der Bestimmung des Schuldrahmens) nicht in revisible Regeln faßbar, nicht rechtlich nachvollziehbar sei[260], bzw. gibt er, wenn es darum geht, den „Umsetzungsvorgang faßbar zu machen"[261], sehr allgemein gehaltene Antworten[262].

Dementsprechend ist es auch bei dem Schritt von den richtig festgestellten Präventionsgesichtspunkten zur Endstrafe innerhalb des Strafrahmens „kaum mehr möglich, allgemein gültige Regeln zu formulieren"[263]. Jedoch kommt es gerade auf solche Regeln an. Niemand wird je die Fortschritte leugnen können, welche die Arbeiten von Bruns und Zipf im Hinblick auf die Ordnung und Systematisierung der für die SZ relevanten Umstände gebracht haben.

---

259 *Zipf*, S. 74

260 S. 214, vgl. auch S. 210: „wird die rationale Durchdringung ungleich schwieriger", S. 213: „keine eindeutig faßbaren Rechtsfehler"

261 S. 210

262 S. 211

263 S. 227. Auf eine weitere Unstimmigkeit im Verhältnis des Schuldrahmens zur Endstrafe weist *Spendel* (Zur Entwicklung der Strafzumessungslehre, ZStW 83 Seite 224) hin. Nach *Zipf* stehen dem Richter für eine Tat (nämlich innerhalb des Schuldrahmens) mehrere schuldadäquate Strafen, innerhalb des Schuldrahmens aber nur eine einzige täteradäquate und damit richtige Strafe zur Verfügung. *Spendel* (a.a.O. Seite 224) sagt dazu richtig, es sei nicht einzusehen, „wieso nur die „Tatadäquanz" mehrere Übelsgrößen zulassen soll, nicht jedoch die „Täteradäquanz", obwohl eine Proportionalität zwischen Täterpersönlichkeit und Prävention herzustellen sicher nicht leichter, sondern bedeutend schwerer ist als zwischen Tat und Repression".

Aber die Relativität aller ihrer Aussagen, das Fehlen von Umsetzungsregeln kann immer noch dazu führen, daß zwei Richter, die alle diese Aussagen beherzigen, bei *einem* Fall zwei sehr verschiedene Strafen verhängen.

1.6.7. Verstärkung der Vorteile der Schuldrahmentheorie – Aufgliederung und Vergleichbarkeit – durch das Schema

Schließlich sei vom hier vertretenen Standpunkt aus noch ein letzter Einwand erlaubt: Die Trennung von Tatschuld und Prävention – die von Zipf[264] immer wieder betonte und geforderte Grundlage der Rahmentheorie – ist *eine* Aufgliederungsmöglichkeit des Gesamtkomplexes der für die SZ relevanten Tatsachen, jedoch durchaus nicht die einzig mögliche; und es ist eine sehr grobe. Das hier vorgelegte Schema ist insoweit eine Fortsetzung der Rahmentheorie, als es die für die SZ relevanten Tatsachen nicht in 2, sondern in 15 oder 20 Gruppen aufgliedert. Eine solche Aufgliederung unterteilt notwendig feiner.

Man wird zwar wohl in jedem Fall ein Merkmal des Schemas einer der Gruppen – Tatschuld oder Prävention – zuordnen können. Es kommt dann jedoch auf die Zugehörigkeit zu einer bestimmten Gruppe nicht mehr in dem entscheidenden Maße wie bei der Rahmentheorie an. Auch die berechtigte Forderung Zipfs, die Präventionsgesichtspunkte dürften nur innerhalb gewisser Grenzen – nämlich des Schuldrahmens – Berücksichtigung finden, wird im vorgelegten Schema verwirklicht:

Jedes Merkmal hat einen Bereich, der nicht überschritten werden kann. Und auch dort, wo der Wert eines Merkmals in den Verknüpfungsregeln als Faktor eingesetzt, also mit anderen Werten multipliziert wird, gibt es eine Begrenzung, da feststeht, daß die mit dem Faktor multiplizierten Werte nur ein fest bestimmtes Vielfaches des Betrages erreichen können, den sie ausmachen, wenn sie nicht multipliziert würden.

Der feineren Aufgliederung entspricht ein höheres Maß an Vergleichbarkeit. Rügt man heute die Ungleichheit zweier Urteile trotz gleichen Sachverhalts, so wird häufig entgegnet, man könne die Fälle nicht gleichsetzen, weil die innere Tatseite relevante Unterschiede aufweise[265]. Dieser Einwand wird – aber nur dann, wenn der Schuldrahmen mitgeteilt wird – schon bei einer Strafmaßbestimmung nach der Schuldrahmentheorie abgeschnitten sein. Doch ist auch hier der Fortschritt klein im Verhältnis zu dem, der durch das Schema erzielt wird. Denn bei ihm setzt die Vergleichbarkeit schon im Verlaufe der Tatschuldwertung ein, nicht erst an deren Ende[266]; und es ist weni-

264 Vgl. z.B. S. 36

265 Vgl. oben S. 45

266 wie nach der Schuldrahmentheorie, vgl. *Zipf*, S. 102/103

ger schwierig, eine aus jeweils 15 Tatschuldkomponenten eines Falles mit der entsprechenden Komponente des anderen Falles zu vergleichen als zwei Taten global in Beziehung zu setzen.

Elmar Müller[267] bedauert, die Strafen der wegen fahrlässiger Tötung im Straßenverkehr Verurteilten nicht vergleichen zu können, weil Trunkenheit und Vorstrafen der Kraftfahrer sowie mehr oder weniger großes Mitverschulden der Fußgänger bei der SZ eine wesentliche Rolle gespielt hätten. *Welche* Rolle sie gespielt haben – darüber haben sich die Richter selbst sicherlich nur ungenaue Rechenschaft abgelegt. Es „scheint" Müller[268] so, als sei bei niedrigen Blutalkoholwerten die Strafe von anderen Faktoren als dem Grad der Trunkenheit abhängig. Laum[269] findet es „recht schwierig zu entscheiden", ob einige außergewöhnlich milde oder strenge Strafen auf der Besonderheit der Fälle oder einem atypischen Strafmaßstab des Gerichts beruhen.

Solche Unsicherheiten gibt es auch noch bei der Schuldrahmentheorie. Mitverschulden und Blutalkohol-Konzentration zum Beispiel sind Tatschuld-Komponenten, deren Anteil an der Bildung des Schuldrahmens weiter unklar bleibt. Anders das Schema: Dort werden Mitverschulden und Blutalkohol-Konzentration einzeln bewertet. Und der Urteilsrezensent sieht genau, ob es der geringe Blutalkohol-Wert oder der hohe Grad des Mitverschuldens waren, welche die außergewöhnlich geringe Strafe verursachten. Das Schema macht ein Urteil durchsichtig: Es ist im voraus berechenbar und nach Erlaß vergleichbar.

Diese Vorteile mögen jene Kritiker überzeugen oder zumindest besänftigen, die sich nach wie vor deswegen an der Arithmetik stoßen, weil sie angeblich mit dem Wesen der SZ nicht vereinbar sei.

---

267 ZfVerkehrssicherheit 60, 291, 298

268 a.a.O. S. 301

269 Die richterliche SZ S. 79

2. DIE AUSFÜHRUNG DES SCHEMAS

2.1. Der Merkmalkatalog

Im folgenden wird als erster Teil des Schemas der Merkmalkatalog vorgelegt. Was zu den einzelnen Merkmalen an Rechtfertigungen, Erklärungen und Anwendungsregeln erforderlich ist, soll erst im Anschluß daran gegeben werden, weil es die Zusammenstellung der einzelnen Merkmale unübersichtlich machte. Erst danach folgen die Allgemeinen Entscheidungs- sowie die Verknüpfungsregeln für die einzelnen Tatbestände, die uns befähigen, aus den Merkmalswerten eine Strafe zu bestimmen[1].

Merkmal 1 – Blutalkohol-Konzentration (BAK)

BAK-Wert	Merkmalsstärke	Merkmalswert
0,8–0,89	1	1,30
0,9–0,99	2	1,35
1,0–1,09	3	1,40
1,1–1,19	4	1,42
1,2–1,29	5	1,44
1,3–1,39	6	1,46
1,4–1,49	7	1,48
1,5–1,59	8	1,50
1,6–1,69	9	1,52
1,7–1,79	10	1,54
1,8–1,89	11	1,56
1,9–1,99	12	1,58
2,0–2,09	13	1,60
2,1–2,19	14	1,61
2,2–2,29	15	1,62
2,3–2,39	16	1,63
2,4–2,49	17	1,64
≥ 2,5	18	1,65

1 Das Verständnis des Schemas wird leichter fallen, wenn der Leser sich das oben S. 10 Dargelegte ins Gedächtnis zurückruft.

Merkmal 2 – Schwere der Verletzung

Schwere der Verletzung	Merkmalsstärke[2]	Merkmalswert
Hautabschürfungen, Prellungen, Blutergüsse, Verstauchungen, kleine Schnitt- und Rißwunden. Abheilung in 1 bis 2 Wochen ohne Folgen.	1	1
Quetschungen, einfache Schnitt- und Rißwunden mit operativer Versorgung ohne Entstellung; Gelenkergüsse, Verrenkungen.	3	3
Einfache Knochenbrüche ohne Verschiebungen mit glattem Heilverlauf, leichte Gehirnerschütterungen ohne Folgen, Trommelfellrisse; höchstens 4 Wochen Krankenhausaufenthalt.	6	6
Brüche der langen Röhrenknochen außer Oberschenkel, schwere Verrenkungen und Bänderrisse ohne Dauerschäden, schwere Gehirnerschütterungen ohne Folgen, Verbrennungen leichten Grades.	10	10
Schwere Verrenkungen mit Bänderrissen und Dauerschäden, Verlust von 1 oder 2 Zähnen, Verlust einzelner Fingerglieder, Rippenbrüche, Nasenbein-, Kieferbrüche, unkomplizierte Schädelbrüche, Augenverletzungen ohne Dauerfolgen.	15	15
Verlust eines einzelnen Fingers, glatt geheilte Bauchschnitte (Eröffnung der Bauchhöhle), Verlust von 3–5 Zähnen, Krankenhausaufenthalt über 8 Wochen.	21	21
Verlust einer Niere oder der Milz, Gehirnerschütterung mit Dauerfolgen, Brüche mit Heilungsdauer von über 4 Monaten, Verrenkungsbrüche (Luxationsfrakturen), Bruch mit Knochenmarksentzündung, Oberschenkelbrüche, einfache Wirbelbrüche.	28	28

---

2 Bei all den Merkmalen, bei denen noch nicht jeder Merkmalsstärke fest eine Sachverhaltsmodalität zugeordnet ist, sondern nur Beispiele gegeben sind, entspricht die Angabe der Merkmalsstärke nur einem formalen Gebot. Mit ihr soll auch bei diesen Merkmalen darauf aufmerksam gemacht werden, daß der Richter nicht zu einem Sachverhalt einen Merkmals*wert* sucht, sondern zunächst die Merkmals*stärke*, der dann fest ein Wert zugeordnet ist.

	Merkmalsstärke[2]	Merkmalswert
Gelenksteifen, Verkürzungen einzelner Gliedmaßen, Verlust mehrerer Finger, komplizierte Bauchschnitte, komplizierte Schädelbrüche, Kehlkopfbrüche, Verbrennungen schweren Grades, Verlust von 6 oder mehr Zähnen, Krankenhausaufenthalt von über 16 Wochen.	36	36
Harnröhrenverengung mit Notwendigkeit laufender Behandlung, Augenverletzung mit dauernder Herabsetzung der Sehkraft eines Auges (falls das andere noch funktionstüchtig ist), Erwerbsfähigkeit stärker als 20% gemindert.	45	45
Amputationen, Neubildung von Gelenken an falscher Stelle (Pseudoarthrosen), Verletzungen mit mehrfachen Operationen und einer Nachbehandlung von mehr als 7 Monaten, offene Brustkorbverletzungen, Anus praeter, Verlust eines Auges (falls das andere noch funktionstüchtig ist), dauernde Herabsetzung der Sehkraft beider Augen oder eines Auges, falls das andere nicht mehr funktionstüchtig war; Erwerbsfähigkeit stärker als 35% gemindert.	55	55
Verlust der Potentia coeundi aut generandi; schwere Verunstaltungen bei Mädchen und jüngeren Frauen, die sich als Blickfang auswirken, z.B. Hinken, Haarverlust, Ohrmuschelverlust, Nasendefekte, Krankenhausaufenthalt von mehr als 6 Monaten, Erwerbsfähigkeit stärker als 50% gemindert.	66	66
Doppelamputationen, Phantomschmerzen, Verletzungen mit starken Schmerzen als Dauerzustand, Wirbelbruch mit Querschnittslähmung, völlige Erblindung oder Ertaubung; Erwerbsfähigkeit stärker als 60% gemindert.	78	78
Tod	100	100

Merkmal 3 – Sachschaden

$$\frac{\text{Sachschaden in DM}}{100} = \text{Merkmalsstärke} = \text{Merkmalswert}$$

Merkmal 4 – Grad der Gefährdung von Personen in oder auf unfallbeteiligten Fahrzeugen

Grad der Gefährdung	Merkmals-stärke	Merkmals-wert
Bei Unfällen dieser Art ist in der Regel mit Verletzungen der Insassen nicht zu rechnen.	1 . .	60 . .
Bei Unfällen dieser Art werden die Insassen meistens verletzt. Jedoch ist es nicht sehr ungewöhnlich, daß in diesem Fall Verletzungen ausgeblieben sind.	2	80 . . . .
Es ist großer „Zufall", „Glück", daß hier keine Verletzungen entstanden sind.	3	100

Merkmal 4/1 – Grad der Gefährdung von Personen, soweit sie nicht unter Merkmal 4 fallen

Grad der Gefährdung	Merkmals-stärke	Merkmals-wert	
Es drohte Körperschaden. Nach der allgemeinen Erfahrung bei derartigen Verkehrslagen – insbesondere im Hinblick auf die von den beteiligten Fahrzeugen eingehaltene Geschwindigkeit – waren körperliche Verletzungen schwerer als unter Merkmalsstärke 6 aus Merkmal 2 mit hoher Wahrscheinlichkeit ausgeschlossen. Nur ein ganz außergewöhnlicher Zufall hätte hier solche Verletzungen bewirken können.	1	Falls Merkmalsstärke 1 aus Merkmal 5: Falls Merkmalsstärke 2 aus Merkmal 5: Falls Merkmalsstärke 3 aus Merkmal 5:	45 60 75
Körperliche Verletzungen schwerer als unter Merkmalsstärke 6 aus Merkmal 2 sind nach der allgemeinen Erfahrung in derartigen Fällen nicht ausgeschlossen und bei unglücklicher Verkettung der Umstände nicht unwahrscheinlich.	2	Falls Merkmalsstärke 1 aus Merkmal 5: Falls Merkmalsstärke 2 aus Merkmal 5: Falls Merkmalsstärke 3 aus Merkmal 5:	90 120 150

Merkmal 5 – Grad der Gefährdung von Sachwerten

Grad der Gefährdung	Merkmals-stärke	Merkmals-wert
Nach allgemeiner Erfahrung kommt es bei derartigen Verkehrssituationen in der Regel nicht zu einem Schaden. Im konkreten Fall war auch die Abwendung eines Schadens schon durch besonnenes, nicht weit über dem Durchschnitt an Reaktionsschnelligkeit und Erfahrung liegendes Handeln eines anderen möglich.	1	1
Bei solchen Verkehrssituationen entsteht meistens ein Schaden; es ist jedoch nicht sehr ungewöhnlich, daß hier keiner entstand. Im konkreten Fall war die Abwendung eines drohenden Schadens nur durch schnelles, weit überdurchschnittlich reaktionssicheres und richtiges Handeln, das bei weitem nicht von jedem Kraftfahrer verlangt werden kann, möglich.	2	1,5
Großer „Zufall", „Glück", daß kein Schaden entstand. Die Abwendung des drohenden Schadens konnte niemand erwarten. Nur durch ein Höchstmaß an Reaktionsschnelligkeit und Erfahrung ist er vermieden worden.	3	2

Merkmal 6 – Anzahl der verletzten Personen

Anzahl der verletzten Personen = Merkmalsstärke	Merkmalswert	V = Vergleichsskala
1	1,0	1,0
2	1,0	2,0
3	$0{,}7\overline{6}$	2,3
4	0,65	2,6
5	0,58	2,9
6	$0{,}5\overline{3}$	3,2
7	0,4857	3,4
8	0,45	3,6
9	0,4222	3,8
10	0,4	4,0
11	0,3727	4,1
12	0,35	4,2
13	0,331	4,3
14	0,314	4,4
15	0,3	4,5

Anzahl der verletzten Personen = Merkmalsstärke	Merkmalswert	V = Vergleichsskala
16	0,288	4,6
17	0,276	4,7
18	$0{,}2\overline{6}$	4,8
19	0,258	4,9
20	0,25	5,0

Merkmal 7 – Länge der Fahrtstrecke

Zahl der gefahrenen Kilometer = Merkmalsstärke = Merkmalswert

Merkmal 8 – Abstrakte Gefährlichkeit der Fahrt

Grad der Gefährlichkeit	Merkmalsstärke	Merkmalswert
Geringste Gefährlichkeit, z.B. trockene, rauhe Fahrbahn, gute Sicht, keine Schnellstraße.	1 .	10 .
Mittlere Konzentration erforderlich; z.B. Regen, aber kein Schmierfilm auf der Straße; trockene Schnellstraße.	21 . .	30 . .
Höchste Konzentration erforderlich; z.B. Glatteis, Schneeglätte, Nebel; keine Straßenbeleuchtung bei Dunkelheit.	41	50

Merkmal 9 – Verkehrsstärke

Verkehrsstärke	Merkmalsstärke	Merkmalswert
Verkehrsruhe, wie z.B. um 3 Uhr nachts in einer Kleinstadt.	1 .	10 .
Schwacher Verkehr, wie z.B. sonntags um 8 Uhr in einer Großstadt.	14 .	23 .
Mittlerer Verkehr, z.B. normaler Werktagsverkehr in einer Großstadt außerhalb der Stoßzeiten.	27 . .	36 . .
Starker Verkehr, z.B. Großstadtverkehr in den Stoßzeiten, Autobahn auf Reiseroute zu Ferienbeginn.	41	50

Merkmal 10 – Die dem strafbaren Erfolg zugrunde liegende oder die strafbare Handlung begleitende Ordnungswidrigkeit

Betrag der nach dem Bußgeldkatalog zu verhängenden Buße in DM = Merkmalsstärke = Merkmalswert

Merkmal 11 – Verhältnis der Gesamtzeit des Fahrerlaubnisentzugs zu der bis zur Tat verstrichenen Zeit

Anteil der verstrichenen Zeit an der Gesamtzeit	Merkmals-stärke	Merkmals-stärke
$\geq$ 90%	1	10
80–89%	2	12
70–79%	3	14
60–69%	4	16
50–59%	5	18
40–49%	6	20
30–39%	7	22
20–29%	8	24
10–19%	9	26
< 10%	10	28

Merkmal 12 – Fahrkenntnisse des Täters

Fahrkenntnisse	Merkmals-stärke	Merkmals-stärke
Täter hat gute Fahrkenntnisse; ist technisch – wenn auch nicht notwendig charakterlich – und in Anbetracht seiner Kenntnisse der Verkehrsregeln in der Lage, ein Kraftfahrzeug zu führen; z.B. nach Entzug der Fahrerlaubnis wegen eines Verkehrsdeliktes.	1	10 . . . . .
Mittlere Fahrkenntnisse, die für die Erteilung einer Fahrerlaubnis aber nicht ausreichen; z.B. nach Entzug der Fahrerlaubnis wegen körperlichen oder geistigen Defektes.	21 . . .	30 . . .
Gar keine Fahrkenntnisse; das besonders, wenn Täter noch nie eine Fahrerlaubnis gehabt hat.	41	50

Merkmal 13 – Grad der Beeinträchtigung und/oder Erschwerung der erforderlichen Feststellungen (bei § 142 StGB)

Grad der Beeinträchtigung	Merkmalsstärke	Merkmalswert
Praktisch keine Beeinträchtigung. Rechtlich einfacher Unfall, bei dem der Täter vorsätzlich solche Zeichen zurückläßt, die seine Person identifizieren; z.B. leichtes Anstoßen an parkendes Auto, nach dem der Täter seine Karte zurückläßt.	1	10 . . . . .
Einige für die Rechtsverfolgung des Geschädigten wichtige Feststellungen sind vereitelt, andere wichtige konnten aber noch getroffen werden; bzw. konnten die meisten Feststellungen nur noch unter besonderem Aufwand getroffen werden.	191	200 . . . . .
Praktisch völlige Beeinträchtigung der Feststellungen; z.B. ist der Täter der einzige (überlebende) Zeuge und wird erst nach so langer Zeit identifiziert, daß sich aus den Indizien nur noch wenig über den Unfallhergang ergibt. Die Schäden sind schon behoben bzw. reguliert.	391	400

Merkmal 14 – Art, Weise und Umstände der Flucht und der unmittelbar danach folgenden Handlungen

Art und Weise der Flucht	Merkmalsstärke	Merkmalswert
Täter entfernt sich als ordentlicher Verkehrsteilnehmer, ohne äußere Widerstände zu überwinden. Abgesehen von der Verletzung der Wartepflicht verhält er sich rechtmäßig, oder er hat einige Zeit vergeblich am Unfallort gewartet oder seine Hilfspflicht z.T. erfüllt.	1	10 . . . . .
Täter entfernt sich, indem er einiges nicht sehr gravierend Rechtswidrige unternimmt, um zu entkommen; z.B. fährt er mit überhöhter Geschwindigkeit oder in nicht mehr verkehrssicherem Fahrzeug oder ohne die erforderliche Beleuchtung.	51	60 . . . . .

	Merkmals-stärke	Merkmals-wert
Täter fährt in betrunkenem Zustand weg.	111	120
Täter vertuscht unmittelbar nach dem Unfall zielstrebig die Spuren an seinem Fahrzeug, um unerkannt entkommen zu können.	. . 231	. . 240
	. .	. .
Täter läßt Unfallopfer ohne die erforderliche Hilfe zurück, oder er schafft die Leiche beiseite, damit sie nicht gefunden werde.	361 . .	370 . .
Täter verletzt grobfahrlässig seine Verfolger	421	430
Täter zeigt besondere Kaltblütigkeit und Beharrlichkeit des verbrecherischen Willens. Er schüttelt seine Verfolger ab, indem er sie vorsätzlich gefährdet; oder er verletzt vorsätzlich jemanden, der sich ihm in den Weg stellt.	 491	 500

Merkmal 14/1 – Art und Weise der vom Anstifter intendierten Flucht

Die Art und Weise der Flucht, zu welcher der Anstifter den Täter veranlassen wollte, wird unter Merkmal 14 subsumiert; der gefundene Merkmalswert wird mit 0,75 multipliziert.

Merkmals 15 – Mitverschulden anderer

Fremdkomponente	Merkmalsstärke	Merkmalswert
0,9	1	0,1
0,8	2	0,2
0,7	3	0,3
0,6	4	0,4
0,5	5	0,5
0,4	6	0,6
0,3	7	0,7
0,2	8	0,8
0,1	9	0,9
0,0	10	1,0

Merkmal 16 – Besonderheiten in der Persönlichkeit des Opfers

Persönlichkeit des Opfers	Merkmals-stärke	Merkmals-wert
Opfer hatte eine bereits vorhandene körperliche (insbesondere Alters-)Schwäche, die den Eintritt besonders schwerer Verletzungen (bzw. des Todes nach längerer Krankheit nach dem Unfall infolge relativ geringfügiger Verletzungen) wesentlich mitbeeinfluß und gefördert hat.	1	0,535
.	2	0,57
.	3	0,605
.	4	0,64
.	5	0,675
.	6	0,71
.	7	0,745
.	8	0,78
.	9	0,815
.	10	0,85
.	11	0,885
.	12	0,92
.	13	0,96
Keine Besonderheiten	14	1,0
.	15	1,03
.	16	1,06
.	17	1,095
.	18	1,13
.	19	1,165
Opfer ist Vater einer nun unversorgten kinderreichen Familie.	20	1,2

Merkmal 17 – Stadium des Versuches

Stadium des Versuches	Merkmals-stärke	Merkmals-wert
Das Handeln des Täters grenzte an straflose Vorbereitungshandlung. Der zum Ausdruck gekommene Wille zur Tat war von geringster Intensität.	1	0,25
	2	0,3
	3	0,35
	4	0,4
	5	0,45

	Merkmalsstärke	Merkmalswert
.	6	0,5
.	7	0,55
.	8	0,6
.	9	0,65
.	10	0,7
.	11	0,75
.	12	0,8
.	13	0,85
Die Versuchshandlung war so weit fortgeschritten, daß nur noch wenig fehlte, um die Tat zu vollenden.	14	0,9

Merkmal 18 – Intensität der Anstiftungshandlung: Intensität des dem Anstifter entgegengesetzten Widerstandes; Beitrag der Anstiftung zur Tat.

Anstiftungshandlung	Merkmalsstärke	Merkmalswert
Die Art des Zuredens grenzt an ein Verhalten, das keine Anstiftung darstellt. Ohne Widerstand folgt der Täter der Anregung. Wenig fehlte dazu, daß er auch ohne die Anregung die Tat begangen hätte.	1	0,535
.	2	0,57
.	3	0,605
.	4	0,64
.	5	0,675
.	6	0,71
.	7	0,745
.	8	0,78
.	9	0,815
Erst nach einigem intensiven Zureden ist der Täter bereit, der Anstiftung zu folgen, ohne aber erheblichen Widerstand entgegenzusetzen.	10	0,85
.	11	0,885
.	12	0,92
.	13	0,955
.	14	0,99
.	15	1,025
.	16	1,06
.	17	1,095
.	18	1,13
.	19	1,165

	Merkmals stärke	Merkmals-wert
Der Täter weigert sich zunächst entschieden, der Anstiftung zu folgen; erst nach längerem Widerstand gibt er der an Nötigung grenzenden Anstiftung des Anstifters nach. Ohne die Anstiftung hätte er keinesfalls daran gedacht, die Tat zu begehen.	20	1,2

Merkmal 19 – Beitrag des Gehilfen zum Taterfolg

Gehilfenbeitrag	Merkmals-stärke	Merkmals-wert
Der Beitrag des Gehilfen fällt im Verhältnis zu dem des Haupttäters kaum ins Gewicht. Der Täter hätte, ohne sich merklich stärker bemühen zu müssen, denselben Erfolg auch ohne Unterstützung durch den Gehilfen herbeigeführt; die Tathandlung wurde durch die Gehilfenhandlung kaum gefördert.	1	0,535
.	2	0,57
.	3	0,605
.	4	0,64
.	5	0,675
.	6	0,71
.	7	0,745
.	8	0,78
.	9	0,815
Die Tatbeiträge von Gehilfen und Täter sind etwa gleich. Es ist zweifelhaft, ob der Täter den Erfolg auch ohne die Hilfe hätte herbeiführen können.	10	0,85
.	11	0,885
.	12	0,92
.	13	0,955
.	14	0,99
.	15	1,025
.	16	1,06
.	17	1,095
.	18	1,13
.	19	1,165
Die Täterhandlung stellt einen viel geringeren Tatbeitrag dar als die Gehilfenhandlung. Ohne die Unterstützung hätte der Täter keinesfalls sein Ziel erreichen können. Die Gehilfenhandlung hat die Tathandlung ganz wesentlich gefördert.	20	1,20

Merkmal 20 – Die übrigen Teilakte der fortgesetzten Handlung

Die übrigen Teilakte	Merkmals-stärke	Merkmals-wert
Die übrigen Teilakte verdienen, soweit feststellbar, im wesentlichen die gleiche Beurteilung.	1	1,0
Weniger als 25% der Teilakte sind etwas milder zu beurteilen.	2	0,95
Weniger als 25% der Teilakte sind wesentlich milder zu beurteilen.	3	0,9
25 bis 49% der Teilakte sind etwas milder zu beurteilen.	4	0,85
25 bis 49% der Teilakte sind wesentlich milder zu beurteilen.	5	0,8
50 bis 75% der Teilakte sind etwas milder zu beurteilen.	6	0,75
50 bis 75% der Teilakte sind wesentlich milder zu beurteilen.	7	0,7
75% der Teilakte oder mehr sind etwas milder zu beurteilen.	8	0,65
75% der Teilakte oder mehr sind wesentlich milder zu beurteilen.	9	0,6

Merkmal 21 – Zahl der Teilakte

Zahl der Teilakte = Merkmalsstärke	Merkmals-wert	Zahl der Teilakte = Merkmalsstärke	Merkmals-wert
1	entfällt	14	2,2
2	1,2	15	2,25
3	1,3	16	2,3
4	1,4	17	2,35
5	1,5	18	2,4
6	1,6	19	2,45
7	1,7	20	2,5
8	1,8	21	2,55
9	1,9	22	2,6
10	2,0	23	2,65
11	2,05	24	2,7
12	2,1	25	2,75
13	2,15	26	2,8

Zahl der Teilakte = Merkmalsstärke	Merkmalswert		Zahl der Teilakte = Merkmalsstärke	Merkmalswert
27	2,85		38	3,4
28	2,9		39	3,45
29	2,95		40	3,5
30	3,0		41	3,55
31	3,05		42	3,6
32	3,1		43	3,65
33	3,15		44	3,7
34	3,2		45	3,75
35	3,25		46	3,8
36	3,3		47	3,85
37	3,35	≥	48	3,9
			49	3,95

Merkmal 22 – Zusammenhang der Straftaten

Zusammenhang der Straftaten	Merkmalsstärke
Die zweite Tat ist die fast notwendige Folge der ersten. Nach der Begehung der ersten Tat war die zweite für den Täter im höchsten Maße naheliegend.	1 . .
Z.B. Unfallflucht im Verhältnis zum vorangegangenen Verkehrsdelikt	6 .
Z.B. Autodiebstahl im Verhältnis zu einem fahrlässigen Verkehsdelikt	15 .
Ein Zusammenhang ist nicht zu erblicken. Nichts außerhalb des Täterwillen Liegendes hätte Anlaß zur zweiten Tat bilden können.	20

Der *Merkmalswert* richtet sich nach der Zahl der Taten und ist dem Merkmal 25 zu entnehmen.

Merkmal 23 – Progressivempfindlichkeit des Täters

Progressivempfindlichkeit	Merkmalsstärke
Höchste Progressivempfindlichkeit. Es ist anzunehmen, daß die Summe der Einzelstrafen dem Täter physisch und psychisch schwerste Nachteile bringt.	1 . .

	Merkmals-stärke
Geringste Progressivempfindlichkeit. Auch die Summe der Einzelstrafen ließe auf den Täter keine Wirkung erwarten, die überdurchschnittliche Nachteile für ihn bedeutete; das insbesondere, wenn die Summe relativ gering ist.	20

Der *Merkmalswert* richtet sich nach der Zahl der Taten und ist dem Merkmal 25 zu entnehmen.

Merkmal 24 – Besondere Tatsachen und Umwelteinflüsse, welche die Persönlichkeit des Täters in einer Weise verändert haben, die ihn zum Begehen weiterer Straftaten geneigt machte, soweit die Tatsachen noch nicht unter den Merkmalen 22 und 23 berücksichtigt werden konnten.

Besondere Tatsachen	Merkmals-stärke
Solche Tatsachen sehr gravierender Art liegen vor.	1
	.
	.
	.
Solche Tatsachen sind nicht ersichtlich.	20

Der *Merkmalswert* richtet sich nach der Zahl der Taten und ist dem Merkmal 25 zu entnehmen.

Merkmal 25 – Zahl der Taten

Merkmals-stärke aus Merkmal 22, 23, 24	Merkmalswert bei 2 Taten	3, 4 Taten	5,6 Taten	7, 8 Taten
1	0,905	0,8575	0,81	0,7625
2	0,91	0,865	0,82	0,775
3	0,915	0,8725	0,83	0,7875
4	0,92	0,88	0,84	0,8
5	0,925	0,8875	0,85	0,8125
6	0,93	0,895	0,86	0,825
7	0,935	0,9025	0,87	0,8375
8	0,94	0,91	0,88	0,85
9	0,945	0,9175	0,89	0,8625
10	0,95	0,925	0,9	0,875

Merkmalsstärke aus Merkmal 22, 23, 24	Merkmalswert bei 2 Taten	3, 4 Taten	5, 6 Taten	7, 8 Taten
11	0,955	0,9325	0,91	0,8875
12	0,96	0,94	0,92	0,9
13	0,965	0,9475	0,93	0,9125
14	0,97	0,955	0,94	0,925
15	0,975	0,9625	0,95	0,9375
16	0,98	0,97	0,96	0,95
17	0,985	0,9775	0,97	0,9625
18	0,99	0,985	0,98	0,975
19	0,995	0,9925	0,99	0,9875
20	1,0	1,0	1,0	1,0

	Merkmalswert bei 9, 10 Taten	11, 12 Taten	mehr als 12 Taten
1	0,715	0,6675	0,62
2	0,73	0,685	0,64
3	0,745	0,7025	0,66
4	0,76	0,72	0,68
5	0,775	0,7375	0,7
6	0,79	0,755	0,72
7	0,805	0,7725	0,74
8	0,82	0,79	0,76
9	0,835	0,8075	0,78
10	0,85	0,825	0,8
11	0,865	0,8425	0,82
12	0,88	0,86	0,84
13	0,895	0,8775	0,86
14	0,91	0,895	0,88
15	0,925	0,9125	0,9
16	0,94	0,93	0,92
17	0,955	0,9475	0,94
18	0,97	0,965	0,96
19	0,985	0,9825	0,98
20	1,0	1,0	1,0

Merkmal 26 – Intensität des Vorsatzes im Hinblick auf die Erkenntnis der Fahruntüchtigkeit und des Hinwegsetzens über Bedenken.

Intensität des Vorsatzes	Merkmals-stärke	Merkmals-wert
Dolus eventualis, an vorsatzausschließenden Irrtum grenzend	1	2,05
.	2	2,1
.	3	2,15
.	4	2,2
.	5	2,25
.	6	2,3
.	7	2,35
.	8	2,4
.	9	2,45
Normalfall des dolus directus	10	2,5
.	11	2,55
.	12	2,6
.	13	2,65
.	14	2,7
.	15	2,75
.	16	2,8
.	17	2,85
.	18	2,9
.	19	2,95
Schwerste Form des dolus directus	20	3,0

Merkmal 27 – Sicherheit des Wissens und Intensität des Wollens im Hinblick auf die Tatbestandselemente des § 21 StVG

Intensität des Vorsatzes	Merkmals-stärke	Merkmals-wert
Dolus eventualis, an vorsatzausschließenden Irrtum grenzend	1	0,65
	2	0,7
	3	0,75
	4	0,8
	5	0,85
	6	0,9
	7	0,95

Normalfall des dolus directus	8	1,0
.	9	1,05
.	10	1,1
.	11	1,15
.	12	1,2
.	13	1,25
.	14	1,3
Schwerste Form des dolus directus	15	1,35

Merkmal 28 – Sicherheit des Wissens in Bezug auf die Schwere des Unfalls

Sicherheit des Wissens	Merkmals-stärke	Merkmals-wert
Täter hat die Unfallsituation in einer Weise falsch erfaßt, die an einen Tatbestandsirrtum grenzt.	1	0,65
	2	0,7
	3	0,75
	4	0,8
	5	0,85
	6	0,9
	7	0,95
Normalfall positiver Kenntnis. Zwar konnte sich der Täter kein Bild vom entstandenen Schaden im einzelnen machen, aber er hatte die wesentlichen Umstände des Unfalls richtig erfaßt.	8	1,0
	9	1,05
	10	1,1
	11	1,15
	12	1,2
	13	1,25
	14	1,3
Der Täter kannte alle für die Schadenshöhe maßgeblichen Umstände mit weit überdurchschnittlicher Genauigkeit.	15	1,35

Merkmal 28/1 – Sicherheit des Wissens des Anstifters oder Gehilfen in Bezug auf die Schwere des Unfalls

Sicherheit des Wissens	Merkmalsstärke	Merkmalswert
Anstifter oder Gehilfe hat die Unfallsituation in einer Weise falsch erfaßt, die an einen Tatbestandsirrtum grenzt.	1	0,5
.	2	0,55
.	3	0,6
.	4	0,65
.	5	0,7
.	6	0,75
.	7	0,8
Normalfall positiver Kenntnis. Zwar konnte sich der Anstifter oder Gehilfe kein Bild vom entstandenen Schaden im einzelnen machen, aber er hatte die wesentlichen Umstände des Unfalls richtig erfaßt.	8	0,85
.	9	0,9
.	10	0,95
.	11	1,0
.	12	1,05
.	13	1,1
.	14	1,15
Der Anstifter oder Gehilfe kannte alle für die Schadenshöhe maßgeblichen Umstände mit weit überdurchschnittlicher Genauigkeit.	15	1,2

Merkmal 29 – Bewußtsein der Wartepflicht

Kenntnis der Wartepflicht	Merkmalsstärke	Merkmalswert
Täter glaubte – unentschuldigt –, nicht warten zu müssen.	1	0,65
	.	.
Der Täter war sich seiner Wartepflicht in einer Weise bewußt, wie sie von jedem Verkehrsteilnehmer in dieser Situation erwartet werden muß.	8[3]	1,0[3]
	.	.
	.	.
	.	.

3 Die Zuordnung der nicht aufgeführten Merkmalsstärken 2 bis 7 und 9 bis 15 ist wie in Merkmal 28 (oben S. 78).

Der Täter mußte sich auf Grund seiner besonderen Kenntnisse oder Stellung über die aus den gegebenen Umständen folgende Wartepflicht in besonderem Maße im klaren sein.	15	1,35

Merkmalswerte für Anstifter oder Gehilfen: wie in Merkmal 28/1.

Merkmal 30 – Sicherheit des Wissens in Bezug auf die Verursachung des Unfalls

Sicherheit des Wissens	Merkmalsstärke	Merkmalswert
Der Täter glaubte – unentschuldigt –, für die Verursachung des Unfalls nicht in Betracht zu kommen. Einige Umstände sprachen auch für seine Vermutung.	1 . .	0,65 . .
Der Täter hatte geringe Zweifel darüber, ob er den Unfall mitverursacht hat. Die Umstände sprachen aber entschieden gegen diese Zweifel	8[4] . .	1,0[4] . .
Der Täter wußte, daß er den Unfall mitverursacht hat.	10 .	1,1 .
Der Täter wußte genau, daß er den Unfall mitverursacht und im überwiegenden Maße mitverschuldet hat.	15	1,35

Merkmalswerte für Anstifter und Gehilfen: wie in Merkmal 28/1

Merkmal 31 – Besonderheiten der Täterpersönlichkeit zur Unfallzeit, soweit sie nicht unter den Merkmalen 28, 29, 30 berücksichtigt werden konnte.

Täterpersönlichkeit	Merkmalsstärke	Merkmalswert
Starke Ausnahmeerscheinungen, z.B. höchstgradiger Unfallschock des Täters in einem Maße, das an die Voraussetzungen des § 51 Abs. II StGB grenzt.	1	0,75
	2	0,8
	3	0,85
	4	0,9
	5	0,95

4 Die Zuordnung der nicht aufgeführten Merkmalsstärken ist die gleiche wie in Merkmal 28 (oben S. 78).

Keine Abnormitäten; das auch, wenn der Täter lediglich in einer die Zurechnungsfähigkeit nicht ausschließenden Stärke betrunken war.	6	1,0

Merkmal 32 – Fahrvorsatz bei Beginn des Trinkens

Fahrvorsatz	Merkmals-stärke	Merkmals-wert
Täter wußte bei Beginn des Trinkens noch nicht, daß er später fahren werde. Das insbesondere dann, wenn er Vorsorge getroffen hat, um nicht zu fahren, z.B. sein Auto zum Ort des Trinkens nicht mitgenommen hat, um einer Versuchung nicht ausgesetzt zu sein.	1	1 . . . . .
Täter weiß bei Beginn des Trinkens genau, daß er nach Trinkende sein Auto noch selbst steuern wird, und will das auch.	30	30

Merkmal 33 – Zweck der tatbestandsmäßigen Handlung

Merkmal 33/1 – Zweck der Fahrt ohne Fahrerlaubnis

Zweck der Fahrt	Merkmals-stärke	Merkmals-wert
Zweck, der an einen Schuldausschließungsgrund grenzt, z.B. Fahrt zu einem plötzlich schwer erkrankten Angehörigen.	1	0,65
.	2	0,7
.	3	0,75
.	4	0,8
.	5	0,85
.	6	0,9
.	7	0,95
.	8	1,0
.	9	1,05
Täter will das Geld, das eine Fahrstunde kostet, sparen bzw. für die Fahrprüfung üben.	10	1,1
.	11	1,15
.	12	1,2
.	13	1,25
.	14	1,3
.	15	1,35
.	16	1,4
.	17	1,45
.	18	1,5
.	19	1,55

Höchst verwerflicher Zweck, z.B. reine Vergnügungsfahrt im Beisein eines fahrbereiten Führerscheininhabers.	20	1,6

Merkmal 33/2 – Zweck der Trunkenheitsfahrt

Zweck der Fahrt	Merkmalsstärke	Merkmalswert
Zweck, der an einen Schuldausschließungsgrund grenzt, z.B. Fahrt zu einem plötzlich schwer erkrankten Angehörigen.	1 . .	0,65 . .
z. B. Heimweg vom Ort des Trinkens, der sogar zu Fuß leicht zu bewältigen ist.	16[5] .	1,4[5] .
z.B. Zechtour, bei der die einzelnen Lokale dicht beieinanderliegen.	20	1,6

Merkmal 33/3 – Zweck und Motive der Unfallflucht

Zweck der Unfallflucht	Merkmalsstärke	Merkmalswert
Zweck, der an einen Schuldausschließungsgrund grenzt, z.B. dringend erforderliche anderweitige Hilfeleistung.	1 . .	0,65 . .
Neutraler Zweck; Täter glaubt z.B., nicht wartepflichtig zu sein, oder der Zweck ist nicht ersichtlich.	8[6] . .	1,0[6] . .
Täter fürchtet Verlust des Schadensfreiheitsrabatts oder eine Strafverfolgung bzw. polizeiliche Feststellung (Blutprobe) wegen des dem Unfall zugrunde liegenden Verhaltens (auch Trunkenheitsfahrt).	12	1,2 . . . .
Täter fürchtet Erkennung als Täter einer anderen Straftat (falls nicht Merkmalsstärke 12)	16 .	1,4 .
Höchst verwerflicher Zweck, z.B. flieht der Täter, um unerkannt weitere Straftaten begehen zu können.	20	1,6

---

5 Die Zuordnung der nicht aufgeführten Merkmalsstärken zu den Merkmalswerten ist die gleiche wie bei Merkmal 33/1 (oben S. 81).

6 Die Zuordnung der nicht aufgeführten Merkmalsstärken zu den Merkmalswerten ist die gleiche wie bei Merkmal 33/1 (oben S. 81).

Merkmal 33/4 – Zweck und Motive der Anstiftung oder Beihilfe zur Unfallflucht

Merkmals-stärke	Merkmals-wert	Merkmals-stärke	Merkmals-wert
1	0,5	11	1,0
2	0,55	12	1,05
3	0,6	13	1,1
4	0,65	14	1,15
5	0,7	15	1,2
6	0,75	16	1,25
7	0,8	17	1,3
8	0,85	18	1,35
9	0,9	19	1,4
10	0,95	20	1,45

Die Zuordnung des Zwecks der Anstiftung bzw. Beihilfe zu den Merkmalsstärken entspricht derjenigen in Merkmal 33/3.

Merkmal 34 – Grad der Fahrlässigkeit im Hinblick auf das Nichterkennen der Fahruntüchtigkeit

Grad der Fahrlässigkeit	Merkmals-stärke	Merkmals-wert
Leichteste Fahrlässigkeit an der Grenze zu einem nicht schuldhaften Verhalten; das z.B., wenn der Täter im Trinken völlig unerfahren ist.	1 . . .	10 . . .
Gröbste Fahrlässigkeit, äußerste Leichtfertigkeit. Die Fahruntüchtigkeit mußte dem Täter in Anbetracht seiner Erfahrung und des genossenen Alkohols deutlich vor Augen stehen.	41	50

Merkmal 35 – Grad der Fahrlässigkeit im Hinblick auf die Verursachung der Gefährdung bzw. Verletzung

Grad der Fahrlässigkeit	Merkmals-stärke	Merkmals-wert
Leichteste Fahrlässigkeit; z.B. begeht der Täter einen Fahrfehler, der auch einem erfahrenen und geübten Fahrer manchmal passiert. Im übrigen ist sein Fahrverhalten nicht zu beanstanden gewesen.	1	10 . . . .

Gröbste Fahrlässigkeit; z.B. grob verkehrswidriges Verhalten, das gegen elementare Grundsätze ordnungsgemäßer Teilnahme am Straßenverkehr verstößt; insbesondere auch grob fahrlässiges allgemeines Fahrverhalten (schadhaftes, andere gefährdendes Fahrzeug etc.)	91	100

Merkmal 36 – Vorstrafen

Vorstrafen	Merkmals-stärke	Merkmals-wert
Keine Vorstrafen[7]	1	0
Nur allgemeine[7] Vorstrafen	2	1
Der Täter wurde zum letzten Mal im 8. Jahr vor der Tat oder noch früher verurteilt.	3	2
Der Täter wurde zum letzten Mal im 7. oder 6. Jahr vor der Tat verurteilt (kurz: 7, 6 Jahre zurück), und zwar nicht einschlägig.	4	3
5, 4 Jahre zurück, nicht einschlägig, bis zu 399 DM Geldstrafe	5	5
5, 4 Jahre zurück, nicht einschlägig, weniger als 2 Monate Freiheitsstrafe oder 400–799 DM Geldstrafe	6	7
5, 4 Jahre zurück, nicht einschlägig, 2 bis 5 Monate und 29 Tage Freiheitsstrafe oder 800 DM und mehr Geldstrafe.	7	9
Wie Merkmalsstärke 7, aber zusätzlich in den letzten 7 Jahren eine allgemeine Strafe von mehr als 200 DM, (kurz: + allg. über 200 DM)	8	11
5, 4 Jahre zurück, nicht einschlägig, 6 Monate oder mehr Freiheitsstrafe.	9	13

7 Wenn nicht das Wort „allgemein" erscheint, sind verkehrsrechtliche Vorstrafen gemeint.

Wie Merkmalsstärke 9, aber + allg. über 200 DM	10	15
3, 2 Jahre zurück, nicht einschlägig, bis zu 399 DM Geldstrafe	11	17
3, 2 Jahre zurück, nicht einschlägig, weniger als 2 Monate Freiheitsstrafe oder 400–799 DM Geldstrafe	12	19
7, 6 Jahre zurück, einschlägig	13	21
5, 4 Jahre zurück, einschlägig, bis zu 399 DM Geldstrafe	14	23
5, 4 Jahre zurück, einschlägig, weniger als 2 Monate Freiheitsstrafe, oder 400–799 DM Geldstrafe	15	25
3, 2 Jahre zurück, nicht einschlägig, 2 bis 5 Monate und 29 Tage Freiheitsstrafe oder 800 DM und mehr Geldstrafe	16	27
Wie Merkmalsstärke 16, aber + allg. über 200 DM	17	29
3, 2 Jahre zurück, nicht einschlägig, 6 Monate oder mehr Freiheitsstrafe	18	31
Wie Merkmalsstärke 18, aber + allg. über 200 DM	19	33
1 Jahr zurück, nicht einschlägig, bis zu 399 DM Geldstrafe	20	35
1 Jahr zurück, nicht einschlägig, weniger als 2 Monate Freiheitsstrafe oder 400–799 DM Geldstrafe	21	37
5, 4 Jahre zurück, einschlägig, 2 bis 5 Monate und 29 Tage Freiheitsstrafe oder 800 DM und mehr Geldstrafe	22	39
Wie Merkmalsstärke 22, aber + allg. über 200 DM	23	41
5, 4 Jahre zurück, einschlägig, 6 Monate oder mehr Freiheitsstrafe	24	43
Wie Merkmalsstärke 24, aber + allg. über 200 DM	25	45
5, 4 Jahre zurück, einschlägig, wenn während der abzuurteilenden Tat noch eine Bewährungsfrist der einschlägigen Straftat aus dieser Zeit lief (kurz: falls Bewährungsfrist lief)	26	47
3,2 Jahre zurück, einschlägig, bis zu 399 DM Geldstrafe	27	49

3, 2 Jahre zurück, einschlägig, weniger als 2 Monate Freiheitsstrafe oder 400–799 DM Geldstrafe	28	51
1 Jahr zurück, nicht einschlägig, 2 bis 5 Monate und 29 Tage Freiheitsstrafe oder 800 DM und mehr Geldstrafe	29	53
Wie Merkmalsstärke 29, aber + allg. über 200 DM	30	55
1 Jahr zurück, nicht einschlägig, 6 Monate oder mehr Freiheitsstrafe	31	57
Wie Merkmalsstärke 31, aber + allg. über 200 DM	32	59
3, 2 Jahre zurück, einschlägig, 2 bis 5 Monate und 29 Tage Freiheitsstrafe oder 800 DM und mehr Geldstrafe	33	61
Wie Merkmalsstärke 33, aber + allg. über 200 DM	34	63
3,2 Jahre zurück, einschlägig, 6 Monate oder mehr Freiheitsstrafe	35	65
Wie Merkmalsstärke 35, aber + allg. über 200 DM	36	67
3, 2 Jahre zurück, einschlägig, falls Bewährungsfrist lief	37	69
1 Jahr zurück, einschlägig, bis zu 399 DM Geldstrafe	38	71
1 Jahr zurück, einschlägig, weniger als 2 Monate Freiheitsstrafe oder 400–799 DM Geldstrafe	39	73
1 Jahr zurück, einschlägig, 2 bis 5 Monate und 29 Tage Freiheitsstrafe oder 800 DM und mehr Geldstrafe	40	75
Wie Merkmalsstärke 40, aber + allg. über 200 DM	41	77
1 Jahr zurück, einschlägig, 6 Monate oder mehr Freiheitsstrafe	42	79
Wie Merkmalsstärke 42, aber + allg. über 200 DM	43	81
1 Jahr zurück, einschlägig, falls Bewährungsfrist lief	44	83

Merkmal 37 – Verhalten nach der Tat

Verhalten nach der Tat	Merkmalsstärke	Merkmalswert
Täter ist im höchsten Maß schuldeinsichtig und reuig. (Das *kann* z.B. durch ein freimütiges Geständnis indiziert werden.) In jedem Fall müssen für diese Merkmalsstärke positive Anhaltspunkte vorliegen.	1	0,8
.	2	0,825
.	3	0,85
.	4	0,875
.	5	0,9
.	6	0,925
.	7	0,95
.	8	0,975
.	9	1,0
Täter ist indifferent	10	1,025
.	11	1,05
.	12	1,075
.	13	1,1
.	14	1,125
.	15	1,15
.	16	1,175
.	17	1,2
.	18	1,225
.	19	1,25
Täter läßt keinerlei Schuldeinsicht erkennen. (Das aber nicht schon dann, wenn er bei einem fahrlässigen Delikt der Überzeugung ist, rechtmäßig gehandelt zu haben.)	20	1,275

Merkmal 37/1 – Besonderheiten des Nachtatverhaltens bei § 142 StGB

Nachtatverhalten	Merkmalsstärke	Merkmalswert
Gutes Verhalten unmittelbar nach Vollendung der Tat, z.B. freiwillige Rückkehr zum Unfallort, Aufsuchen der Polizei, in die Tat umgesetzter Wille zur Wiedergutmachung.	1 . . .	0,8 . . .
Neutrales Verhalten; der Täter meldet sich nicht freiwillig (auch über längere Zeit hinweg)	9[8] .	1,0[8] .

8 Die Zuordnung der nicht aufgeführten Merkmalsstärken zu den Merkmalswerten ist die gleiche wie bei Merkmal 37.

Der Täter unternimmt nach der Tat noch besondere Handlungen, um den Nachforschungen der Polizei zu entgehen, z.B. Bestimmung von Zeugen zur Falschaussage.	20	1,275

Merkmal 37/2 – Besonderheiten des Nachtatverhaltens beim Anstifter

Nachtatverhalten	Merkmalsstärke	Merkmalswert
Anstifter versucht z.B., den Täter vor Begehung der Tat wieder umzustimmen oder zu mäßigen.	1	0,8
	.	.
	.	.
Neutrales Verhalten; z.B. keine weitere Tätigkeit nach der Anstiftung.	9[9]	1,0[9]
	.	.
Anstifter deckt den Täter und versucht – insbesondere durch weitere rechtswidrige Handlungen –, sich (und den Täter) einer Bestrafung zu entziehen.	20	1,275

Merkmal 38 – Eigenschaden (Personenschaden)

Schwere der Verletzung	Merkmalsstärke	Merkmalswert
Wie bei Merkmalsstärke 1 aus Merkmal 2	1	1,0
Wie bei Merkmalsstärke 3 aus Merkmal 2	2	1,0
Wie bei Merkmalsstärke 6 aus Merkmal 2	3	0,95
Wie bei Merkmalsstärke 10 aus Merkmal 2	4	0,9
Wie bei Merkmalsstärke 15 aus Merkmal 2	5	0,85
Wie bei Merkmalsstärke 21 aus Merkmal 2	6	0,8
Wie bei Merkmalsstärke 28 aus Merkmal 2	7	0,75
Wie bei Merkmalsstärke 36 aus Merkmal 2	8	0,7
Wie bei Merkmalsstärke 45 aus Merkmal 2	9	0,65
Wie bei Merkmalsstärke 55 aus Merkmal 2	10	0,6
Wie bei Merkmalsstärke 66 aus Merkmal 2	11	0,55
Wie bei Merkmalsstärke 78 aus Merkmal 2	12	0,5

9 Die Zuordnung der nicht aufgeführten Merkmalsstärken zu den Merkmalswerten ist die gleiche wie bei Merkmal 37.

Merkmal 39 – Eigenschaden (Sachschaden)

Höhe des Eigenschadens in DM	Merkmals-stärke	Merkmals-wert
Kleiner als 1.000	1	1,0
1.000– 1.999	2	0,99
2.000– 2.999	3	0,97
3.000– 3.999	4	0,95
4.000– 4.999	5	0,93
5.000– 5.999	6	0,91
6.000– 6.999	7	0,90
7.000– 7.999	8	0,89
8.000– 8.999	9	0,88
9.000– 9.999	10	0,87
10.000–10.999	11	0,86
11.000–11.999	12	0,85
12.000–12.999	13	0,84
13.000–13.999	14	0,83
14.000–14.999	15	0,82
15.000–15.999	16	0,81
16.000 oder mehr	17	0,80

Merkmal 40 – Wirtschaftliche Verhältnisse

Einkommen in DM pro Monat	Merkmals-stärke	Merkmals-wert	Einkommen in DM pro Monat	Merkmals-stärke	Merkmals-wert
Bis 599	1	1,0	2700–2799	23	1,844
600– 699	2	1,187	2800–2899	24	1,875
700– 799	3	1,218	2900–2999	25	1,906
800– 899	4	1,25	3000–3099	26	1,937
900– 999	5	1,281	3100–3199	27	1,969
1000–1099	6	1,312	3200–3299	28	2,0
1100–1199	7	1,344	3300–3399	29	2,031
1200–1299	8	1,375	3400–3499	30	2,062
1300–1399	9	1,406	3500–3599	31	2,094
1400–1499	10	1,437	3600–3699	32	2,125
1500–1599	11	1,469	3700–3799	33	2,156
1600–1699	12	1,5	3800–3899	34	2,188
1700–1799	13	1,516	3900–3999	35	2,219
1800–1899	14	1,562	4000–4099	36	2,25
1900–1999	15	1,594	4100–4199	37	2,281
2000–2099	16	1,625	4200–4299	38	2,312
2100–2199	17	1,656	4300–4399	39	2,343

Einkommen in DM pro Monat	Merkmals-stärke	Merkmals-wert	Einkommen in DM pro Monat	Merkmals-stärke	Merkmals-wert
2200–2299	18	1,687	4400–4499	40	2,375
2300–2399	19	1,719	4500–4599	41	2,406
2400–2499	20	1,75	4600–4699	42	2,438
2500–2599	21	1,781	4700–4799	43	2,469
2600–2699	22	1,813	4800 und mehr	44	2,5

Merkmal 41 – Empfindlichkeit des Täters gegenüber einer Freiheitsstrafe

Empfindlichkeit	Merkmals-stärke	Merkmals-wert
Der Täter ist einer Freiheitsstrafe gegenüber höchst anfällig; das z.B., wenn er eine große Familie hat und durch die Freiheitsstrafe Wohnung und Stellung verlieren würde.	1	0,715
.	2	0,73
.	3	0,745
.	4	0,76
.	5	0,775
.	6	0,79
.	7	0,805
.	8	0,82
.	9	0,835
.	10	0,85
.	11	0,865
.	12	0,88
.	13	0,895
.	14	0,91
.	15	0,925
.	16	0,94
.	17	0,955
.	18	0,97
.	19	0,985
Täter empfindet eine Freiheitsstrafe nicht als sonderlich nachteilig; das besonders dann, wenn er alleinstehend ist und keinen festen Wohnsitz hat.	20	1,0

Merkmal 42 – Täterprognose im Hinblick auf eine Besserung und Abschreckung durch die Freiheitsstrafe

Prognose	Merkmals-stärke	Merkmals-wert
Die allgemeine Beurteilung des Täter im Hinblick auf die Wirkung einer Freiheitsstrafe läßt erkennen, daß schon eine relativ kurze Strafe abschreckend auf ihn wirkt, z.B. gutes Milieu, jugendliches Alter.	1	0,92
.	2	0,94
.	3	0,96
.	4	0,98
Das auch, wenn keine besonderen Indizien vorliegen.	5	1,0
.	6	1,02
.	7	1,04
.	8	1,06
.	9	1,08
.	10	1,1
.	11	1,12
.	12	1,14
.	13	1,16
.	14	1,18
.	15	1,2
.	16	1,22
.	17	1,24
.	18	1,26
.	19	1,28
Der Täter macht – unabhängig von der begangenen Tat – einen „hartgesottenen" Eindruck. Abschreckung und Besserung sind nur durch eine längere („nachhaltige") Strafe zu erwarten.	20	1,3

Merkmal 43 – Angewiesenheit des Täters auf die Fahrerlaubnis

Grad der Angewiesenheit	Merkmals-stärke	Merkmals-wert
Der Täter braucht sein Fahrzeug täglich zum Erwerb des lebensnotwendigen Verdienstes. Er hat keine Ausweichmöglichkeit (Taxi, Chauffeur u.ä.).	1	0,72
.	2	0,74
.	3	0,76
.	4	0,78
.	5	0,8
.	6	0,82
.	7	0,84
.	8	0,86
.	9	0,88
.	10	0,9
.	11	0,92
.	12	0,94
.	13	0,96
.	14	0,98
Es liegen keine besonderen Indizien vor.	15	1,0
.	16	1,02
.	17	1,04
.	18	1,06
.	19	1,08
Maßnahmen nach §§ 37, 42m, n StGB treffen den Täter in kaum merkbarer Weise, zwingen ihn nicht zu einer Änderung seiner Lebensweise (z.B. „Sonntagsfahrer" oder Täter fährt meistens mit Chauffeur); das insbesondere auch, wenn der Täter noch nie eine Fahrerlaubnis hatte und nur eine Sperrfrist nach § 42n Abs. I S. 2 festgesetzt wird.	20	1,1

Merkmal 43/1 – Angewiesenheit des Täters auf die Fahrerlaubnis bei § 74 StGB

Merkmalsstärke aus Merkmal 43	Merkmalswert bei 2	3, 4	5, 6	7, 8	9, 10 Taten
1	0,62	0,525	0,43	0,335	0,24
2	0,64	0,55	0,46	0,37	0,28
3	0,66	0,575	0,49	0,405	0,32
4	0,68	0,6	0,52	0,44	0,36
5	0,7	0,625	0,55	0,475	0,4
6	0,72	0,65	0,58	0,51	0,44
7	0,74	0,675	0,61	0,545	0,48
8	0,76	0,7	0,64	0,58	0,52
9	0,78	0,725	0,67	0,615	0,56
10	0,8	0,75	0,7	0,65	0,6
11	0,82	0,775	0,73	0,685	0,64
12	0,84	0,8	0,76	0,72	0,68
13	0,86	0,825	0,79	0,755	0,72
14	0,88	0,85	0,82	0,79	0,76
15	0,9	0,875	0,85	0,825	0,8
16	0,92	0,9	0,88	0,86	0,84
17	0,94	0,925	0,91	0,895	0,88
18	0,96	0,95	0,94	0,93	0,92
19	0,98	0,975	0,97	0,965	0,96
20	1,0	1,0	1,0	1,0	1,0

Merkmal 44 – Günstige Veränderung der für die Spezialprävention relevanten Lebensumstände

Veränderungen	Merkmalsstärke	Merkmalswert
Einschneidende Veränderungen, die mit Sicherheit auf das künftige strafrechtlich relevante Verhalten des Täters bessernden Einfluß haben.	1	0,62
.	2	0,64
.	3	0,66
.	4	0,68
.	5	0,7
.	6	0,72
.	7	0,74
.	8	0,76
.	9	0,78
.	10	0,8
.	11	0,82
.	12	0,84
.	13	0,86
.	14	0,88
.	15	0,9
.	16	0,92
.	17	0,94
.	18	0,96
Geringste Veränderungen, die auf das Verhalten des Täters in Zukunft Einfluß haben könnten.	19	0,98
Keine Veränderungen	20	1,0

Merkmal 45 – Umstände, die eine Resozialisierung indizieren, soweit sie nicht schon unter den Merkmalen 37, 38, 39 und 40 erfaßt worden sind

Intensität der Umstände	Merkmalsstärke	Merkmalswert
Relevante Umstände mit starker Einwirkungskraft liegen vor, z.B. Familienbindung.	1	0,62
	.	.
	.	.
	.	.
Umstände, deren Einwirkungskraft auf den Täter zweifelhaft und ggf. nicht gravierend ist, liegen vor.	19[10]	0,98[10]
Derartige Umstände liegen nicht vor.	20	1,0

10 Die Zuordnung der nicht aufgeführten Merkmalsstärken zu den Merkmalswerten ist die gleiche wie bei Merkmal 44.

2.2. Regeln und Erläuterungen zum Merkmalkatalog

Zu Merkmal 1

Die Werte dieses Merkmals werden in den Verknüpfungsregeln nicht als Summanden, sondern als Faktoren eingesetzt; sie werden also mit gewissen anderen Merkmalswerten multipliziert[11]. Den entscheidenden Unterschied zwischen beiden Arten der Bewertung verdeutlicht folgendes Beispiel: Ordnete man einer Blutalkohol-Konzentration von 1,5‰ einen Merkmalswert von 900 Punkten zu und summierte sie, so erhöhte sich die Strafe für eine folgenlose Trunkenheitsfahrt, deren übrige Merkmale zusammen 150 Punkte ergeben, durch die Berücksichtigung der Blutalkoholkonzentration von 1,5‰ um das Siebenfache, nämlich von 150 auf 900 + 150 = 1050 Punkte[12]. Die Strafe erhöhte sich entsprechend von 100 auf 700 DM[13].

Addierte man dagegen diese 900 Punkte zu den übrigen Tatkomponenten etwa einer fahrlässigen Tötung, welche zusammen 5400 Punkte betragen sollen, so erhöhte sich die Strafrohzahl durch die Berücksichtigung der Blutalkohol-Konzentration nur um das 1,16fache, nämlich von 5400 auf 5400 + 900 = 6300 Punkte[14]. Die Strafe erhöhte sich dann von 6 auf 7 Monate Freiheitsstrafe[15], also ebenfalls um das 1,16fache[16].

Ordnet man dagegen einer Blutalkohol-Konzentration von 1,5‰ einen *Faktor* von 1,5 zu, so erhöht sich ersichtlich die Summe der übrigen Tatkomponenten in jedem Fall um das 1,5fache, gleichgültig wie hoch diese Summe ist. Sie steigt dann in unseren Beispielen von 150 auf 225[17] und von 5400 auf 8100[18].

---

11 Vgl. z.B. die Verknüpfungsregel für § 316 StGB oben S. 13

12 1050 : 7 = 150

13 Vgl. lfd. Nr. 16) der Allgemeinen Entscheidungsregeln (unten S. 122): „Strafrohzahl · „40" · 2/3 = Geldstrafe in DM". Die Zahl „40", die hier für den Wert des Merkmals 40 steht, kann insoweit außer Betracht bleiben.
150 · 2/3 = 100. 1050 · 2/3 = 700.

14 6300 : 5400 = 1,16.

15 Vgl. lfd. Nr. 6 der Allgemeinen Entscheidungsregeln (unten S. 122): „Strafrohzahl · · „42": 30 = Freiheitsstrafe in Tagen. Das Merkmal 42 kann hier außer Betracht bleiben.
5400 : 30 = 180; 180 Tage = 6 Monate.
6300 : 30 = 210; 210 Tage = 7 Monate.

16 7 : 6 = 1,16.

17 150 · 1,5 = 225

18 5400 · 1,5 = 8100

Daraus ergibt sich allgemein: Berücksichtigt man einen Merkmalswert in den Verknüpfungsregeln als Faktor, so wirkt er sich – absolut gesehen – um so schwerer aus, je schwerer die übrigen Tatkomponenten sind. Man wird also für das Vorliegen dieses Merkmals um so höher bestraft, je schwerer *auch sonst* die Tat ist, während bei additiver Berücksichtigung eines Merkmals das Gewicht ganz unabhängig von den übrigen Merkmalswerten ist.

Es ist nun eine reine Wertungsfrage, welche Art der Behandlung eines Merkmals die richtige ist. Man kann durchaus der Ansicht sein, die Blutalkohol-Konzentration eines Fahrers dürfe nicht deswegen stärker bewertet werden, weil auf der Fahrt ein Mensch getötet wurde. Wolle man zu einer hohen Strafe kommen, so müsse man eben den Todeserfolg als solchen hoch bewerten[19]. Die Praxis der Gerichte zeigt ein anderes Bild. Sie bewertet den Blutalkohol – unbewußt – faktoriell. Vergleicht man bei Laum[20] die Strafen, die gegen betrunkene Fahrer verhängt wurden, mit denen, die in ähnlichen Fällen gegen nüchterne ausgesprochen wurden, so ergibt sich: Die absolute Differenz dieser Strafen ist sehr unterschiedlich – klein bei geringen, groß bei schweren Strafen. Das aber sind die Merkmale faktorieller Bewertung. Untersucht man diese Strafen näher, so ergibt sich ein „Alkohol*faktor*" von 2,5 bis 4,1. Im Ergebnis ist auch die Praxis der Münchner Gerichte ähnlich.

Obwohl der Grundsatz, daß ein Fahrer – je nach dem eingetretenen Erfolg und dem Gewicht der übrigen Tatkomponenten – *für seine Alkoholisierung* verschieden schwer bestraft werden soll, sehr anfechtbar ist, wird ihm hier gefolgt, weil das Schema ein Schema des geltenden Rechts und – soweit feststellbar – der herrschenden Praxis sein soll[21]. Wo Kritik und Änderungen des Rechts oder der Praxis angezeigt erscheinen, wird das außerhalb des Schemas vorgetragen; das deshalb, damit diese Methode der SZ nicht mit dem Argument widerlegt werden kann, man sehe ja schon an seinen praxisfernen Ergebnissen, daß es nicht funktionieren könne, was bei der wirklichkeitsfremden mathematischen Methode ja auch nicht weiter verwunderlich sei. Das Schema zeigt also, indem es eine z.T. anfechtbare Wirklichkeit systematisiert, daß es in der Lage ist, irgend ein System abzubilden; nur ein *System* muß es sein. Soweit die geltende SZs-Dogmatik kein System bildet, muß sie daher in dem Schema systematisiert werden.

Ein weiterer Gedanke läßt die faktorielle Bewertung angemessen erscheinen: Sie bildet eine Art Alkohol-Risikozuschlag, der sich mit derselben Erwägung rechtfertigen läßt, mit der Bockelmann[22] einen ganz anders gearteten und

19 Vgl. die ähnliche Argumentation oben S. 29

20 Die richterliche SZ S. 78 ff

21 Vgl. dazu auch oben S. 27

22 Kraftfahrt und Verkehrsrecht 67, 462, 490

unter anderen Voraussetzungen zu verhängenden Alkoholzuschlag begründet hat: Daß demjenigen, der das Verkehrswagnis des Fahrens nach Alkoholgenuß eingeht, ein entsprechendes Risiko auferlegt werden darf. Hier besteht der Zuschlag in einer Erhöhung des allgemeinen Risikos, durch eine – mehr oder weniger geringe – Unachtsamkeit schwere Folgen herbeizuführen.

Die so gerechtfertigte höhere Bestrafung der Blutalkoholkonzentration bei schweren übrigen Tatumständen brauchte nicht notwendig zu faktorieller Bewertung zu führen. Man könnte z.B. auch Summanden wählen und diese bei verschiedenen Tatbeständen mit verschiedenen Gewichten multiplizieren, z.B. für 1,5‰ 50 Punkte, die bei § 316 StGB mit 1, bei §§ 222, 315c Abs. I Nr. 1a, Abs. III, 73 StGB mit 8 multipliziert werden. Dieses System litte jedoch unter der Starrheit der Gewichte innerhalb eines Tatbestandes. Die Blutalkohol-Konzentration würde nämlich z.B. für §§ 230, 315c, 73 StGB ein bestimmtes Gewicht (etwa 4) haben, mit der Folge, daß sie für denjenigen, der einen Menschen in geringfügiger Weise verletzt hat, ebenso schwer wiegt wie für den, der fahrlässig drei Menschen zu Krüppeln gemacht hat. Die Tatbestände wären also ein sachlich nicht gerechtfertigtes Abgrenzungskriterium.

Ein besseres ist nicht ersichtlich, es sei denn, die Größe der Gewichte sollte direkt von einigen Tat-Komponenten abhängen. Zieht man das in Betracht, so ist es jedoch sehr viel einfacher, das faktorielle System zu wählen.

Die nach Höhe der Blutalkohol-Konzentration ansteigenden Merkmalswerte rechtfertigen sich aus allgemeinen Erwägungen – es ist weniger verwerflich, mit 0,8‰ zu fahren als mit 2,1‰ – und entsprechen auch der Praxis[23]. Wenn zutreffend darauf hingewiesen wird, daß die Blutalkohol-Konzentration wenig geeignet ist, einen Maßstab für die Schuld abzugeben, da sie von zu vielen Komponenten abhänge und daher für den Laien nicht berechenbar sei[24], so ist dem zu erwidern: *Ganz* unberechenbar ist sie auch für den Laien nicht. Auch ist der Blutalkohol ja nur *eine* von sehr vielen Tat-Komponenten. Und schließlich ist die Spanne zwischen den Merkmalswerten 1,3 für 0,8‰ und 1,65 für 2,5‰ recht gering. Wenn es vom Zufall abhängen soll, bei welchem Glas Bier der Täter mit dem Trinken aufhört[25], dann ist es auch Zufall, daß er überhaupt in alkoholisiertem Zustand fährt[26].

---

23 Vgl. Elmar *Müller*, ZfVerkehrssicherheit, 60, 291, 301.

24 So *Schütt*, 3. deutscher Verkehrsgerichtstag, S. 143, 156

25 So *Schütt*, a.a.O.

26 Gegen eine starke Bewertung der BAK überhaupt *Rieger*, Blutalkohol 67, 273 ff und *Scherling*, Blutalkohol 67, 349, 351. Für eine starke Bewertung hoher BAK OLG Hamm in Blutalkohol 63, 122.

Im Bereich der relativen Fahruntüchtigkeit kommt das Merkmal 1 nur zur Anwendung, wenn ein alkoholtypischer Fahrfehler nachgewiesen ist; das schon deshalb, weil die Anwendung aller Merkmale ja von der vorgängigen Schuldfeststellung abhängt, die wiederum bei nur relativer Fahruntüchtigkeit den Nachweis eines solchen Fahrfehlers voraussetzt.

Zu Merkmal 2

Regeln

Dieses Merkmal enthält in der Skala „Schwere der Verletzung" Beispiele, die dem Richter gewisse Anhaltspunkte bieten sollen. Liegt also ein in der Beschreibung angeführter Fall vor, so ist die ihr zugeordnete Merkmalsstärke zu wählen. Fehlt der zu beurteilende Fall in der Beschreibung, so muß der Richter durch einen Vergleich feststellen, welche Merkmalsstärke die richtige ist. Er kann dabei jede Merkmalsstärke zwischen 1 und 100 wählen und ist nicht auf die angegebenen Beispielswerte beschränkt.

Hat ein Unfallopfer mehrere Verletzungen erlitten, so wird nur die schwerste Verletzung bewertet, wenn die anderen Verletzungen regelmäßige Begleiterscheinungen der schwereren sind; z.B. Knochenbrüche mit Schürf- oder kleinen Schnittwunden. Liegen dagegen mehrere, voneinander ganz unabhängige Verletzungen vor, z.B. Augenverletzung und Knochenbruch, so wird jede Verletzung einzeln bewertet.

Erläuterungen

Wenn Schuld auf irgend eine Weise mit einer – sei es auch nur unterstellten – Willensfreiheit und Willensbestimmtheit zusammenhängt, so ist das Strafrecht, das bei einem fahrlässigen Erfolgsdelikt den Erfolg und nicht die Fahrlässigkeit hoch bewertet – und eine solche Bewertung praktizieren unsere Gerichte – insoweit kein Schuldstrafrecht. Denjenigen, der mit seinem Automobil eine Kreuzung bei Rotlicht überquert, trifft ein bestimmter Fahrlässigkeitsvorwurf, der unabhängig davon ist, ob der die Kreuzung im gleichen Augenblick passierende Motorradfahrer bei einem Zusammenstoß zu Tode kommt oder wenige Zentimeter vor dem PKW vorbeifahren kann. Selbst wenn im ersten Fall eine hohe Strafe mit Hinweis auf die Voraussehbarkeit und Vermeidbarkeit des Erfolges gerechtfertigt erscheint, so fehlt im zweiten Fall für die geringe Strafe die Rechtfertigung. Denn auch dort ist ja der Erfolg voraussehbar und vermeidbar. Er ist aber „zufällig" nicht eingetreten.

Ob die Bestrafung des Erfolges angemessen ist oder nicht, sei hier nicht diskutiert[27]; nur soll „man ruhig zugeben, daß in jeder Fahrlässigkeitsbestrafung

27 Zu diesem Problem vgl. *Bruns,* S. 364 ff. Für ein entscheidendes Gewicht der Tatfolgen *Seib,* 4. deutscher Verkehrsgerichtstag S. 144, 148/149. Gegen eine starke Erfolgsbewertung *Bockelmann,* DAR 61, 181, ZfVerkehrssicherheit 52, 216, 217/218; *Bolten,* Kraftfahrt und Verkehrsrecht 68, 177, 178, *Ludewig,* 2. deutscher Verkehrsgerichtstag 205, 226; *Meier-Branecke,* DAR 66, 93, 95; *Middendorf,* 600 Alkoholtäter S. 56, 57.

ein Stück Erfolgsstrafrecht steckt"[28]; wie es überhaupt ein Anliegen dieser Arbeit und der Wert einer Aufgliederung der Schuldkomponenten ist, zu zeigen, an welche Kriterien die Höhe einer Strafe anknüpft. Es wird nicht behauptet, die gegenwärtige SZs-Praxis sei unangemessen, sondern es soll nur gezeigt werden, zu welchen Aussagen über die Strafwürdigkeit einzelner Komponenten man sich bekennen muß, wenn man diese Praxis beibehalten will. Die traditionelle Methode der SZ verlangt diese Klarheit nämlich nicht.

Das Schema folgt in seiner Bewertung des Erfolges überhaupt wiederum der Praxis. Die Einteilung der Verletzung nach leicht und schwer wurde in Anlehnung an Probst[29] vorgenommen. Die Zuordnung bestimmter Zahlen zu einzelnen Fällen wird mit Sicherheit Stimmen laut werden lassen, die sagen, es sei mit dem Wesen gerechter SZ nicht vereinbar, dem Verlust eines Fingers als Äquivalent eine Geldstrafe von 205 DM gegenüberzustellen oder eine Doppelamputation 78mal so schwer zu bewerten wie eine leichte Hautabschürfung. Rein tatsächlich ist am ersten Vorwurf richtig, daß einem verlorenen Finger eine Punktzahl zugeordnet ist, die unter Berücksichtigung des Gewichtes 15, mit dem sie bei § 230 StGB multipliziert wird, – allein als Endpunktzahl dastehend – eine solche Strafe ergäbe. Es wirken jedoch noch andere Komponenten auf die SZ bei fahrlässiger Körperverletzung ein, erhöhende und mildernde, so daß dieser allgemeine Vorwurf nicht trifft. Im übrigen beruht das Schema auf der Meinung, daß es sehr viel gerechter ist, allgemein verbindlich zu bestimmen, mit welchem Gewicht eine bestimmte Art von Verletzung in das Strafmaß eingehen soll, und dazu Zahlen zu benutzen, die als gegen die Menschenwürde verstoßend empfunden werden können, als mangels Klarheit über das Gewicht einer SZs-Tatsache einer undifferenzierten bzw. falsch differenzierenden SZ Vorschub zu leisten. Auch wird ja bisher schon einer gewissen Tat eine bestimmte Straf-Maßzahl gegenübergestellt, in die auch die Schwere der Verletzung eingegangen ist, ohne daß jemand daran Anstoß nähme.

Die Zuordnung gewisser Erfolge zu bestimmten Zahlen bringt es mit sich, daß man sich darüber klarwerden muß, wie man die Erfolge bewertet. Man wird zunächst eine bloße Reihenfolge festsetzen, die nur eine Gliederung von der schwersten bis zur leichtesten Verletzung enthält. Dann wird man sich überlegen, um wieviel schwerer die schwerste Form wiegen soll als die leichteste. Bei diesem Merkmal ist der letzte Merkmalswert 100mal schwerer als der erste. Schließlich wird man die übrigen Merkmalswerte dazwischenfügen, vielleicht mit je gleichen Abständen. Hier ist jedoch Vorsicht geboten. Verteilt man nämlich 13 Werte – entsprechend den 13 Beispielsfällen in Merkmal 2 – gleichmäßig in den Bereich von 1 bis 100, so hat jeder Wert vom anderen

28 *Bruns*, S. 381

29 Handbuch der Unfallbegutachtung 1. Bd. S. 421/422.

einen Abstand von 8,25. Die Reihe hieße also, 1; 9,25; 17,5; . . . ; 92,75; 100. Das bedeutete aber, daß das dem zweiten Wert (9,25) zugeordnete Beispiel 9,25mal schwerer wiegt als jenes, das dem ersten Wert (1) zugeordnet ist[30]; hingegen wiegt die dem letzten Wert (100) gegenübergestellte (tödliche) Verletzung nur etwa 1,07 mal schwerer als die dem vorletzten Wert (92,75) gegenübergestellte[31]. In Anbetracht der bei Merkmal 2 den einzelnen Merkmalsstärken zugeordneten Verletzungen wären solche Verhältnisse sicherlich nicht angemessen. Man könnte daher die Forderung erheben, der zum dritten Beispiel gehörende Merkmalswert müsse um den gleichen Faktor schwerer sein als der zum zweiten Beispiel gehörende, wie es dieser gegenüber dem dem ersten Beispiel zugeordneten Merkmalswert ist; kurz: Jeder dieser Merkmalswerte ergibt, mit einem gewissen je gleichen Faktor multipliziert, den nächsten. Bei 13 Werten im Bereich von 1 bis 100 wäre dies ungefähr der Faktor 1,5. Die Reihe lautete: 1; 1,5; 2,25; 3,38; 4,07; 6,11; 9,16; 13,74; 20,61; 30,91; 46,36; 69,54; 104,31[32]; hierbei fällt das sehr langsame Anwachsen am Anfang gegenüber einem sprunghaften Anstieg zum Schluß auf. Ein Krankenhausaufenthalt von über 8 Wochen fiele also bei der SZ nur 6mal so schwer ins Gewicht wie eine leichte Hautabschürfung[33].

Die hier vorgelegte Skala folgt keinem der beiden Prinzipien, sondern stellt einen Kompromiß dar. Sie ist nämlich so eingerichtet, daß die Differenz zwischen je zwei den Beispielen zugeordneten Merkmalswerten fortlaufend nach oben um 1 ansteigt[34]. Damit ist der Tatsache Rechnung getragen, daß die Differenzen unter mehreren verschiedenen, sehr schweren Verletzungen sich nivellieren. Allgemein wird es in diesem Bereich schwerer als im Bereich leichter Verletzungen sein, eine allgemeine Zustimmung für die Zuordnung einer bestimmten Verletzung zu einem Zahlenwert zu finden. Welche Schweregrade man welchen Zahlen zuordnet, ist letztlich eine Wertungsfrage, deren Beantwortung nach der hier vertretenen Auffassung jedoch nicht dem Richter überlassen werden darf. Es wird nicht behauptet, daß die hier vorgeschlagene Zuordnung die einzig richtige ist. Es ist aber ein praktikabler Entwurf, an dem sich die Diskussion entzünden mag. Man kann ihn verändern, indem man entweder den Merkmalsstärken andere Beispiele gegenüberstellt oder diese beibehält und ihnen andere Merkmalsstärken zuordnet.

---

30 $9{,}25 : 1 = 9{,}25$

31 $100 : 92{,}75 \approx 1{,}07$

32 $1 \cdot 1{,}5 = 1{,}5$
$1{,}5 \cdot 1{,}5 = 2{,}25$
$2{,}25 \cdot 1{,}5 = 3{,}38$
$3{,}38 \cdot 1{,}5 = 4{,}07$ etc.

33 Der Krankenhausaufenthalt von über 8 Wochen steht im sechsten Beispiel, die leichte Hautabschürfung im ersten. Der sechste Wert dieser Reihe heißt 6,11, der erste 1. $6{,}11 : 1 = 6{,}11$.

34 $3 - 1 = 2$; $6 - 3 = 3$; $10 - 6 = 4$; $15 - 10 = 5$ etc.

Das Problem wurde deswegen in aller Ausführlichkeit aufgezeigt, weil es in Abweichungen bei jedem Merkmal vorkommt, dessen Werte als Summanden in den Verknüpfungsregeln erscheinen. Bei einer kontinuierlichen Skala von 10 bis 100 liegt 55 „in der Mitte". 55 ist aber 5,5 mal schwerer als 10[35], 100 dagegen nur etwa 1,82 mal schwerer als 55[36]. Die Zahl, die um denselben Faktor kleiner ist als 100, um den sie auch größer als 10 ist, heißt $33,\bar{3}$[37]. Diese Verhältnisse hat der Richter zu beachten, der einem bestimmten Verhalten eine bestimmte Merkmalsstärke z.B. für den Grad der Fahrlässigkeit zuordnet. Das gilt auch für die Obergerichte, die gewisse Zuordnungen zur Orientierung der Instanzgerichte vornehmen.

Zu Merkmal 3

Der Sachschaden ist auf volle 100 DM abzurunden. Bei Schäden an mehreren Sachen können alle Schäden summiert und erst die Summe durch 100 geteilt werden.

Ob nur der unmittelbare Schaden an Fahrzeugen etc. oder auch der mittelbare wie Nutzungsentgang (also der gesamte von einer Versicherung abzudeckende Schaden) bewertet werden soll, ist eine Rechtsfrage, die hier nicht entschieden zu werden braucht. Die Gerichte scheinen dazu zu neigen, der ersten Alternative den Vorzug zu geben.

Zu Merkmal 4 und 4/1

Die jeder Verletzung notwendig vorausgehende konkrete Gefährdung darf nicht bewertet werden. Merkmal 4 wird also nur für solche Personen relevant, die nicht verletzt wurden[38]. Zwar spricht der BGH[39] von der „allgemeinen Gefährdung", die strafschärfend zu berücksichtigen sei. Damit ist aber ersichtlich die abstrakte Gefährlichkeit gemeint, die richtigerweise unabhängig vom eingetretenen Erfolg zu bestrafen ist.

Man findet in den Strafmaßbegründungen von Urteilen sehr selten Ausführungen zur Gefährdung. Entsteht bei einem Unfall, an dem ein alkoholisierter Kraftfahrer beteiligt war, Personen- oder Sachschaden, so wird dessen Höhe mit Hinweis auf den strafmildernden oder -schärfenden Charakter angegeben. Die Gefährdung von beteiligten, unverletzten Personen wird fast nie erwähnt.

---

35 $55 : 10 = 5,5$

36 $100 : 55 \approx 1,82$

37 $10 \cdot 3,\bar{3} = 33,\bar{3}$; $33,\bar{3} \cdot 3,\bar{3} = 99,\bar{9}$

38 Vgl. OLG Celle VRS 14, 305

39 VRS 14, 282, 285

Noch seltener kommt es vor, daß einem betrunkenen Kraftfahrer eine konkrete Gefährdung anderer nachgewiesen werden kann, ohne daß es zu einem Unfall gekommen wäre. Das Merkmal 4/1 hat also mehr theoretische Bedeutung, während das Merkmal 4 bei jedem Unfall eines fahruntüchtigen Kraftfahrers angewendet werden müßte, bei dem nicht alle Insassen eines Fahrzeugs verletzt wurden.

Die Abneigung der Gerichte, sich in den Ausführungen zum Strafmaß mit der Gefährdung zu befassen, rührt auch mit von der Sprödigkeit der Materie her. Das Ausmaß einer Gefahr läßt sich nur unter Schwierigkeiten feststellen. Selbst wenn man die Obersätze noch zu bestimmen vermag, so ist es doch in der Regel unmöglich, einen Fall mit hinreichender Genauigkeit unter sie zu subsumieren. Zwei Fragen sind bei der Bestimmung der konkreten Gefährdung zu unterscheiden:

1. Wie groß war die Verletzung/wie hoch der Schaden, die drohten?
2. Wie wahrscheinlich war diese Verletzung, wie nahe lag sie, wie groß war die Möglichkeit, sie abzuwenden?

Diese Fragen können nur sehr grob beantwortet werden. Maßgeblich soll das Ex-post-Urteil eines erfahrenen Verkehrsteilnehmers sein.

In Anbetracht der Ungenauigkeit eines solchen Urteils wurden bei Merkmal 4/1 nur drei „Wahrscheinlichkeitsgruppen" gebildet, die mit zwei „Schadensgruppen" kombiniert werden können. Die „Wahrscheinlichkeitsgruppen" sind nur in Merkmal 5 aufgeführt. Bei der Bestimmung des Wertes des Merkmals 4/1 ist also zunächst aus dem Merkmal 5 gemäß der Wahrscheinlichkeit eines Schadens eine Merkmalsstärke zu entnehmen. Mit Hilfe dieser Merkmalsstärke und der Schwere der Verletzung, die einzutreten drohte, ist der Merkmalswert des Merkmals 4/1 festzustellen.

Bei dem Merkmal 4 wurde sogar von der Unterteilung in „Schadensgruppen" abgesehen, weil insoweit ein Urteil über Insassen von unfallbeteiligten Fahrzeugen als unmöglich erscheint. Dort ist also nur die Frage nach der Wahrscheinlichkeit von Verletzungen überhaupt zu stellen.

Zu Merkmal 5

Regeln

Es ist nach folgendem Schema vorzugehen:

I 1. Man schätze die Höhe des drohenden Schadens in DM.
  2. Man teile diesen Betrag durch 100; = (2)
  3. Man multipliziere das Ergebnis (2) mit dem Wert des Merkmals 5.

II Falls mehrere Sachen (verschieden stark) gefährdet wurden, behandle man jede nach Regel I und summiere dann die Ergebnisse.

Auch hier ist bei allen Objekten, an denen – wenn auch nur geringer – Schaden entstanden ist, eine vorangehende Gefährdung nicht mehr zu bewerten. Vgl. im übrigen die Erläuterungen zu Merkmal 4.

Zu Merkmal 6

Regeln

I Sind mehrere Personen verletzt, so ist nach folgendem Schema zu verfahren:

1. Man bewerte jede verletzte Person einzeln nach dem Merkmal 2.
2. Man addiere die Merkmalswerte; = (2)
3. Man multipliziere das Ergebnis (2) mit dem Wert des Merkmals 6; (also z.B. mit 0,58, falls 5 Personen verletzt sind).

II Ergäbe sich unter Berücksichtigung der Regel I eine höhere Punktzahl, wenn der Täter die Person(en) mit den leichtesten Verletzungen gar nicht verletzt hätte, so sind ihm die Verletzungen dieser Person(en) nicht zuzurechnen.

Erläuterungen

Der Merkmalswert – der nach der Regel I) mit der Summe der Werte aus Merkmal 2 multipliziert wird – wird kleiner, je größer die Zahl der verletzten Personen ist. Das bedeutet, daß mit zunehmender Anzahl von Verletzten der Rabatt – auch das ein zu Unrecht verpöntes Wort in der SZs-Dogmatik – für den Täter größer wird. Wie groß er ist, kann man aus der Skala „V" ersehen. Ihre Werte sind das Produkt der Werte aus den Skalen „Anzahl der verletzten Personen" und „Merkmalswert"[40]. Daher zeigt sie an, wie viele der Verletzten dem Täter für das Strafmaß tatsächlich zugerechnet werden. Hat er z.B. 4 Unfallopfer tödlich verletzt, so werden ihm nur 2,6 zugerechnet[41]. Die Skala „V" ist allerdings nur dann zum Vergleich gut geeignet, wenn alle den einzelnen Opfern zugefügten Verletzungen im Merkmal 2 den gleichen Wert erhalten, also etwa gleich schwer sind. Andernfalls ergeben sich Verschiebungen.

Aus dieser Erwägung ist auch die Regel II) zu verstehen: Wenn der Täter 2 Personen tödlich verletzt und ein dritter Verletzter nur Hautabschürfungen erlitten hat, so ergibt sich nach der Regel I, 1): 100; 100; 1.

I, 2): $100 + 100 + 1 = 201$.
I, 3): $201 \cdot 0{,}7\bar{6} \approx 154$[42].

40 Beispiel für 10 verletzte Personen: $10 \cdot 0{,}4 = 4$.

41 Vgl. im Merkmal 6: Anzahl der verletzten Personen: 4
Merkmalswert: 0,65 V: 2,6 (= $4 \cdot 0{,}65$)

42 Der Wert des Merkmals 6 beträgt für 3 verletzte Personen $0{,}7\bar{6}$

Hätte der Täter nur die 2 Personen tödlich verletzt, so wäre er nach diesen Regeln mit 200 Punkten belastet worden. Die – es sei zugestanden – etwas unschöne Regel II) verhindert, daß ihm der dritte nur leicht Verletzte „zugute kommt", indem sie vorschreibt, daß er außer Betracht zu lassen ist. Die Probe, ob diese Regel angewendet werden muß, ist aber nur zu machen, wenn die Verletzungen verschiedener Personen sehr unterschiedlich schwer sind. Hat die Probe ergeben, daß nach Abzug der leichtesten Verletzung keine höhere Punktzahl entsteht, so braucht nicht weiter probiert zu werden. Ergibt sich dagegen eine höhere Punktzahl, so ist die nächstniedrige Verletzung abzuziehen etc.

Die allgemeine Funktion, die das Verhältnis aller Merkmalsstärken zu den zugehörigen Merkmalswerten beschreibt, lautet wie folgt:

$$y = 5 \cdot (1 - e^{-0{,}2232 \cdot x}).$$

Dabei ist „e" die Basis der natürlichen Logarithmen und hat den Wert 2,7183 . . .; „x" gibt die Anzahl der verletzten Personen und „y" die Werte der Skala „V" an. Diese Funktion ist ein Ausdruck für eine ganze Tabelle – ein Ausdruck, der für diese Arbeit nur von geringer Bedeutung ist, für kommende Untersuchungen aber an Relevanz gewinnen kann. Die Angabe der Funktion an dieser Stelle darf nicht zu dem Schluß verleiten, sie sei zuerst entstanden, und durch Einsetzen der Werte und Rechenoperationen sei dann die Tabelle gewonnen worden. Der umgekehrte Weg wurde beschritten: zuerst wurde die Tabelle erstellt und dann die Funktion gesucht, die sie beschreibt.

Die Problematik der Erfolgszurechnung tritt bei diesem Merkmal mit aller Schärfe hervor. Der „Zufall", der häufig die Zahl der Opfer bestimmt[43], darf dem Täter an sich nicht zugerechnet werden. Andererseits unterscheidet sich dieser „Zufall" nicht von jenem, dem es in anderen Fällen zuzuschreiben ist, daß *überhaupt* ein Mensch getötet wurde. Die Problematik ist also dieselbe wie die oben[44] bei Merkmal 2 dargestellte. Es wird daher im Merkmal 6 in Anlehnung an die Praxis ein recht hoher Rabatt gegeben.

Soweit die abstrakte Gefährlichkeit des Verhaltens, das die Verletzungen verursachte, eine hohe Zahl von Verletzten wahrscheinlich machte, ist das im Merkmal 35 (Grad der Fahrlässigkeit) zu bewerten.

Zu Merkmal 8

Hier ist die generelle, abstrakte Gefährlichkeit einer Fahrt zu beurteilen, soweit sie nicht unter die Merkmale 7 (Länge der Fahrt) und 9 (Stärke des Verkehrs) fällt. Ein Indiz für sie ist der Grad der Konzentration, die ein fahrtüchtiger (nüchterner) bzw. fahrberechtigter (mit Fahrerlaubnis fahrender) Fahrer

43 Vgl. BGH VRS 14, 282, 285

44 S. 98

aufwenden muß, um sicher und verkehrsgerecht an sein Ziel zu gelangen. Hier sind also Zustand (und bei Nacht: Farbe) der Fahrbahn (glatt, griffig), Sicht- und Witterungsverhältnisse etc. zu bewerten.

Zu Merkmal 9

Führt eine Fahrt durch Gebiete mit verschiedener Verkehrsdichte, so ist nur der höchste Wert zu berücksichtigen.

Zu Merkmal 10

Soweit der Bußgeldkatalog einen Rahmen gibt, ist dieser allein nach dem Gewicht des Verkehrsverstoßes, nicht aber unter Berücksichtigung persönlicher Umstände oder des entstandenen Schadens auszufüllen. Beide Gesichtspunkte sind zwar für das Strafmaß mitentscheidend, werden aber unter eigenen Merkmalen bewertet. Hier soll nur das objektive Gewicht des Verstoßes selbst beziffert werden.

Falls der Täter nur den § 1 StVO verletzt hat, entfällt das Merkmal 10. Diese Verletzung ist unter Merkmal 35 zu bewerten.

Stehen mehrere Verstöße gegen die StVO in Tateinheit, so ist für jeden Verstoß eine volle Buße nach dem Katalog zuzumessen und dann zu summieren. Da hier die Buße nur ein Berechnungsfaktor für das Strafmaß ist, darf die Verletzung des § 15 II OWiG, die in diesem Vorgehen formal liegt, hingenommen werden.

Zu Merkmal 11

Die Prozentzahl wird nach folgendem Schema errechnet:

1. Man multipliziere die Anzahl der schon verstrichenen Monate mit 100; = (1).
2. Man teile das Produkt (1) durch die Länge der Sperrfrist in Monaten. Das Ergebnis ist die Prozentzahl[45].

Bei mehreren Fahrten – Fortsetzungstat – entscheidet der Zeitpunkt der ersten Fahrt.

Falls der Täter noch nie eine Fahrerlaubnis innehatte:	28 Punkte
Falls die Fahrerlaubnis auf Lebenszeit entzogen ist:	28 Punkte
Falls eine Sperrfrist abgelaufen, eine neue Fahrerlaubnis aber noch nicht erteilt ist:	20 Punkte

45 Es seien z.B. von einer zwölfmonatigen Sperrfrist 9 Monate verstrichen:
1) $9 \cdot 100 = 900$
2) $900 : 12 = 75$
Ergebnis: 75%

Falls die Fahrerlaubnis vorläufig entzogen ist (§ 111a StPO): 28 Punkte

Ist im letzten vor der Tat liegenden Urteil gegen den Täter nur eine Sperrfrist gem. § 42n I, 2 StGB festgesetzt worden, so ist der Berechnung die Zeit von der Rechtskraft des Urteils bis zum Ablauf der Sperrfrist zugrunde zu legen.

Zu Merkmal 13

Hier sei nochmals auf das oben unter Merkmal 2[46] erläuterte Problem des Abstands der einzelnen Merkmalswerte hingewiesen. Führte man hier Merkmalswerte ein, die sich untereinander durch dieselben Faktoren unterschieden, so ergäbe sich eine Reihe mit folgenden ausgewählten Werten:

Merkmals-stärke	Merkmals-wert	Merkmalswert nach gültiger Fassung
1	10	10
41	14,6	50
91	23,6	100
141	38,0	150
191	61,2	200
241	98,5	250
291	159	300
321	211	330
341	256	350
371	340	380
391	412	400

Die Zahl, die um denselben Faktor kleiner als 400 ist, um den sie größer ist als 10, heißt 63,25[47]. Die Zahl, die vom niedrigsten Merkmalswert (10) den Abstand 10 hat (20), ist schon zweimal größer als dieser Wert[48]. Dagegen braucht man an der oberen Grenze des Merkmalsbereiches 390 nur mit 1,026 zu multiplizieren, um die um 10 größere Zahl 400 zu erhalten[49]. Diese Beispiele sollen darauf hinweisen, daß bei der Bewertung eines Sachverhalts nicht nur die absoluten Beträge der Merkmalsstärken bzw. Merkmalswerte zu betrachten sind, sondern auch das Verhältnis dieser Beträge zu den Grenzen des Bereichs.

46 S. 99

47 $10 \cdot 6{,}325 = 63{,}25$; $63{,}25 \cdot 6{,}325 = 400{,}05625$

48 $10 \cdot 2 = 20$

49 $390 \cdot 1{,}026 = 400$

Zu Merkmal 14

Hier dürfen auch solche Verhaltensweisen bewertet werden, in denen unmittelbar eine strafbare Handlung oder eine Ordnungswidrigkeit liegt, wenngleich das nicht so zweifelsfrei hingestellt werden kann, wie es allgemein[50] geschieht. Denn in irgend einer Form wird ja dieses Verhalten – sei es durch Berücksichtigung als Merkmal des milderen Gesetzes bei Tateinheit[51] oder durch gesonderte Bestrafung bei Tatmehrheit – noch einmal gewürdigt, so daß eine Bewertung schon bei § 142 als unzulässige Doppelverwertung angesehen werden könnte. Das Fahren ohne Licht oder mit überhöhter Geschwindigkeit im Verlaufe einer Unfallflucht hat jedoch über den Unrechtsgehalt des Verstoßes gegen die StVO hinaus ein Indizfunktion für den Unrechtsgehalt auch der Unfallflucht. Durch die Bewertung eines solchen Verstoßes im Merkmal 14 wird nicht die Ordnungswidrigkeit geahndet, sondern es wird bestimmt, um wieviel strafwürdiger eine Unfallflucht ist, bei welcher der Täter mit überhöhter Geschwindigkeit davonfährt. Sie ist ein Indiz für die Mittel, mit denen der Täter seinen verbrecherischen Plan durchsetzt, sowie für seine Gesinnung[52]; ihre Berücksichtigung schon bei der Unfallflucht stellt daher keine unzulässige Doppelverwertung dar. Ferner ist das Maß, mit dem das weitere Delikt hier bewertet wird, durch den Bereich des Merkmals 14 begrenzt. Auch insoweit ist also kein Mißbrauch zu befürchten.

Es ist im allgemeinen nicht Aufgabe dieser Arbeit, Rechtsfragen zu entscheiden, die bei der Subsumtion eines Falles unter die Merkmale auftauchen. Eine Erläuterung ist jedoch dann erforderlich, wenn – wie hier – durch die Beispiele für bestimmte Merkmalsstärken eine Entscheidung getroffen wurde, die ohne Begründung den Eindruck erwecken könnte, als gäbe es insoweit keine Probleme.

Zu Merkmal 14/1

Die Multiplikation des Merkmalswertes aus Merkmal 14 mit 0,75 rechtfertigt sich durch die Erwägung, daß dem Täter die Tathandlung selbst schärfer zugerechnet werden muß als dem Anstifter.

Hat der Anstifter sich keine konkreten Vorstellungen über die Ausführung der Tat gemacht und/oder war er mit jeder Fluchtweise einverstanden, so wird für ihn der Merkmalswert des Täters gewählt, multipliziert mit 0,75.

---

50 Vgl. BGH VRS 4, 52, 53/54 (Fahren ohne Licht); zustimmend *Weigelt*, DAR 60, 10, 11 (unter 2.); BGH VRS 32, 437, 439 (Unterlassene Hilfeleistung); *Hoffmann*, Die Verkehrsunfallflucht S. 237/238.

51 Vgl. unten S. 171 und *Bruns*, S. 418 (unter 3.).

52 Ähnlich *Hoffmann*, Die Verkehrsunfallflucht S. 237.

Diese Art der Bewertung hat zur Folge, daß der Exzess des Täters dem Anstifter nicht zugerechnet wird, es andererseits dem Anstifter nicht zugute kommt, wenn der Täter hinter dem Plan des Anstifters zurückbleibt[53].

Zu Merkmal 15

Regeln

Je nach der Höhe des Anteils der Fremdverursachung an der Gesamtverursachung des Unfalls (Skala „Fremdkomponente") wird die Merkmalsstärke bestimmt. Ist also die Verursachung des Unfalls zu 4/10 einem oder mehreren anderen zuzurechnen, so beträgt die Fremdkomponente 0,4, die Merkmalsstärke 6 und der Merkmalswert 0,6.

Falls Mitverschulden nicht nachgewiesen, aber auch nicht auszuschließen ist[54], ist die Höhe dieses nicht auszuschließenden Mitverschuldens zu schätzen. Falls das nicht möglich ist, so ist als Merkmalswert 0,75 einzusetzen.

Erläuterungen

Die hier vorgelegte Methode der SZ wirft Probleme auf, die sich nach der herkömmlichen Methode nicht oder nicht in dieser Schärfe gestellt haben, so hier die Frage nach dem Verhältnis von Fahrlässigkeit zu Mitverschulden. Diese Frage taucht zunächst bei der Behandlung des Merkmalswertes „Mitverschulden" in den Verknüpfungsregeln auf, ferner aber auch bei der Abgrenzung der Tatsachen, die unter dieses Merkmal fallen. Mitverschulden heißt: rechtswidrige Mitverursachung[55] und ist ganz unabhängig vom Grad der Fahrlässigkeit zu bewerten. Ein Umstand, der als Mitverschulden gewertet wird, kann zwar auch den Fahrlässigkeitsvorwurf mindern; er wird aber insoweit nur unter dem Merkmal 35 (Grad der Fahrlässigkeit) berücksichtigt. Die Frage nach der Höhe des Mitverschuldens ist die Frage, welcher Anteil am Erfolg der Straftat einem anderen – und daher nicht dem angeklagten Täter – zuzurechnen ist. Der Grad der Fahrlässigkeit richtet sich dagegen nur nach der vorwerfbaren Sorgfaltspflichtverletzung des Täters – der subjektiven Tatseite –, deren Verhältnis zu dem eingetretenen Erfolg und dem Anteil an dessen Verursachung sehr unterschiedlich sein kann; m.a.W.: Einer groben Fahrlässigkeit entspricht durchaus nicht notwendig ein schwerer Erfolg[56] und ein geringes – oder ganz fehlendes – Mitverschulden anderer. Das muß sich der Richter bei der Bewertung sowohl des Mitverschuldens als auch der Fahrlässigkeit stets vor Augen halten.

53 Vgl. BGHSt 1, 131, 136/137

54 Vgl. hierzu BGH VRS 25, 113, 114; BGH VRS 25, 266, 268 und BGH bei *Martin*, DAR 64, 90, 99 (XII, 6) mwN.

55 Vgl. *Bruns*, S. 386 f mwN.

56 Vgl. *Bockelmann*, ZfVerkehrssicherheit 52, 216, 217/218.

Dementsprechend wird auch das Merkmal 15 in den Verknüpfungsregeln nur mit den Erfolgs-Merkmalen multipliziert[57].

Der Faktoreneigenschaft der Merkmalswerte entspricht der kleine Merkmalsbereich von 0,1 bis 1,0 – Zurechnung des Erfolges je nach Höhe des Mitverschuldens von nur 1/10 bis zur vollen Höhe.

Zu Merkmal 16

Falls mehrere Personen verletzt sind, muß für jede das Merkmal 16 gesondert bewertet werden.

Dieses Merkmal wird nur bei schweren, insbesondere tödlichen Verletzungen relevant. Ein Wert abweichend von 1,0 soll nur dann gewählt werden, wenn in der Person des Verletzten Besonderheiten liegen, welche die Strafwürdigkeit des Täters im Hinblick auf den eingetretenen Erfolg verändern. Es gibt solche für die SZ relevanten Besonderheiten; welche Tatsachengruppen zu berücksichtigen sind und welche außer Betracht bleiben müssen, soll hier nicht erörtert werden. Wichtig ist nur, daß das Merkmal alle Tatsachen erfaßt, die insoweit mitentscheidend für das Strafmaß sein können.

Zu Merkmal 19

Unter diesem Merkmal ist auch der Grad der Tatherrschaft des Gehilfen zu bewerten.

Zu Merkmal 20

Hier können Zwischenwerte gewählt werden, wenn z.B. etwa 50% der übrigen Teilakte wesentlich milder und weitere 25% nur etwas milder zu beurteilen sind. Der Text in der Spalte „Die übrigen Teilakte" erklärt sich folgendermaßen: Bei der fortgesetzten Handlung werden alle Teilakte dergestalt als *eine* Handlung betrachtet, daß unter jedem Merkmal, das bei einem bestimmten Tatbestand – hier regelmäßig § 21 StVG – relevant wird, alle Teilakte durchgemustert werden und diejenige Merkmalsstärke gewählt wird, die der schwersten Verwirklichungsform unter allen Teilakten entspricht. Dadurch ergibt sich ein schwerster – in aller Regel nur gedachter – Teilakt. An ihm werden die übrigen gemessen und gemäß Merkmal 20 bewertet, so daß nach der Multiplikation der Merkmale des schwersten Teilaktes mit dem Merkmalswert 20 eine Art durchschnittlicher Teilakt entsteht.[58]

---

57 Vgl. z.B. unten S. 143

58 Vgl. auch die Verknüpfungsregel und die Erläuterungen dazu unten S. 160

Zu Merkmal 21

Regel I) Ergäbe sich unter Berücksichtigung der Merkmale 20 und 21 eine höhere Punktzahl, wenn der Täter die leichtesten Teilakte nicht begangen hätte, so sind ihm diese nicht zuzurechnen.

Nachdem der schwerste (gedachte) Teilakt durch Merkmal 20 zu einem durchschnittlichen geworden ist, wird die Zahl der Teilakte bewertet, indem der durchschnittliche Teilakt je nach dieser Zahl mit einem unterschiedlichen Faktor multipliziert wird[58].

Hier kann man aus der Spalte „Merkmalswert" ablesen, wie viele Teilakte von den tatsächlich begangenen dem Täter für das Strafmaß zugerechnet werden; hat er z.B. 10 Fahrten ohne Fahrerlaubnis in Fortsetzungszusammenhang unternommen, so werden ihm nur 2 Fahrten voll zugerechnet[59].

Auch ein anderes System wäre denkbar: Man könnte die Merkmale eines jeden Teilaktes genau bestimmen, die Teilakte summieren und dann mit einem Faktor, der kleiner als 1 ist, multiplizieren; dies entspräche dem Vorgehen bei Merkmal 6. Die Skala „Merkmalswert" im Merkmal 21 entspricht der Skala „V" im Merkmal 6[60]. Es ist aber sehr zweifelhaft, ob sich dieses System praktisch bewähren könnte. Denn es bedeutet zumeist schon genüg Mühe, einem Angeklagten nachzuweisen, daß er überhaupt eine bestimmte Anzahl von Fahrten ohne Fahrerlaubnis unter den Voraussetzungen des Fortsetzungszusammenhangs unternommen hat. Über die näheren Umstände der einzelnen Teilakte weiß man meist sehr wenig. Daher liegt es näher, der ungenauen Kenntnis auch eine grobe Schätzung nach Markmal 20 und damit ein System nach Merkmal 21 entsprechen zu lassen.

Die Regel I) hat den gleichen Grund wie die Regel II) bei dem Merkmal 6[61]. Besteht eine fortgesetzte Handlung aus nur 2 Teilakten, einem sehr schweren und einem sehr leichten, so sind 50% der Teilakte wesentlich leichter als der schwerste Teilakt, weshalb sich in Merkmal 20 der Wert 0,7 ergibt. Die Summe der Merkmale des schwersten Teilakts soll beispielsweise 200 sein. Dann ergibt sich als für die Strafe maßgebende Punktzahl:

200 · 0,7 · 1,2[62] = 168[63].

Der Täter steht also besser da, als wenn er nur *einen* Teilakt begangen hätte. Denn dann wären ihm hierfür 200 Punkte zugerechnet worden. Der zweite – leichtere – Teilakt kommt ihm zugute. Dieses Ergebnis verhindert Regel I).

59 Vgl. Merkmal 21, Spalte „Zahl der Teilakte": 10, Spalte „Merkmalswert": 2,0

60 S.o.S. 65 und Erläuterungen S. 103

61 S.o.S. 103

62 Wert aus Merkmal 21 für 2 Teilakte: 1,2

63 $200 \cdot 0{,}7 = 140; 140 \cdot 1{,}2 = 168$.

Die *Merkmale 22 bis 25* werden nur bei der Gesamtstrafenbildung nach § 75 StGB angewendet.

Zu Merkmal 22

Hier hat der Richter zwei Schritte zu vollziehen: Zunächst hat er gemäß Merkmal 22 einen Sachverhalt einer Merkmalsstärke zuzuordnen, z.B. der Merkmalsstärke 7. Dann hat er je nach der Zahl der Taten, die in Tatmehrheit stehen, aus dem Merkmal 25 mit Hilfe der Merkmalsstärke den Merkmalswert zu ermitteln, in unserem Beispiel wäre das bei 3 abzuurteilenden Taten der Wert 0,9025.

Die Tatsachen, die auf die Bewertung im Merkmal 22 Einfluß nehmen können, hat Schweling[65] zusammengestellt. Soweit feststellbar – das wird in der Regel nicht der Fall sein –, ist hier zu bewerten, wie der Entschluß zu den jeweils folgenden Taten zustande kam, ob ein stets neu gefaßter verbrecherischer Wille wirkte – hohe Werte – oder eine Willensschwäche immer wieder derselben Versuchung erlag – niedrige Punktzahl. Man muß aber wohl ausdrücklich davor warnen, hier mit den eingängigen Begriffen „Wille" und „Willensschwäche" ein Urteil zu fällen, das einer rationalen Nachprüfung nicht standhalten kann.

Die *Merkmale 23 und 24* werden im Zusammenhang mit § 75 StGB erläutert werden[66].

Zu Merkmal 25

Die Absonderung der Zahl der Taten in einem eigenen Merkmal dient nur der Vereinfachung. Man könnte statt dessen schon bei den Merkmalen 22, 23 und 24 – ebenso wie hier bei Merkmal 25 – durch verschiedene Merkmalswerte die Anzahl der Taten berücksichtigen.

Zu Merkmal 26

Die Fälle, in denen in der Praxis bei einer Trunkenheitsfahrt Vorsatz nachgewiesen werden kann, sind äußerst gering. Auch der Vorschlag von Ohr[67], häufiger,als es bisher geschieht, Vorsatz anzunehmen, wird wohl nicht die Billigung einer hinreichenden Mehrheit finden. Daher hat das Merkmal 26 weitgehend nur theoretische Bedeutung. Aus den kleinen, gebrochenen Werten ersieht man, daß das Merkmal in den Verknüpfungsregeln als Faktor eingesetzt wird. Die diese Regel stützenden Erwägungen sind vorwiegend pragmatischer Natur: Wer weiß, daß er fahruntüchtig ist, handelt so verwerflich, daß ihm auch die anderen Merkmale der Tat schwerer zugerechnet werden dürfen.

---

65 GA 55, 289, 295/296 lit. a-n.

66 s.u. Seite 189

67 Blutalkohol 68, 124

Auch wird das Schema mit dieser Regel – abweichend von der Praxis – einer Forderung von Bruns[68] gerecht: Ausfüllung des Strafrahmens, der bei § 315c StGB bei Vorsatz 5 Jahre Freiheitsstrafe umfaßt. Man könnte den Strafrahmen zwar auch mit einem sehr großen Summanden ausfüllen; der bewirkte aber lediglich, daß dann beinahe nur noch der Vorsatz bestraft würde – die anderen Komponenten fielen ihm gegenüber kaum ins Gewicht. Dagegen ist die Strafe, wenn der Wert des Merkmals 26 ein Faktor der hier vorgeschlagenen Größe ist, angemessen hoch und trotzdem von dem Gewicht der übrigen Merkmale abhängig.

Zu Merkmal 27

Merkmal 27 ist das einzige Vorsatz-Merkmal für § 21 StVG, obgleich es auch bei dieser Bestimmung nicht nur *ein* Tatbestandselement gibt, auf das sich das Wissen des Täters beziehen muß. Vielmehr muß der Täter wissen, daß er ein Fahrzeug führt, für das er eine Fahrerlaubnis braucht, und daß er keine solche besitzt. In Anbetracht der Seltenheit der Fälle, in denen ein erwachsener Täter glaubhaft vorbringen kann, er habe nicht gewußt, daß eine Fahrerlaubnis erforderlich sei, wird man sich mit einem Merkmal begnügen können, mit dem die Sicherheit des Wissens hinsichtlich aller Tatbestandsmerkmale und auch die Intensität des Willens gemessen wird, sich über das Verbot hinwegzusetzen, soweit in diesem letzten Punkt überhaupt Feststellungen getroffen werden können, die sich nicht auf der Indizwirkung der tatbestandsmäßigen Handlung begründen.

Zu den Merkmalen 28 und 28/1

In Merkmal 28 soll bewertet werden, mit welcher Genauigkeit der Täter das Unfallereignis überhaupt sowie die Höhe des entstandenen Schadens erkannte bzw. erkennen mußte und wie sich die Unfallsituation in seinen Augen abspielte.

Bei Merkmal 28/1 berücksichtigt die unterschiedliche Zuordnung gleicher Erkenntnisgrade wie bei Merkmal 28 zu anderen Merkmalsstärken den generell geringeren Unrechtsgehalt der Anstiftung[69]. Dasselbe gilt für die Merkmale 29 und 30, soweit Anstiftung in Betracht kommt.

Zu Merkmal 30

Hierbei ist auch zu bewerten, in wieweit der Täter wußte oder wissen mußte, daß ihn am Unfall ein Verschulden trifft.

---

68 Vgl. z.B. S. 61.

69 Vgl. die Erläuterungen zu Merkmal 14/1 oben S. 107

Zu Merkmal 33

Zu Merkmal 33/2
Hierbei soll auch die Möglichkeit und Zumutbarkeit, auf andere Verkehrsmittel auszuweichen bzw. zu Fuß zu gehen, bewertet werden.

Zu Merkmal 33/3

Hier ist die Entscheidung, welche Motive welchen Merkmalsstärken zugeordnet werden sollen, besonders schwierig. Umso notwendiger sind eindeutige Vorschriften. Es sei hier erneut betont, daß die Wertzuordnungen Vorschläge sind, auf denen nicht beharrt werden soll. Das Motiv der Furcht, als Täter einer anderen Straftat entdeckt zu werden (Merkmalsstärke 16), bedarf vielleicht noch einer weiteren Differenzierung nach Schwere der zu entdeckenden Tat. Bisher wurde dieses Motiv nur als „nicht strafmildernd" angesehen[70]. Auch über das Motiv der Furcht vor der Blutprobe (Merkmalsstärke 12) wird man sich streiten können. Es wirkt in diesem Vorschlag – wie alle Merkmalswerte über 1,0 – strafschärfend.

Zu Merkmal 33/4

Den einzelnen Merkmalsstärken sollen gleich verwerfliche bzw. lobenswerte Motive entsprechen wie bei Merkmal 33/3. Hier ist nur die Wertzuordnung geändert, um den generell geringeren Unrechtsgehalt der Anstiftung zu berücksichtigen.

Zu Merkmal 34

Die Fahrlässigkeit in Bezug auf das Nichterkennen der Fahruntüchtigkeit wird in der Regel bei anwachsender Blutalkohol-Konzentration schwerer.

Zu Merkmal 35

Hier ist das Verhältnis des Merkmals 35 zum Merkmal 10 zu klären. Wenn das für einen Unfall unmittelbar (mit-)ursächliche Verhalten einen Verstoß gegen die StVO darstellt – ausgenommen § 1 StVO –, so ist es schon unter dem Merkmal 10 bewertet worden. Es ist dann hier nur noch diejenige Fahrlässigkeit zu bewerten, die über die Ordnungswidrigkeit hinausgeht; sie kann in einem weiteren (mit-)ursächlichen Verhalten liegen, in dem kein Verstoß gegen die StVO zu erblicken ist. Ist jedoch für den Unfall ein Verhalten kausal, das nur gegen § 1 StVO verstößt, so wird unter Merkmal 35 die gesamte in diesem Verhalten sich offenbarende Fahrlässigkeit bewertet, weil Verstöße gegen § 1 StVO nicht unter Merkmal 10 fallen[71].

---

70 KG VRS 8, 266, 267/268; *Hoffmann*, Die Verkehrsunfallflucht S. 238

71 S.o.S. 105

Es ist also durchaus möglich, daß die gesamte Fahrlässigkeit schon unter dem Merkmal 10 bewertet wurde. Dann erhält das Merkmal 35 0 Punkte. Es ist andererseits aber auch möglich, daß unter gewissen Umständen der in dem Verstoß gegen die StVO liegende Grad an Fahrlässigkeit größer ist, als es der Wert des Merkmals 10 ausdrückt, welcher der aus dem Bußgeldkatalog entnommenen Buße entspricht. Dieses überschießende Maß an Fahrlässigkeit ist dann unter Merkmal 35 zu bewerten.

Für den Grad der Fahrlässigkeit ist die allgemeine Gefährlichkeit des Verhaltens, das zum Erfolg geführt hat, ein Indiz, wie z.B. Fahren mit einem technisch mangelhaften Fahrzeug. Je gefährlicher das Verhalten ist, desto größer ist in der Regel die Fahrlässigkeit. Mangelnde Erfahrung im Verkehr mindert nicht notwendig den Fahrlässigkeitsvorwurf[72]. Im übrigen kann hier aber eine fehlende oder große Fahrpraxis bewertet werden.

Die Fahrlässigkeit wird unabhängig vom Mitverschulden Dritter bewertet[73]. Schwierigkeiten wirft die Frage nach dem Grad der Fahrlässigkeit bei einem alkoholisierten Täter auf. Man wird auch ihn an seiner Fahrfähigkeit in nüchternem Zustand messen müssen und danach den Fahrlässigkeitsvorwurf zu bestimmen haben. Andernfalls könnte er sich immer auf seine Alkoholbeeinflussung berufen, für die er ja noch recht gut reagiert habe. Und das Argument „Ich fahre aber immer so schlecht", mit welchem er dem an den nüchternen Zustand anknüpfenden Fahrlässigkeitsvorwurf entgehen könnte, müßte glaubhaft gemacht werden, was wahrscheinlich nur selten gelingen wird.

Zu Merkmal 36

Regeln

1. Um zu berechnen, wie lange eine Vorstrafe zurückliegt, sind die jeweiligen Tat-Zeitpunkte zu vergleichen. Nur wenn der Zeitpunkt der Tat, welche der Vorstrafe zugrunde liegt, nicht ohne unverhältnismäßigen Aufwand ermittelt werden kann, gilt für diese Tat der Verurteilungszeitpunkt.

2. Einschlägige Verurteilungen sind solche nach demselben Tatbestand, nach dessen Privilegierung und Qualifizierung. Ferner sind zu §§ 316 und 315c I Nr. 1a StGB auch die Tatbestände des § 330a StGB und § 2 StVZO einschlägig, soweit sie beim Führen von Kraftfahrzeugen im öffentlichen Straßenverkehr begangen sind. Analog sind für diese Fälle des § 330a StGB auch die §§ 316 und 315c I Nr. 1a StGB einschlägig etc. Dasselbe gilt für das Verhältnis der §§ 222 und 230 StGB, soweit sie bei der Teilnahme am Straßenverkehr verwirklicht wurden. Kann ein Delikt im Straßenverkehr vorsätzlich und fahrlässig begangen werden, dann ist auch die fahrlässige Begehungsweise zur vorsätzlichen einschlägig und umgekehrt. Das wird bei § 21 StVG wichtig.

---

72 BGH VRS 34, 272, 273/274

73 S.o.S. 108

Bei Vorsatzdelikten ist die Teilnahme im Verhältnis zur alleinigen Begehung einschlägig und – umgekehrt – die alleinige Begehung auch zur Teilnahme.

3. Falls eine Vorstrafe für mehrere in Idealkonkurrenz stehende Tatbestände verhängt wurde, gelten folgende Regeln:

a) Für den Tatbestand, der als schwerer Tatbestand für die Bildung des Strafrahmens maßgeblich war, wird die Hälfte der verhängten Strafe als Vorstrafe gerechnet.

b) Die übrigen Tatbestände werden bewertet, als seien für sie bis zu 399 DM Geldstrafe oder, soweit Geldstrafe ausgeschlossen war, weniger als 2 Monate Freiheitsstrafe verhängt worden.

c) Falls der für die Bildung des Strafrahmens maßgebliche Tatbestand nicht erkennbar ist, weil die Strafrahmen der konkurrierenden Tatbestände gleich groß sind – z.B. § 21 I StVG und § 316 StGB –, so gilt:

(1) Falls beide Tatbestände nicht einschlägig oder beide einschlägig sind (weil auch die abzuurteilende Tat sie in Idealkonkurrenz enthält), ist der „für die Bildung des Strafrahmens maßgebliche Tatbestand" beliebig zu wählen und dann nach a), b) zu verfahren.

(2) Ist ein Tatbestand einschlägig und der andere nicht, so ist der nicht einschlägige als der „schwere", d.h. der für die Bildung des Strafrahmens maßgebliche, Tatbestand anzusehen und dann nach a), b) zu verfahren.

d) Übertretungen, die ideal konkurrieren, werden nicht berücksichtigt, so daß die gesamte verhängte Strafe als für das Vergehen verhängt angesehen wird.

e) Bei sogenannter gleichartiger Idealkonkurrenz – z.B. mehrere durch *eine* Handlung verletzte Personen – wird die Verurteilung als einmalige Gesetzesverletzung angesehen und die tatsächlich verhängte Strafe bewertet.

Diese etwas komplizierten Regeln für die Berechnung von Vorstrafen für ideal konkurrierende Straftaten sind erforderlich, damit der Täter nicht dadurch besser oder schlechter gestellt wird, daß eine Strafe, deren Höhe durch zwei oder mehrere Tatbestände bestimmt wurde, als von nur einem Tatbestand herrührend angesehen wird und die konkurrierenden Delikte außer Acht gelassen werden.

4. Falls die *abzuurteilende* Tat mehrere Tatbestände in Idealkonkurrenz enthält, bei denen die Vorstrafen, stünden die Tatbestände allein, unterschiedlich gewichtet, würden[74], so sind die einschlägigen Vorstrafen für jeden konkurrierenden Tatbestand mit dem Gewicht zu versehen, das sie hätten, wenn der Tatbestand allein verwirklicht wäre, also z.B. bei Idealkonkurrenz von §§ 222 StGB und 21 StVG Vorstrafen nach § 222 StGB mit dem Gewicht 9, nach § 21 StVG mit 7. Die für beide Tatbestände nicht einschlägigen Delikte sind

74 Z.B. § 222 StGB: Gewicht des Merkmals 36: 9 (s.u.S. 143) und § 21 StVG: Gewicht des Merkmals 36: 7 (s.u.S. 158).

mit dem schwereren Gewicht zu versehen – gemäß der allgemeinen Regel für Idealkonkurrenz[75]. So erhielte in dem Beispiel der Idealkonkurrenz von §§ 222 StGB und 21 StVG eine Vorstrafe nach § 316 StGB das Gewicht 9.

Der Grund für diese Regelung ist eine Billigkeitserwägung: Versähe man die Vorstrafen, die im Verhältnis zum leichteren Delikt einschlägig sind, mit dem Gewicht des schwereren Deliktes – wie es nach der allgemeinen Regel für Idealkonkurrenz richtig wäre –, dann wäre der Täter doppelt benachteiligt: Zum einen wirkt die Vorstrafe schwerer, weil sie einschlägig ist; zum anderen wird sie mit dem schwereren Gewicht eines Tatbestandes gewichtet, für den sie nicht einschlägig ist. Man muß sie also billigerweise entweder als nicht einschlägig ansehen und schwer bewerten oder sie – mit leichter Bewertung – als einschlägig betrachten. Hier wurde die zweite Alternative gewählt, weil die Einschlägigkeit einer Vorstrafe als ein wichtigeres Merkmal erscheint.

5. Falls die Vorstrafe eine Gesamtstrafe für mehrere in Realkonkurrenz stehende Taten ist, wird jede Einzelstrafe gesondert bewertet.

6. Zu den Merkmalsstärken 8, 10, 17, 19, 23, 25, 30, 32, 34, 36, 41, 43: Die allgemeine Vorstrafe darf nicht länger als 7 Jahre zurückliegen. Im übrigen werden Schwere, Anzahl und Alter von nicht verkehrsrechtlichen Vorstrafen nicht berücksichtigt.

Erläuterungen
Die SZs-Relevanz der Vorstrafen – als für die SZ wichtigster Teil des Vorlebens des Täters und damit als wesentliches Indiz für die Persönlichkeitsbewertung – ist allgemein anerkannt[76]. Der Strafregisterauszug und die Eintragungsmitteilungen des Kraftfahrt-Bundesamtes sind meistens die einzigen Informationen, die ein Verkehrsrichter über das „Vorleben" eines Angeklagten hat.

Gerade bei den Vorstrafen liegt es nahe, Bewertungsvorschriften aufzustellen, weil sie in festen Zahlen ausgedrückt werden und eine unterschiedliche Beurteilung besonders leicht den Anschein der Ungerechtigkeit erweckt. Damit ist nicht behauptet, daß auf jeden Täter dieselbe vorangegangene Tat und Vorstrafe in gleicher Weise wirkte; es ist nur gesagt, daß der Richter, der nicht feststellen kann, ob und wie eine früher verhängte Strafe auf den Täter gewirkt hat, und deshalb bei seinem Urteil nur von der Existenz dieser Strafe ausgeht, die Vorstrafen stets nach demselben Maßstab bewerten sollte.

Die Differenz der Merkmalswerte beträgt in der Regel 2. Die Reihe der Werte steigt also gegen Ende langsamer an als zu Anfang. Ein „Faktoren-Abstandssystem", bei dem jeder Merkmalswert, mit einem gewissen je gleichen Faktor

75 S.u.S. 171

76 vgl. *Bruns*, S. 504 ff; *Zipf*, S. 125, 203 f

multipliziert, den nächsten Wert ergibt, würde jedoch kleine und länger zurückliegende Vorstrafen nur kaum merkbar ins Gewicht fallen lassen[77].

Nicht verkehrsrechtliche Vorstrafen werden nur dann berücksichtigt, wenn schon eine verkehrsrechtliche Vorstrafe von mehr als 2 Monaten Freiheitsstrafe gegeben ist[78]. Es darf als nachgewiesen gelten, daß „Allgemein"-Kriminelle eine größere Neigung auch zu Verkehrsdelikten haben als Verkehrsteilnehmer, die strafrechtlich noch nicht in Erscheinung getreten sind[79]. Diese Tatsache stützt die Annahme einer strafschärfenden Wirkung auch nicht verkehrsrechtlicher Vorstrafen unter dem Gesichtspunkt größerer Abschreckungs- und Besserungsbedürftigkeit. Diese Auffassung wird auch in der Rechtsprechung der Instanzgerichte vielfach vertreten. Das Schema billigt den allgemeinen Vorstrafen einen geringen Einfluß zu, der aber erst dort einsetzen soll, wo es sich um beträchtliche verkehrsrechtliche Vorstrafen handelt.

Zu Merkmal 37

Nach allgemeiner Auffassung[80] ist das Verhalten nach der Tat für die SZ von Bedeutung. Insoweit besteht auch nach dem Schema noch ein Ermessensspielraum für den Richter. Das widerspricht jedoch nicht dem Gedanken der hier vorgeschlagenen Systematisierung; denn für das System wichtig sind die Ausfüllungsmöglichkeit des Merkmals durch die Rechtsprechung und die Begrenzung des Einflusses des Verhaltens nach der Tat auf die Strafe[81]. Elmar Müller[82] beklagt das übermäßige Gewicht, das dem Verhalten nach der Tat vielfach beigemessen wird. Auch er ist im wesentlichen auf Mutmaßungen angewiesen, die er den relativ gefaßten Urteilsgründen entnimmt. Nach dem Schema wird jedoch feststehen: Auch das beste Verhalten kann die Strafe um nicht mehr als 1/5 mindern[83], und der verstockteste Angeklagte weiß, daß er sich mit seinem Verhalten nur der Gefahr einer Strafe aussetzen kann, die höchstens um gut ein Viertel[84] über der Strafe liegt, die für ein indifferentes Verhalten verhängt würde.

---

77 Vgl. die ausführliche Darstellung dieser Problematik oben S. 99

78 Vgl. die Merkmalsstärken 8, 10, 17, 19, 23, 25, 30, 32, 34, 36, 41, 43.

79 *Middendorf*, Die kriminologische Prognose S. 114; 2. deutscher Verkehrsgerichtstag S. 188, 191; 5. deutscher Verkehrsgerichtstag S. 54, 63; *Tröndle*, 5. deutscher Verkehrsgerichtstag S. 67, 69.

80 Vgl. statt vieler *Bruns*, S. 517 ff.

81 Zu diesen Wirkungen vgl. oben S. 44

82 ZfVerkehrssicherheit 60, 291, 296/298/299, 301.

83 Der niedrigste Wert des Merkmals 37 ist 0,8 = 4/5 von 1. Warum dies auch einer maximalen Strafminderung um 1/5 gleichkommt, kann erst bei der Erläuterung der Verknüpfungsregeln (unten S. 148) erklärt werden.

84 Der höchste Merkmalswert ist 1,275. 1,25 = 1 1/4; vgl. im übrigen Fußnote 83).

Welches Verhalten relevant ist und welches nicht, ob und ggf. wann Nachtrunk erschwerend wirkt – diese z.T. sehr schwierigen Fragen sind hier nicht zu erörtern[85]. Die Geistesarbeit, die bisher auf ihre Beantwortung verwendet worden ist, wird aber erst dann wirklich effektiv, wenn die dabei gefundenen Antworten in Zahlen umgesetzt werden können und sich nicht mehr in relativ wirkenden und daher für das Strafmaß letztlich unverbindlichen Aussagen erschöpfen.

Zu Merkmal 37/1

Da keine Rechtspflicht zur Selbstanzeige besteht und das Unterlassen der Meldung bei der Polizei die SZ nicht beeinflussen darf[86], wurde diesem Verhalten die Merkmalsstärke 9 und damit der Merkmalswert 1,0 zugeordnet, der bewirkt, daß die übrigen Tatkomponenten durch das Nachtatverhalten weder erhöht noch gemindert werden. Dagegen ist das zielstrebige Bemühen, als Täter nicht entlarvt zu werden, strafschärfend zu berücksichtigen[87].

Zu Merkmal 38

Der Schaden, den der Täter selbst bei der Tat erlitten hat, ist unbestritten für die SZ relevant[88], wenn auch seine Wirkung nicht überschätzt werden darf[89]; die von Laum[90] untersuchten Urteile bewerten den Eigenschaden nur gering.

Im hier vorgelegten Vorschlag kann die Strafe äußerstenfalls auf die Hälfte gemildert werden[91]. Dies gilt jedoch nur bei Verletzungen des Täters selbst. Die Bewertung der Verletzungen naher Angehöriger wird weiter unten[92] erklärt werden.

---

85 Vgl. auch hierzu sehr informativ *Bruns*, S. 517 ff, für den Nachtrunk S. 531 ff mwN. Zum Nachtrunk ferner BGHSt 17, 143 = DAR 62, 182; OLG Hamm VRS 32, 257, 259; OLG Saarbrücken VRS 24, 30 (für Dauer der Sperrfrist); *Meier-Branecke*, 3. deutscher Verkehrsgerichtstag, 119, 131/132 (unter c)

86 BGH VRS 5, 367/368

87 Vgl. Merkmalsstärke 20 mit Merkmalswert 1,275 und *Hoffmann*, Die Verkehrsunfallflucht S. 236 mwN.

88 Vgl. *Bruns*, S. 368/369;

89 *Händel*, Die Polizei – Polizeipraxis 59, 334, 336

90 Die richterliche SZ S. 81: „Die Schwere der eigenen Unfallfolgen (gemeint ist der Eigenschaden, d. Verf.) *scheint* sich . . . nur geringfügig auszuwirken." Wäre die Strafe schon nach der Methode des Schemas zugemessen, so brauchte die Aussage über die Wirkung des Eigenschadens nicht so vorsichtig formuliert zu sein, sondern dann könnte genau angegeben werden, wie stark der Eigenschaden ins Gewicht fiel.

91 Der niedrigste Merkmalswert beträgt 0,5; vgl. im übrigen Fußnote 83 und unten S. 148

92 Siehe Vorschrift 3 (S. 128) und die Erläuterung dazu (S. 142).

Der Wert des Merkmals 38 erscheint als Faktor in den Verknüpfungsregeln. Dies kommt der Forderung nach, daß gerade bei hohen Strafen der Eigenschaden stark ins Gewicht fallen muß. Ginge der Eigenschaden als Summand in die Verknüpfungsregeln ein, so könnte schon ein kleiner Schaden eine geringe Strafe auf die Mindeststrafe reduzieren, während auch ein großer Schaden eine hohe Strafe nicht in einem Maße minderte, die der Höhe des Schadens angemessen wäre[93].

Zu Merkmal 39

Eigenschaden ist nur der Schaden an Sachen, die im Eigentum des Täters selbst stehen. Bei Schäden an mehreren Sachen ist erst der Gesamtschaden zu ermitteln, dann diesem Betrag eine Merkmalsstärke zuzuordnen.

Der Schaden, der durch eine Kaskoversicherung abgedeckt ist, ist kein Eigenschaden. Diese Regel ist sachlich gerechtfertigt, obwohl es bei dem Merkmal 3 keine entsprechende Regel für Fremdschäden gibt, die von einer Haftpflichtversicherung getragen werden. Die SZs-Relevanz des Merkmals 3 ergibt sich aus der Erwägung, daß dem Täter die Vernichtung von Vermögenswerten zugerechnet werden soll – gleichgültig, wem die Werte gehören und von wem sie zu ersetzen sind. Der SZs-Relevanz des Eigenschadens liegt dagegen der Gedanke zugrunde: „Der ist schon genug gestraft". Der Eigenschaden ist ein Indiz für fehlende Präventionsbedürftigkeit, der Fremdschaden erhöht die „Tatschuld". Soweit nun ein Schaden, der den Täter getroffen hat, von einer Versicherung getragen wrid, ist der Täter nicht „schon gestraft".

Ob dem Täter der von ihm verschuldete Fremdschaden als Eigenschaden zuzurechnen ist, wenn das von ihm gesteuerte Fahrzeug nicht versichert war und er selbst den Schaden regulieren muß und reguliert, ist eine Rechtsfrage, die – soll dieses Schema einmal angewendet werden – mit bindender Wirkung beantwortet werden muß. Die Existenz des § 6 PflVG, der das Benutzen eines nicht versicherten Fahrzeuges unter Strafe stellt, spricht wohl dagegen, in solchen Fällen Eigenschaden anzunehmen. Für das gegenwärtige System der SZ ist jedoch die Beantwortung dieser Frage nicht so wichtig wie für dieses Schema, weil dort die Auswirkung solcher Regeln auf das Strafmaß nicht nachprüfbar ist.

Zu Merkmal 40

Regeln zur Berechnung des Einkommens

1) Zugrunde zu legen ist das monatliche Nettoeinkommen.

---

93 Allgemein zur Eigenart faktorieller im Gegensatz zu additiver Bewertung vgl. oben S. 95

2) Für Verheiratete sind, falls nicht auch der Ehepartner verdient, 200 DM, für jedes Kind, das selbst noch kein Einkommen hat, 100 DM und für jede sonst unterstützte Person 3/4 dessen abzuziehen, was der Täter im Durchschnitt monatlich aufwendet.
3) Hohe Schulden sind nach freiem Ermessen zu bewerten. Vermögen ist zu bewerten, soweit daraus Einkünfte erwachsen.
4) Das Einkommen ist auf volle 100 DM abzurunden.

Erläuterungen

Die hinter dem Komma mehrstelligen Dezimalzahlen sind aus der Funktion

$$y = \frac{x}{3200} + 1$$

gebildet. In der Funktion ist „x" die Höhe des Einkommens, „y" ist die Merkmalszahl. Diese Funktion gilt für alle „x" von 600 bis 4800. Die ganze Tabelle könnte also in die kurze Form gefaßt werden:

Für „x" < 600: $y = 1{,}0$

Für $600 \leq x \leq 4800$: $y = \frac{x}{3200} + 1.$

Für $x > 4800$: $y = 2{,}5.$

Setzt man in dieser Funktion für „x" verschiedene Werte ein, so ergibt sich als „y" die Skala „Merkmalswert" aus Merkmal 40. Diese Funktion – das sei erneut betont – ist nicht aus allgemeinen Maximen mit zwingendlogischer Notwendigkeit abgeleitet, sondern ihr liegen Wertungen zugrunde; z.B. die folgende: Wer 800 DM monatlich verdient, soll für eine Tat ceteris paribus mit einer um 25% höheren Geldstrafe belegt werden als derjenige, der weniger als 600 DM verdient. Aus einer Reihe solcher Wertungen ergab sich schließlich die Tabelle in groben Werten. Aus ihnen wurde die Funktion abgeleitet, die wiederum die genaueren Werte lieferte.

Zu Merkmal 41

Die Merkmalsstärken 1 bis 19 sind nur dann zu wählen, wenn wirklich positive Anzeichen für eine besondere Empfindlichkeit gegenüber einer Freiheitsstrafe vorliegen.

Zu Merkmal 42

Die Dauer einer Freiheitsstrafe soll auch davon abhängen, wie sehr sich der Täter von ihrem Vollzug beeinflussen läßt. Der Richter soll seine Vorstellung von dem, was der Täter als strafe „braucht" (im Gegensatz zu dem, was er nach der Tatschuld als Strafe „verdient")[94], in die Zahlen dieses Merkmals um-

94 Vgl. die Unterscheidung *Dünnebiers* in Protokolle 12. Bd. S. 49.

setzen. Hier ist auch Platz für die Bewertung des häufig zitierten „Eindrucks vom Angeklagten in der Hauptverhandlung".

Zu Merkmal 43

Der Täter empfindet das Fahrverbot oder die Entziehung der Fahrerlaubnis als Strafe. Sie trifft denjenigen härter, der zum Erwerb des Lebensunterhaltes täglich sein Fahrzeug führen muß und keine Ausweichmöglichkeit hat, als den bloßen „Sonntagsfahrer". Diesen Unterschieden wird durch das Merkmal 43 Rechnung getragen[95]. Es darf hier aber nicht das Bedürfnis Dritter (Arbeitgeber) an dem Bestand der Fahrerlaubnis bewertet werden[96]. Jedoch sind auch die wirtschaftlichen Verhältnisse des Täters zu berücksichtigen, da sie meistens ein Indiz für die Möglichkeit des Ausweichens auf andere Verkehrsmittel (Taxi etc.) sind.

Das *Merkmal 43/1* wird unten[97] bei § 75 StGB erläutert werden.

Zu den Merkmalen 44 und 45

Diese Merkmale haben nur Bedeutung für die Frage der Strafaussetzung zur Bewährung. Sie sollen solche Umstände und Veränderungen erfassen, die – über die für das Strafmaß relevanten Umstände hinaus – gerade für die Fragen der Straufaussetzung eine mildere Beurteilung rechtfertigen. Sie können, da ihr Höchstwert 1,0 ist, nicht verschlechternd für den Täter wirken.

2.3. Die Allgemeinen Entscheidungsregeln

Ist ein Fall nach den soeben erläuterten Merkmalen bewertet worden, so ist nur noch Rechenarbeit zu leisten, deren Regeln im folgenden aufzustellen und zu erklären sind. Zunächst werden die gefundenen Merkmalswerte nach den Vorschriften der – für jeden Tatbestand verschiedenen – Verknüpfungsregeln zu einer Zahl (der Strafrohzahl) zusammengefaßt[98]. Die Auswahl der für einen Tatbestand anzuwendenden Merkmale und die Verknüpfungsvorschriften werden weiter unten[99] dargestellt. Zunächst werden die – für alle Tatbestände gleichen – „Allgemeinen Entscheidungsregeln", nach denen sich aus der Strafrohzahl die Strafe errechnet, sowie einige andere allgemein gültige Vorschriften aufgestellt und erläutert.

95 Vgl. *Schoene*, NJW 68, 635, 636 unter Berufung auf OLG Stuttgart vom 1.2.1967, 1 Ss 25/67.

96 OLG Köln VRS 33, 105

97 S. 190

98 Vgl. das Beispiel oben S. 13

99 S. 143 ff

Allgemeine Entscheidungsregeln

1) a · b + c · d + . . . + m = Strafrohzahl (SRZ)

2) SRZ · „41"[100] = (2)

3) Einschlägige Verurteilung im ersten oder zweiten Jahr vor der Tat?

ja

4) (2) ≥ 4500?

ja

19) Springe zu 6)

nein

16) SRZ · „40" · 2/3 = Geldstrafe in DM

17) SRZ · „42" : 30 = Ersatzfreiheitsstrafe in Tagen

18) Springe zu 12)

nein

5) (2) ≥ 5400?

ja

6) SRZ · „42" : 30 = Freiheitsstrafe in Tagen = (6)

7) (6) > 730 Tage (= 2 Jahre)?

ja

14) Keine Strafaussetzung; springe zu 12)

nein

8) „36"[101] · „37" · „38" · „39" · „41" · · „44" · „45" = (8)

9) (8) > 35?

ja

15) keine Strafaussetzung; springe zu 12)

nein

10) Strafaussetzung; liegt § 24a Abs. 3 vor?

ja

10/1) Springe zu 11)

nein

10/2) SRZ · „40" · 4/9 = Geldbetrag gem. § 24a II Nr. 2 in DM

11) Bewährungszeit aus (8) gem. Vorschrift 1

nein

20) Springe zu 16)

12) SRZ · „43" = (12)

13) Fahrverbot oder Entzug der Fahrerlaubnis und Sperrfrist aus (12) gem. Vorschrift 2.

100 In den Allgemeinen Entscheidungsregeln werden sowohl Merkmals-Kenn-Nummern als auch Zahlen als Rechengrößen verwendet. Zur Unterscheidung werden die Kenn-Nummern in Anführungszeichen („ ") gesetzt.

101 Hier ist – ausnahmsweise – die Merkmals*grund*zahl einzusetzen.

2.4. Sonstige Vorschriften

Vorschrift 1

Nach dieser Vorschrift wird die Dauer der Bewährungszeit bemessen. Sie wird weiter unten[102] bei der Erklärung der Entscheidungsregeln erläutert.

Produkt (8)	*Bewährungszeit in Jahren*
≤ 23	2
24–27	3
28–31	4
32–35	5

Es folgen die Vorschriften, nach denen Fahrverbot, Entziehung der Fahrerlaubnis und Sperrfristen bemessen werden. Auch sie werden erst unten[103] bei der Erläuterung der Entscheidungsregeln erklärt.

Vorschrift 2/1

1) Alle Fälle außer § 42n III StGB

Betrag von (12)	*Maßnahmen*
< 100	Keine Maßnahme
100–174	1 Monat Fahrverbot
175–249	2 Monate Fahrverbot
250–539	3 Monate Fahrverbot
≥ 540	Entzug der Fahrerlaubnis

Es gilt die Formel

$$\frac{(12)}{90} = \text{Sperrfrist in Monaten.}$$

Daraus folgt: Falls (12) = 5400: 5 Jahre Sperrfrist[104].

Falls (12) $\geq$ 7560: Entzug der Fahrerlaubnis auf Lebenszeit.

2) Fall des § 42n III StGB

Betrag von (12)	*Maßnahmen*
< 100	1 Monat Fahrverbot
100–174	2 Monate Fahrverbot
175–539	3 Monate Fahrverbot
≥ 540	Entzug der Fahrerlaubnis

102 S. 137

103 S. 137

104 5400 : 90 = 60. 60 Monate = 5 Jahre.

Es gilt die Formel

$$\frac{(12)}{90} + 6 = \text{Sperrfrist in Monaten.}$$

Daraus folgt: Falls (12) = 4860: 5 Jahre Sperrfrist[105]

Falls (12) $\geq$ 6804: Entzug der Fahrerlaubnis auf Lebenszeit.

Vorschrift 2/2

1) Alle Fälle außer § 42n III StGB

Betrag von (12)	*Maßnahmen*
< 750	Keine Maßnahme
750–1499	1 Monat Fahrverbot
1500–2249	2 Monate Fahrverbot
2250–3599	3 Monate Fahrverbot
≥ 3600	Entzug der Fahrerlaubnis

Es gilt die Formel

$$\frac{(12)}{200} - 12 = \text{Sperrfrist in Monaten.}$$

Daraus folgt: Falls (12) = 14.400: 5 Jahre Sperrfrist.

Falls (12) $\geq$ 20.160: Entzug der Fahrerlaubnis auf Lebenszeit.

2) Fall des § 42n III StGB

Betrag von (12)	*Maßnahmen*
< 300	Keine Maßnahme
300– 899	1 Monat Fahrverbot
900–1499	2 Monate Fahrverbot
1500–3599	3 Monate Fahrverbot
≥ 3600	Entzug der Fahrerlaubnis

Es gilt die Formel

$$\frac{(12)}{200} - 6 = \text{Sperrfrist in Monaten.}$$

Daraus folgt: Falls (12) = 13.200: 5 Jahre Sperrfrist.

Falls (12) $\geq$ 18.480: Entzug der Fahrerlaubnis auf Lebenszeit.

105 4860 : 90 = 54; 54 + 6 = 60; 60 Monate = 5 Jahre

Vorschrift 2/3

1) Alle Fälle außer § 42n III StGB

Betrag von (12)	*Maßnahmen*
< 300	Keine Maßnahme
300–399	1 Monat Fahrverbot
400–499	2 Monate Fahrverbot
500–699	3 Monate Fahrverbot
≥ 700	Entzug der Fahrerlaubnis

Es gilt die Formel

$$\frac{(12)}{100} - 1 = \text{Sperrfrist in Monaten.}$$

Daraus folgt: Falls (12) = 6100: 5 Jahre Sperrfrist.

Falls (12) ≥ 8540: Entzug der Fahrerlaubnis auf Lebenszeit.

2) Fall des § 42n III StGB

Betrag von (12)	*Maßnahmen*
< 200	Keine Maßnahme
200–299	1 Monat Fahrverbot
300–399	2 Monate Fahrverbot
400–699	3 Monate Fahrverbot
≥ 700	Entzug der Fahrerlaubnis

Es gilt die Formel

$$\frac{(12)}{100} + 5 = \text{Sperrfrist in Monaten.}$$

Daraus folgt: Falls (12) = 5500: 5 Jahre Sperrfrist.

Falls (12) ≥ 7700: Entzug der Fahrerlaubnis auf Lebenszeit.

Vorschrift 2/4

1) Alle Fälle außer § 42n III StGB

Betrag von (12)	*Maßnahmen*
< 300	Keine Maßnahme
300–399	1 Monat Fahrverbot
400–499	2 Monate Fahrverbot
500–959	3 Monate Fahrverbot
≥ 960	Entzug der Fahrerlaubnis

Es gilt die Formel

$$\frac{(12)}{160} = \text{Sperrfrist in Monalten.}$$

Daraus folgt: Falls (12) = 9600: 5 Jahre Sperrfrist.

Falls (12) ≥ 13.440: Entzug der Fahrerlaubnis auf Lebenszeit.

2) Fall des § 42n III StGB

Betrag von (12)	*Maßnahmen*
< 200	Keine Maßnahme
200–299	1 Monat Fahrverbot
300–399	2 Monate Fahrverbot
400–959	3 Monate Fahrverbot
≥ 960	Entzug der Fahrerlaubnis

Es gilt die Formel

$$\frac{(12)}{160} + 6 = \text{Sperrfrist in Monaten.}$$

Daraus folgt: Falls (12) = 8.640: 5 Jahre Sperrfrist.

Falls (12) ≥ 12.096: Entzug der Fahrerlaubnis auf Lebenszeit.

Vorschrift 2/5

1) Alle Fälle außer § 42n III StGB

Betrag von (12)	*Maßnahmen*
< 200	Keine Maßnahme
200–324	1 Monat Fahrverbot
325–449	2 Monate Fahrverbot
450–719	3 Monate Fahrverbot
≥ 720	Entzug der Fahrerlaubnis

Es gilt die Formel

$$\frac{(12)}{120} = \text{Sperrfrist in Monaten.}$$

Daraus folgt: Falls (12) = 7200: 5 Jahre Sperrfrist.

Falls (12) ≥ 10.080: Entzug der Fahrerlaubnis auf Lebenszeit.

2) Fall des § 42n III StGB

Betrag von (12)	*Maßnahmen*
< 99	Keine Maßnahme
100–199	1 Monat Fahrverbot
200–299	2 Monate Fahrverbot
300–719	3 Monate Fahrverbot
≥ 720	Entzug der Fahrerlaubnis

Es gilt die Formel

$$\frac{(12)}{120} + 6 = \text{Sperrfrist in Monaten.}$$

Daraus folgt: Falls (12) = 6480: 5 Jahre Sperrfrist.

Falls (12) ≥ 9072: Entzug der Fahrerlaubnis auf Lebenszeit.

Vorschrift 2/6

1) Alle Fälle außer § 42n III StGB

Betrag von (12)	*Maßnahmen*
< 800	Keine Maßnahme
800–1199	1 Monat Fahrverbot
1200–1599	2 Monate Fahrverbot
1600–2399	3 Monate Fahrverbot
≥ 2400	Entzug der Fahrerlaubnis

Es gilt die Formel

$$\frac{(12)}{200} - 6 = \text{Sperrfrist in Monaten.}$$

Daraus folgt: Falls (12) = 13.200: 5 Jahre Sperrfrist.

Falls (12) ≥ 18.480: Entzug der Fahrerlaubnis auf Lebenszeit.

2) Fall des § 42n III StGB

Betrag von (12)	*Maßnahmen*
< 500	Keine Maßnahme
500– 899	1 Monat Fahrverbot
900–1299	2 Monate Fahrverbot
1300–2399	3 Monate Fahrverbot
≥ 2400	Entzug der Fahrerlaubnis

Es gilt die Formel

$$\frac{(12)}{200} = \text{Sperrfrist in Monaten.}$$

Daraus folgt: Falls (12) = 12.000: 5 Jahre Sperrfrist.

Falls (12) ≥ 16.800: Entzug der Fahrerlaubnis auf Lebenszeit.

Vorschrift 2/7

1) Alle Fälle außer § 42n III StGB

Betrag von (12)	*Maßnahmen*
< 300	1 Monat Fahrverbot
300– 599	2 Monate Fahrverbot
600–1199	3 Monate Fahrverbot
≥ 1200	Entzug der Fahrerlaubnis

Es gilt die Formel

$$\frac{(12)}{150} - 2 = \text{Sperrfrist in Monaten.}$$

Daraus folgt: Falls (12) = 9300: 5 Jahre Sperrfrist.

Falls (12) ≥ 13.020: Entzug der Fahrerlaubnis auf Lebenszeit.

2) Fall des § 42n III StGB

Betrag von (12)	*Maßnahmen*
< 300	2 Monate Fahrverbot
300–1199	3 Monate Fahrverbot
≥ 1200	Entzug der Fahrerlaubnis

Es gilt die Formel

$$\frac{(12)}{150} + 4 = \text{Sperrfrist in Monaten.}$$

Daraus folgt: Falls (12) = 8400: 5 Jahre Sperrfrist.

Falls (12) ≥ 11.760: Entzug der Fahrerlaubnis auf Lebenszeit.

Vorschrift 3

Das Gewicht des Merkmals 2 beträgt dann 7, wenn der Verletzte ein Angehöriger des Täters iSd. § 52 II StGB ist. Dies gilt nicht für den Tatbestand des § 142 StGB.

2.5. Erläuterungen zu den Allgemeinen Entscheidungsregeln

2.5.1. Zu Nr. 1

Nr. 1 ist ein allgemeiner Ausdruck. Er steht hier für die konkrete Verknüpfungsregel, die jedem Tatbestand beigegeben wird und immer auf einer Seite des Gleichheitszeichens die Abkürzung SRZ (Strafrohzahl) führt[106]. Die Strafrohzahl ist eine Hilfsgröße, die gewählt wurde, um die allgemeine Form der Entscheidungsregeln zu ermöglichen.

2.5.2. Zu Nr. 2

Grundsätzlich gibt es eine feste Grenze zwischen Geld- und Freiheitsstrafe. Liegt die Strafrohzahl im Bereich unter dieser Grenze, so wird eine Geldstrafe verhängt, im übrigen aber Freiheitsstrafe. Das Merkmal 41 kann nun – bei hoher Empfindlichkeit gegen eine Freiheitsstrafe und entsprechend geringem Merkmalswert – einem Täter, der nach seiner Strafrohzahl eine Freiheitsstrafe bekommen müßte, noch zu einer Geldstrafe verhelfen. Liegt die Grenze zwischen Geld- und Freiheitsstrafe bei 5400 Punkten und beträgt die Strafrohzahl z.B. 5700, der Wert des Merkmals 41 0,82, so wird eine Geldstrafe verhängt, obwohl die Strafrohzahl größer als 5400 ist[107].

106 Vgl. das Beispiel oben S. 13/14

107 $5700 \cdot 0{,}82 = 4674$

Der theoretisch mögliche Einfluß des Merkmals 41 ist begrenzt durch den Quotienten aus der Geld-Freiheitsstrafen-Grenze (5400) und dem niedrigsten Wert des Merkmals 41 (0,715). Übersteigt die Strafrohzahl diesen Quotienten (7553)[108], so nützt dem Täter auch die höchste Empfindlichkeit gegen eine Freiheitsstrafe nichts mehr – gegen ihn wird keine Geldstrafe mehr verhängt[109]. Der entsprechende Wert bei der Geld-Freiheitsstrafen-Grenze 4500 (Nr. 4 der Entscheidungsregeln) ist 6295[110].

2.5.3. Zu Nr. 3 bis 6, 16

2.5.3.1. § 14 StGB, Geld-Freiheitsstrafen-Grenze

Die Zahlen bei Nr. 4 (4500) und 5 (5400) stellen die Grenzen zwischen Geld- und Freiheitsstrafe dar. Ist der Täter in den letzten beiden Jahren vor der Tat nicht einschlägig verurteilt (Nr. 3), so ist die Nr. 5 zu lesen. Die Frage dort heißt ausführlich: Erreicht oder übersteigt die mit dem Merkmal 41 multiplizierte Strafrohzahl[111] den Wert 5400? Wird diese Frage bejaht, so lautet das Urteil auf Freiheitsstrafe, andernfalls auf Geldstrafe. Ist der Täter dagegen in dieser Zeit einschlägig verurteilt worden, so sinkt die Geld-Freiheitsstrafen-Grenze auf 4500 (Nr. 4). In diesem Fall ist schon bei im übrigen schwächeren Schuld-Komponenten eine Freiheitsstrafe angemessen.

Die Vorstrafe wird dem Täter also unter Umständen zweimal zugerechnet: zunächst indem das Merkmal 36 in den Verknüpfungsregeln berücksichtigt wird und dadurch die Höhe der Strafrohzahl und – mittelbar – die Strafart mitbestimmt; danach hier noch einmal zur Bestimmung der Strafart.

Wurden die Fragen bei Nr. 4 oder 5 bejaht, so ist gemäß Nr. 6 die Höhe der Freiheitsstrafe zu errechnen; vgl. Nr. 19, die auf Nr. 6 verweist. Bei dieser Berechnung ist wieder die Strafrohzahl mitentscheidend, die sich aus der rechnerischen Verknüpfung der Merkmalszahlen ergab. Das Merkmal 41 wurde nur relevant, als es um die Ermittlung der Straf*art* ging[112]; bei der Berechnung der Straf*höhe* ist dagegen die Strafrohzahl, multipliziert mit dem Wert des Merkmals 42 (Täterprognose im Hinblick auf eine Besserung und Abschreckung durch eine Freiheitsstrafe), maßgebend. Je nach dem Ergebnis der Prognose – und dementsprechend der Größe der Merkmalszahl – verändert sich das Produkt SRZ · „42" und damit auch die Strafhöhe. Diese

---

108 $5400 : 0{,}715 \approx 7553$

109 Nr. 2 der Entscheidungsregeln lautet in diesem Fall (SRZ = 7553, Wert des Merkmals 41 = 0,715): $7553 \cdot 0{,}715 \approx 5400$ (entsprechend Fußnote 108).

110 $4500 \cdot 0{,}715 \approx 6295$.

111 Siehe Nr. 2 der Entscheidungsregeln.

112 Vgl. Nr, 2, 4, 5 der Entscheidungsregeln

wird nämlich dadurch errechnet, daß das Produkt SRZ · „42" durch 30 geteilt wird. Denn der bei Nr. 6 stehende Befehl heißt ausführlich: Man multipliziere die Strafrohzahl mit dem Wert des Merkmals 42 und teile das Produkt durch 30; dann erhält man die Dauer der Freiheitsstrafe in Tagen. Es ist nicht mit logisch ableitbaren Erwägungen zu begründen, daß die Größe des Divisors gerade 30 ist. Das Punktniveau ist so gewählt, daß es sich zu dem unserer Auffassung nach angemessenen Niveau der Freiheitsstrafe in Tagen gerade wie 30:1 verhält. Daher ist die Zahl 30 zwar ein Wert, den man nicht verändern kann, ohne das gesamte System des Schemas in seiner konkreten Gestalt aus dem Gleichgewicht zu bringen, er ist aber – wie jeder andere Wert des Schemas auch – ein *prinzipiell* veränderbarer Wert.

Ist das Produkt (2) (= SRZ · „41") kleiner als 5400 bzw. 4500 (Antwort „nein" auf die Fragen bei Nr. 4 und 5), so ist nach Nr. 16[113] die Höhe der Geldstrafe aus der mit dem Wert des Merkmals 40 (Wirtschaftliche Verhältnisse) multiplizierten Strafrohzahl zu errechnen, indem man dieses Produkt mit 2/3 multipliziert. Für die Zahl 2/3 gilt dasselbe wie für die Zahl 30 bei Nr. 6; sie ist nicht ableitbar, sondern gibt nur das Verhältnis von Punktniveau zu Geldstrafenniveau (3:2) in diesem konkreten Schema an.

Erst diese Angaben versetzen uns in die Lage, die Größe der Geld-Freiheitsstrafen-Grenzen bei Nr. 4 und 5 zu begründen. Sieht man einmal von der durch Merkmal 42 möglichen Korrektur ab, so wird ein Täter mit einer Strafrohzahl von 5400 zu 6 Monaten Freiheitsstrafe verurteilt[114].

Ist die Strafrohzahl kleiner als 5400 und ist der Täter nicht innerhalb der letzten beiden Jahre einschlägig verurteilt, so verhängt der Richter eine Geldstrafe[115]. Generell – d.h. die durch die Merkmale 41 und 42 und die Regeln bei Nr. 3 und 4 ermöglichten Abweichungen außer Acht gelassen – gibt es also keine Freiheitsstrafe unter 6 Monaten. Dies entspricht § 14 StGB[116].

§ 14 StGB sieht nun eine Ausnahme von diesem Grundsatz vor. Bei der Prüfung der Frage, ob ein Ausnahmetatbestand – der die Verhängung einer Freiheitsstrafe unter 6 Monaten erfordert – vorliegt, sind nach § 14 folgende Merkmale zu prüfen:

a) Besondere Umstände in der Tat
b) Besondere Umstände in der Persönlichkeit des Täters
c) Wirkung der Freiheitsstrafe auf den Täter
d) Verteidigung der Rechtsordnung

---

113 Vgl. die Verweisung auf Nr. 16 bei Nr. 20

114 Nr. 6: 5400 : 30 = 180. 180 Tage = 6 Monate.

115 Nr. 3, 5, 20, 16

116 In der Fassung des 1. StrRG vom 25.6.1969 (BGBl. I S. 645), in Kraft seit 1.4.1970. § 14 II StGB ist für dieses Schema nur im Hinblick auf § 222 StGB relevant, der für fahrlässige Tötung nur Freiheitsstrafe androht.

Das Schema entspricht den Merkmalen dieses Ausnahmetatbestandes insoweit, als es – in einem bestimmten, sogleich noch zu beschreibenden – Rahmen die Merkmale b) und c) berücksichtigt.

Besondere Umstände in der Persönlichkeit des Täters werden durch die Regel bei Nr. 3 und die davon abhängige Geld-Freiheitsstrafen-Grenze (Nr. 4, 5) berücksichtigt. Als besonderer Umstand in diesem Sinne gilt also nur eine einschlägige Verurteilung in den letzten zwei Jahren vor der Tat. Die Wirkung der Freiheitsstrafe auf den Täter wird durch die Merkmale 41 und 42 berücksichtigt. Merkmal 41 hat Einfluß nur auf die Straf*art* (Regel bei Nr. 2, 4, 5); Merkmal 42 beeinflußt nur die Höhe der Freiheitsstrafe, wenn einmal feststeht, daß eine solche verhängt wird (Regel bei Nr. 6). Schließlich ist nach dem Schema eine Freiheitsstrafe unter 4 Monaten und 18 Tagen nicht möglich[117].

Das Schema entspricht also insoweit nicht dem Gesetz, als es bei der Entscheidung der Frage, ob Geld- oder Freiheitsstrafe zu verhängen ist, die besonderen Umstände in der Tat überhaupt nicht und die besonderen Umstände in der Persönlichkeit des Täters nur insoweit berücksichtigt, als sie durch einschlägige Vorstrafen in den letzten beiden Jahren manifestiert sind. Es prüft nicht, ob die Verhängung einer Freiheitsstrafe „zur Verteidigung der Rechtsordnung unerläßlich" ist. Und es läßt – auch theoretisch – keine Freiheitsstrafe unter 4 Monaten und 18 Tagen zu.

Wir weichen hier mit voller Absicht vom Gesetz ab. Es wäre nach der Technik des Schemas durchaus möglich, dem Gesetz in vollem Umfang zu folgen. Man könnte etwa bei der Regel 2) eine Anzahl bereits bewerteter oder neu zu definierender Tat- und Tätermerkmale einsetzen und bei bestimmten Konstellationen auch eine kürzere Freiheitsstrafe an Stelle einer Geldstrafe verhängen oder trotz Unterschreitens der Geld-Freiheitsstrafen-Grenze eine Freiheitsstrafe verhängen. Man könnte aber auch vor den Regeln bei Nr. 16) und 20) eine Regel mit dem Text einfügen:

Machen besondere Umstände, die in der Tat oder der Persönlichkeit des Täters liegen, die Verhängung einer Freiheitsstrafe zur Einwirkung auf den Täter oder zur Verteidigung der Rechtsordnung unerläßlich?

Falls ja: Springe zu Nr. 6 (Freiheitsstrafe)
Falls nein: Springe zu Nr. 16 (Geldstrafe)

Wir haben von beiden Möglichkeiten abgesehen. Von der ersten deshalb, weil das nochmalige Einsetzen einer Merkmalsauswahl Entscheidungskriterien voraussetzt, die auch der Gesetzgeber nicht hatte. Er hat sich zu einer

117 Kleinster Wert aus Merkmal 42: 0,92
Kleinste SRZ, bei der es zu einer Freiheitsstrafe kommen kann: 4.500 (Regel bei Nr. 4)
Regel bei Nr. 6: 4.500 · 0,92 : 30 = 138 Tage = 4 Monate, 18 Tage

Sonderregelung für Ausnahmefälle entschlossen, ohne die Ausnahme durch faßbare und einer Überprüfung zugängliche Tatbestandsmerkmale zu beschreiben. Damit hat er das irrationale Element in der SZ gestärkt[118], denn es ist einfach nicht schlüssig entscheidbar, wann eine Freiheitsstrafe „zur Einwirkung auf den Täter oder zur Verteidigung der Rechtsordnung unerläßlich" ist. Rechtsprechung und Literatur liefern Umschreibungen, die den unscharfen Begriff durch andere, ebenso unscharfe Begriffe ersetzen[119]. Es hat sich, seit dieser Begriff am 1.9.1969[120] eingeführt wurde, eine reichhaltige – zum größten Teil kritische[121] – Literatur[122] und eine kasuistische Rechtsprechung[123] entwickelt, die ebenso unübersichtlich und einer Systembildung unzugänglich ist wie die zum „öffentlichen Interesse" in § 23 III Nr. 1 StGB a.F.[124]. Daher erschien es uns besser, die Ausnahmeregel nur zum Teil auszuschöpfen und nicht eigene Kriterien dort einzusetzen, wo der Gesetzgeber keine einsetzen konnte und wollte.

Diese Kriterienlosigkeit ist es auch, welche die Verwirklichung der zweiten Möglichkeit – Einarbeitung des Gesetzeswortlauts in die Entscheidungsregeln – verbietet. Das Schema soll zeigen, wieweit das geltende Recht ein prognostizierbares Strafmaß erlaubt. Soweit es Begriffe verwendet, die zur Subsumtion ungeeignet sind, kann auch eine Aufgliederung in Unterbegriffe (Merkmale) nicht zu einer Prognostizierbarkeit führen. Wir weichen daher insoweit vom geltenden Recht – unter Hinweis auf seine Verbesserungsbedürftigkeit – ab. Das Schema hat hier den Vorzug, die fehlende Eignung geltender strafrechtlicher Begriffe in aller Schärfe aufzuzeigen.

---

118 Vgl. *Jagusch*, Kommentar zum Straßenverkehrsrecht, 19. Aufl. § 315c StGB Anm. 9 „Irrationalität des Merkmals, ‚Verteidigung der Rechtsordnung' ".

119 Besonders bezeichnend in dieser Richtung OLG Hamm NJW 73, 181: Trotz günstiger Prognose kann ‚zur Verteidigung der Rechtsordnung' nach § 23 Abs. 3 StGB Strafaussetzung zur Bewährung versagt werden, wenn andernfalls die Determinierungsfunktion des Strafrechts und die Stabilisierungsfunktion der Strafe in bedrohlicher Weise gefährdet wäre." Man kann plausibel entscheiden, ob eine fremde bewegliche Sache vorliegt oder nicht; nicht aber, ob die Determinierungsfunktion des Strafrechts, und zwar in bedrohlicher Weise, gefährdet ist.

120 Damals zunächst in § 27b und § 23 StGB i.d.F. des Art. 106 Nr. 1 des 1. StrRG vom 25.6.1969 (BGBl. I S. 645)

121 Besonders *Naucke*, u.a., Verteidigung der Rechtsordnung, passim, und *Koch*, NJW 70, 842 („Beispiel dafür, wie man Gesetze *nicht* machen soll")

122 Vgl. die Nachweise bei *Dreher*, § 13, Anm. 2C und *Schönke-Schröder*, § 14 vor Rz.1; *Schröder*, JZ 71, 241; *Koch* DAR 71, 263; *Schoene*, NJW 70, 2241; *Quack*, ZRP 71, 30

123 BGHSt 24, 64; BGH NJW 72, 832, OLG Frankfurt NJW 71, 1813, 1815 mwN; vgl. auch die Nachweise bei *Schönke-Schröder*, § 14 Rz. 17 und § 23 Rz 35a ff und *Dreher*, § 13, Anm. 2 C.

124 Fassung des dritten Strafrechtsänderungsgesetzes vom 4.8.1953 BGBl I S. 735, vgl. die Nachweise bei *Schwarz-Dreher*, 30. Auflage § 23 Anm. 2 Bb)

2.5.4. Zu Nr. 7 und 8: § 23 StGB; Problematik der Kriterien für die Entscheidung über die Strafaussetzung

Steht die Höhe der Freiheitsstrafe fest, so ist die Frage zu prüfen, ob die Strafe zur Bewährung ausgesetzt wird, § 23 StGB[125]. Nach dieser Bestimmung werden die Strafen hinsichtlich der Höhe in drei Gruppen[126] eingeteilt:

a) Strafen unter 6 Monaten: hier ist die Aussetzung zwingend geboten, „wenn zu erwarten ist, daß der Verurteilte sich schon die Verurteilung zur Warnung dienen lassen und künftig auch ohne die Einwirkung des Strafvollzugs keine Straftaten mehr begehen wird" (günstige Sozialprognose § 23 Abs. I Satz 1). Dies gilt, wie sich aus Abs. III ergibt, selbst dann, wenn die Verteidigung der Rechtsordnung die Vollstreckung gebietet.

b) Bei Strafen von 6 Monaten bis zu 1 Jahr muß die Vollstreckung ausgesetzt werden, wenn die Prognose günstig ist (Abs. I, Satz 1) und nicht die Verteidigung der Rechtsordnung die Vollstreckung gebietet (Abs. III).

c) Strafen von mehr als 1 Jahr bis zu 2 Jahren kann das Gericht aussetzen, wenn besondere Umstände in der Tat und in der Persönlichkeit des Verurteilten vorliegen (Abs. II).

Die Allgemeinen Entscheidungsregeln folgen dieser Einteilung nicht, sondern sehen folgendes Verfahren vor:

Übersteigt die Freiheitsstrafe 2 Jahre, so ist die Strafe zu vollstrecken (Regel bei Nr. 7 mit Antwort „ja", Nr. 14). Bei einer Freiheitsstrafe unter 2 Jahren ist das bei Regel Nr. 8 angegebene Produkt aus sogleich noch zu erörternden Merkmalswerten zu bilden und mit der Zahl 35 zu vergleichen (Regel bei Nr. 9). Übersteigt dieses Produkt die Zahl 35, so wird die Strafe vollstreckt (Regel bei Nr. 15), andernfalls zur Bewährung ausgesetzt (Regel bei Nr. 10).

Die für die Entscheidung über die Strafaussetzung bestimmenden Merkmale sind gemäß Regel bei Nr. 8

- Vorstrafen (Merkmal 36)
- Verhalten nach der Tat (37)
- Eigenschaden (38, 39)
- Empfindlichkeit gegenüber einer Freiheitsstrafe (41)
- Günstige Veränderung der Lebensumstände (44)
- Sonstige eine Resozialisierung indizierende Umstände (45)

---

125 In der Fassung des 1. StrRG vom 25.6.1969 (BGBl. I S. 645), in Kraft seit 1.4.1970

126 Vgl. zur Einteilung in Gruppen *Dreher*, § 23, Anm. 2), 4).

Dabei weist das Merkmal 36 (Vorstrafen) zwei Besonderheiten auf: Erstens ist bei der Regel Nr. 8 die Merkmalsgrundzahl[127] und nicht die mit dem Tatbestandsgewicht multiplizierte Endzahl[127] einzusetzen. Dies deshalb, weil die Grenzzahl für die Strafaussetzung ein absoluter, d.h. für jeden Tatbestand gleicher Betrag ist (nämlich 35, vgl. Regel bei Nr. 9). Würde man bei Regel 8 die Endzahl des Merkmals 36 verwenden, so müßte die Grenzzahl in Regel 9 eine je nach Tatbestand unterschiedliche Höhe aufweisen. Das hier vorgeschlagene Verfahren ist ersichtlich einfacher und zweckmäßiger, um die Frage der Strafaussetzung für alle Tatbestände gleichmäßig zu lösen. – Die übrigen das Produkt (8) bildenden Merkmalszahlen brauchen nicht auf eine Grundzahl zurückgeführt zu werden, weil sie – da sie als Faktoren in die Verknüpfungsregeln eingehen – kein tatbestandsabhängiges Gewicht haben.

Daraus ergibt sich die zweite Besonderheit des Merkmals 36 in diesem Zusammenhang: Dieses Merkmal kann Werte von 0 bis 83 annehmen[128], während der niedrigste Wert der übrigen Merkmale 0,5[129], der höchste 1,275[130] ist. Dies hat zur Folge, daß die Vorstrafen einen die anderen Merkmale weit überwiegenden Einfluß auf die Größe des Produktes (8) und damit auf die Entscheidung über die Strafaussetzung haben. Soweit die Praxis Gewichte erkennen läßt, scheint auch sie den Vorstrafen bei der Entscheidung nach § 23 StGB ein besonderes Gewicht beizumessen[131].

Dieses Verfahren weicht von der oben[132] dargestellten gesetzlichen Regelung in folgender Weise ab: es differenziert nicht nach der Dauer der verhängten Freiheitsstrafe. Dies deswegen nicht, weil sowohl der Ausschlußgrund bei der Gruppe b)[133] (Die Verteidigung der Rechtsordnung gebietet die Vollstreckung) aus den oben[134] dargelegten Gründen als auch die Voraussetzungen für die Aussetzung in der Gruppe c)[135] (Besondere Umstände in der Tat und in der Persönlichkeit des Verurteilten) so wenig zur Subsumtion und Systematisierung geeignet sind, daß eine Prognose der Entscheidung nicht mehr möglich ist. Die Kriterienlosigkeit des Gesetzgebers verhindert – wie bei § 14 StGB[136] – die Entwicklung von Unterbegriffen und bewertbaren Merkmalen.

---

127 Vgl. zur Bestimmung dieser Begriffe oben S. 11

128 Siehe oben S. 84 ff

129 Merkmal 38

130 Merkmal 37

131 Vgl. OLG Köln DAR 64, 193/194

132 S. 133

133 Freiheitsstrafe von 6 Monaten bis zu 1 Jahr

134 S. 131 f

135 Freiheitsstrafe von 1 Jahr bis zu 2 Jahren

136 Vgl. oben S. 131/132

Das Produkt (8) – das also für *alle* Freiheitsstrafen bis zu 2 Jahren gleichermaßen entscheidend ist – wird aus Merkmalen gebildet, die sämtliche in § 23 Abs. I S. 2 StGB aufgezählten Umstände berücksichtigen, außer den Tatumständen selbst. Dieses Produkt stellt die – formalisierte – Prognose dar, die von § 23 Abs. I S. 1 StGB gefordert wird.

Zwar wurde die Berücksichtigung der Tatumstände auch während der Geltung des alten § 23[137] vom BGH[138] stets gefordert; gleichwohl folgen wir dieser Forderung nicht. Die neuerliche Berücksichtigung der Tatumstände hätte nämlich zur Folge, daß Zahl und Art der für die Strafaussetzung maßgeblichen Merkmale mit den Merkmalen identisch sind, welche die Strafart und -höhe bestimmen – bis auf zwei Ausnahmen: die nicht sehr gewichtigen Merkmale 44 und 45. Dies wiederum bedeutete, daß die Entscheidung über die Strafaussetzung im wesentlichen direkt von der Strafhöhe abhinge; es genügte als Kriterium zur Aussetzung allein die Strafhöhe. Dies entspricht nicht dem Sinn des § 23 StGB, der gerade das Anstellen von Erwägungen fordert, die nicht mit denen identisch sind, die zur Bildung des Strafmaßes geführt haben. Wir haben daher unter Berücksichtigung der Vorschrift des § 23 I StGB einen Teil der persönlichkeitsbezogenen Merkmale als maßgebend für die Entscheidung über die Strafaussetzung ausgewählt, die keine direkte Beziehung zur „Tatschuld" haben, sondern die Präventionsbedürftigkeit des Täters indizieren.

Diese Abweichung von der Vorschrift, auch die Umstände der Tat zu bewerten, hat ihre Ursache darin, daß das Gesetz von der herkömmlichen Methode der SZ ausgeht. Wendet man sie an, so kann man auch bei der Entscheidung nach § 23 StGB *alle* für das Strafmaß relevanten Umstände noch einmal berücksichtigen, ohne die Wiederholung im Ergebnis zu bemerken, weil diese Methode nicht eindeutig zu einem Resultat führt. Es ist also unter diesen Voraussetzungen auch nicht „falsch", alle Umstände als entscheidend anzusehen, weil sie in ihrer nur relativen Wirkung einen genau bestimmbaren Einfluß weder auf das Strafmaß noch auf die Entscheidung über die Aussetzung haben. Als angemessener erscheint jedoch die hier vorgeschlagene Lösung, da sie jedem Merkmal einen bestimmten Einfluß auf das Strafmaß zumißt und auch die Aussetzungsfrage in der Praxis voraussehbar und vergleichbar regelt. Denn auch die jetzt gültige Fassung des § 23 StGB unterscheidet sich nicht *prinzipiell* von der früheren. Und unter ihrer Geltung und in Anwendung der Formel des BGH[138] differierte die Aussetzungspraxis in verschiedenen Bundesländern in einem unvertretbaren Maße. So wurden

137 In der Fassung des dritten Strafrechtsänderungsgesetzes vom 4.8.1953 BGBl. I S. 735, in Kraft bis 31.8.1969.

138 „Umfassende Abwägung der Tat gegen die Täterpersönlichkeit", z.B. BGHSt 11, 396 = VRS 15, 193/195; BGH DAR 64, 22/23 mwN.

z.B. im Jahre 1965 im Saarland 79% aller für Trunkenheitsdelikte im Verkehr verhängten Freiheitsstrafen ausgesetzt, in Bremen nur 3,9%. Und in Baden-Württemberg, das mit 34%[139] in der „goldenen Mitte" zu liegen schien, divergierte die Aussetzungspraxis von etwa 5% in Württemberg bis etwa 75% in Baden[140].

Zwar hatte der Beschluß des BGH vom 19.7.1968[141], durch den für die folgenlose, erste Trunkenheitsfahrt grundsätzlich Strafaussetzung zugebilligt wurde, in diesem Gebiet eine angleichende Wirkung. Auch hat die Frage im Hinblick auf § 14 I StGB sowie darauf, daß hier Strafen von 6 und mehr Monaten in der Praxis nur in einem vernachlässigbaren Umfang verhängt werden[142], kaum noch praktische Bedeutung. Das kann aber nicht darüber hinwegtäuschen, daß die Rechtsprechung keine allgemeingültigen Abgrenzungskriterien gefunden hat, welche die Entscheidung über die Aussetzung auch nur annäherungsweise prognostizierbar machen.

2.5.5. Zu Nr. 9

Das bei der Regel zu Nr. 8 gebildete Produkt (8) wird mit der Zahl 35 verglichen. Übersteigt es diese Zahl, so wird die Strafe vollstreckt (Regel Nr. 15); übersteigt es sie nicht, wird die Strafe zur Bewährung ausgesetzt (Regel Nr. 10). Der Wahl der Zahl 35 liegt – wie allen Zahlen des Schemas – eine Wertung und ein Durchrechnen vieler verschiedener Fälle zugrunde. Sie stellt einen – jedem Änderungsbegehren offenen – Vorschlag dar. Wichtig ist nur, daß es überhaupt einen verbindlichen Grenz-Wert gibt.

2.5.6. Zu Nr. 10, 10/1, 10/2

Nachdem die Entscheidung über die Strafaussetzung getroffen wurde, ist zu entscheiden, ob und ggf. in welcher Höhe ein Geldbetrag gem. § 24a II Nr. 2 StGB zu zahlen ist. Eine solche Zahlung entfällt im Falle des § 24a III (Regel bei Nr. 10, 10/1). Liegt dieser Fall nicht vor, so wird der Geldbetrag nach der Regel Nr. 10/2) festgesetzt. Sie schreibt vor, das Produkt aus der Strafrohzahl, dem Wert des Merkmals 40 (wirtschaftliche Verhältnisse) und der Zahl 4/9 zu bilden. Dieses Produkt ist der Geldbetrag gemäß § 24a II Nr. 2 in DM.

---

139 Zahlen nach *Janiszewski*, Blutalkohol 68, 27, 36/37.

140 Die letzten beiden Zahlen aus den Jahren 1959 bis 1962 nach *Middendorf*, 5. deutscher Verkehrsgerichtstag 54, 60.

141 BGHSt 22, 192 = NJW 68, 1388 = VRS 35, 106 = DAR 68, 242

142 Vgl. die Zahlen bei *Dreher*, § 23 Anm. 4A) vorletzter Satz

Der Zahl 4/9 liegt folgende Erwägung zugrunde: Der Geldbetrag gemäß § 24a II Nr. 2 soll 2/3 der Geldstrafe ausmachen, die gegen die Täter verhängt worden wäre, wenn ihre Voraussetzungen vorgelegen hätten. Er hat danach zwar weniger zu bezahlen, als wenn eine Geldstrafe verhängt worden wäre; dafür lasten aber die Gefahr, die Strafe noch verbüßen zu müssen, und unter Umständen der Makel der Freiheitsstrafe auf ihm.

Es ergibt sich folgende Berechnung:

Geldstrafe nach Regel 16):	SRZ · „40" · 2/3
Hiervon 2/3 als Betrag nach § 24a II Nr 2:	SRZ · „40" · 2/3 · 2/3
Regel 10/2)	SRZ · „40" · 4/9

2.5.7. Zu Nr. 11

(8) ist das bei Nr. 8 definierte Produkt. Diese Bedeutung hat es auch in der Vorschrift 1[143]. Ist dieses Produkt kleiner als oder gleich 35, so wird die Strafe ausgesetzt (Nr. 9, 10, 15). Je nach Größe der Differenz zu 35 bemißt Vorschrift 1 die Bewährungszeit. Sie dauert mindestens 2, höchstens 5 Jahre, § 24 StGB. Je kleiner das Produkt (8) ist, desto kürzer ist die Bewährungszeit.

2.5.8. Zu Nr. 12 und 13; zur Problematik der Kriterien für die Entscheidung nach §§ 42m, n StGB

Zuletzt wird nach dem Entzug der Fahrerlaubnis gefragt, vgl. die Verweisung bei Nr. 14, 15, 18. Zur Beantwortung dieser Frage wird zunächst die Strafrohzahl mit dem Wert des Merkmals 43 (Angewiesenheit auf die Fahrerlaubnis) multipliziert. Das Produkt wird (12) genannt. Je nach dem Tatbestand, der verwirklicht wurde, wird nun aus der passenden Alternative der Vorschrift 2[144] die Art und Dauer der Maßnahme entnommen.

Beträgt z.B. die Strafrohzahl 850, der Wert aus Merkmal 43 1,0 und handelt es sich um den § 316 Abs. II (für den die Vorschrift 2/1 gilt[145]), so ergibt sich: Nr. 12 der Entscheidungsregeln: 1,0 · 850 = (12); Vorschrift 2/1, 1) (kein Fall des § 42n III)[146]:

$$\frac{850}{90} = 9 \text{ (der Rest wird vernachlässigt).}$$

Ergebnis: Entzug der Fahrerlaubnis, Sperrfrist von 9 Monaten.

---

143 S.o. S. 123

144 S.o. S. 123

145 S.u. S. 152

146 S.o. S. 123

Übersteigt das Produkt (12) die Zahl, für welche die Sperrfrist 5 Jahre beträgt, um mehr als 40%, so wird die Fahrerlaubnis auf Lebenszeit entzogen[147]. In den Fällen des § 42n III StGB ist die Formel zur Errechnung der Sperrfrist so gestaltet, daß diese Fristen bei gleichem Betrag des Produktes (12) um 6 Monate länger sind als in den übrigen Fällen[148]. Das entspricht der gesetzlichen Regelung, die in § 42n III StGB eine Mindest-Sperrfrist von einem Jahr vorsieht (im Gegensatz zur Mindest-Sperrfrist von 6 Monaten in § 42n I, 1 StGB). Daher wird im Fall des § 42n III StGB auch die Sperrfrist von 5 Jahren eher erreicht als im Normalfall, nämlich bei einem Betrag des Produktes (12), der sonst einer Sperrfrist von 4 1/2 Jahren entspricht.

Bei den Erwägungen, die zu den „Sonstigen Vorschriften" Ziffer 2 führten, wurden Probleme sichtbar, die bei der gegenwärtigen Methode der SZ zwar auch bestehen, aber nicht als solche erscheinen, weil diese Methode nicht dazu zwingt, Rechenschaft abzulegen.

Einerseits ist bei der Entscheidung nach § 42m StGB der Unrechtsgehalt der Tat zu berücksichtigen[149], andererseits soll die Dauer der Sperrfrist nicht von der Höhe des Verschuldens, sondern dem Grad und der voraussichtlichen Dauer der Ungeeignetheit abhängen[149]. Diese mit hinreichender Genauigkeit festzustellen dürfte in der Regel unmöglich sein. Daher ist die Praxis dazu übergegangen, die Dauer der Sperrfrist im Groben vom Verschulden des Täters abhängig zu machen. Gleichwohl ist die Sperrfrist nicht allgemein der verhängten Strafe proportional; denn ebenso wie es richterliche Strafrahmen gibt, gibt es auch richterliche Sperrfristrahmen, die sich nicht notwendig mit jenen decken. Vielmehr sind die Sperrfristen z.B. bei Alkoholdelikten ohne Körperschäden im Verhältnis zur oft geringen Strafhöhe lang, dagegen bei Unfallflucht im Verhältnis zu den – dem Strafrahmen entsprechend – hohen Strafen kurz.

Diese tatbestandsgebundenen Sperrfristrahmen in Verbindung mit der Unmöglichkeit, die fehlende Eignung anders als aus der sowieso schon beurteilten Tat und den Vorstrafen zu entnehmen, sind Anlaß gewesen, die Strafrohzahl, die ja einen Maßstab für die Strafhöhe darstellt, auch für die Länge der Sperrfrist entscheiden zu lassen; dies aber in der Weise, daß das Verhältnis von

---

147 Vgl. z.B. Vorschrift 2/1, 1) (oben S. 123):
5400 Punkte = 5 Jahre Sperrfrist
40% von 5400 = 2160
5400 + 2160 = 7560
Falls (12) $\geq$ 7560: Entzug der Fahrerlaubnis auf Lebenszeit.

148 Vgl. z.B. die Formeln in Vorschrift 2/1, 1) (s.S. 123): $\frac{(12)}{90}$ und in Vorschrift 2/1, 2) (s.S. 124): $\frac{(12)}{90} + 6$.

149 BGHSt 5, 168, 176; BGHSt 7, 165, 176; BGH vom 30.8.63 bei *Martin*, DAR 64, 90, 100 mwN.; BGH DAR 64, 22, 23; OLG Hamburg VRS 10, 355.

Strafrohzahl zu Sperrfrist in jedem Tatbestand anders ist. So bewirkt etwa der kleine Divisor in der Vorschrift 2/1 eine lange Sperrfrist auch bei kleinem Produkt (12) – in das ja die Strafrohzahl eingeht –, während ein großer Divisor auch bei großem Produkt (12) relativ kürzere Sperrfristen entstehen läßt. Dies führt zu Ergebnissen, die denen der Praxis nahekommen.

Friktionen entstehen nach diesem System bei der Idealkonkurrenz mehrerer Tatbestände. Hier würde die Wahl des kleinen Divisors in der Regel zu übermäßig langen Sperrfristen führen; wählte man dagegen den großen Divisor, so würde der Täter bei der Bemessung der Sperrfrist dafür „belohnt", daß er zwei Tatbestände gleichzeitig verwirklicht hat. Auch die hier vorgeschlagene Lösung, die in diesen Fällen in der Mitte liegende Divisoren verwendet[150], verhindert nur grobe Unstimmigkeiten. Sie zeigt aber folgendes auf: Die gegenwärtige Methode der Sperrfristbestimmung beruht nicht auf brauchbaren Kriterien. Gäbe es solche Kriterien, so führte deren Anwendung zu einer Änderung der heute verhängten Sperrfristen. Denn eine allgemeine Regel, die dieser Praxis zugrunde gelegt werden könnte, gibt es nicht. Voraussetzung für eine solche Regel wäre ein in Zahlen ausdrückbarer, real feststellbarer und in der Tat zutage tretender Maßstab der Ungeeignetheit. Solange man ihn nicht gefunden hat, bleibt nichts anderes übrig, als an das Gesamtverschulden oder zumindest an Teile des Tatverschuldens anzuknüpfen. Hier wird das Gesamtverschulden zum Maßstab genommen, weil die allgemeine Strafwürdigkeit durchaus als Indiz für erforderliche Maßregeln angesehen werden kann und keine Kriterien ersichtlich sind, nach denen eine Auswahl von für die Sperrfrist entscheidenden Schuldkomponenten vorgenommen werden sollte. Es soll aber nicht verhehlt werden, daß die Suche nach besseren Lösungen noch nicht abgeschlossen ist.

Eine Verbesserung der gegenwärtigen Lage könnte der Gesetzgeber auch schon dadurch herbeiführen, daß er entweder die Höchstgrenze des Fahrverbots auf 6 Monate anhebt oder die Untergrenze der Sperrfrist bei Entzug der Fahrerlaubnis auf 3 Monate senkt. Dies auch dann, wenn die Voraussetzungen des § 42n III StGB vorliegen (gegen den Täter ist in den letzten 3 Jahren vor der Tat schon einmal eine Sperre angeordnet worden). Für diesen Fall müßte dann die Obergrenze des Fahrverbots bei 12 Monaten liegen. Es sind nämlich Fälle denkbar, in denen ein Rückfall im Sinne des § 42n III vorliegt, der Richter aber zweifelt, ob nicht auch ein Fahrverbot ausreicht. Er steht dann vor der Alternative „3 Monate oder 1 Jahr". Wahrscheinlich ist bei einem solchen Rückfall aber eine Zwischengröße angemessen. Die Ungereimtheit, die sich aus der gegenwärtigen Gesetzeslage ergibt, tritt bei der Zumessung der Sperrfrist nach der Vorschrift 2 dieses Schemas in aller Schärfe hervor. Der mögliche Einwand gegen die hier vorgeschlagene Gesetzesänderung,

150 Vgl. z.B. Vorschrift 2/5 (S. 126) und 2/7 (S. 127 f)

Fahrverbot und Entzug der Fahrerlaubnis seien ganz unterschiedliche Deliktsfolgen, trifft nicht; denn für den Betroffenen besteht der Unterschied einzig darin, daß das Verfahren zum Wiedererlangen der Fahrerlaubnis anders ist als das zum Wiedererlangen des Führerscheins nach Ablauf des Fahrverbots.

2.5.9. Zu Nr. 16 und 17

Die Berechnung einer Geldstrafe nach Nr. 16 der Entscheidungsregeln wurde schon oben[151] erläutert. Bei Geldstrafen über 100 DM ist auf Verlangen immer Ratenzahlung zu gewähren.

Steht die Höhe einer Geldstrafe fest, so ist noch die Freiheitsstrafe zu bestimmen, die an die Stelle einer nicht einzutreibenden Geldstrafe tritt.

Die Vorschrift bei Nr. 17 der Entscheidungsregeln ist gleich der Vorschrift bei Nr. 6. Zur Bestimmung der Ersatzfreiheitsstrafe ist also die Strafrohzahl mit dem Wert des Merkmals 42 zu multiplizieren und das Produkt durch 30 zu teilen. Die wirtschaftlichen Verhältnisse (Merkmal 40) kommen hier nicht in Betracht; statt dessen wird noch einmal die Täterprognose im Hinblick auf eine Besserung und Abschreckung durch die Freiheitsstrafe (Merkmal 42) gestellt. Ob das sinnvoll ist, ist deswegen zweifelhaft, weil der Strafzweck der Besserung allenfalls bei einer Freiheitsstrafe von mindestens sechs Monaten erreicht werden kann[152], die Strafe hier aber ohne die Berücksichtigung des Merkmals 42 stets kürzer ausfallen würde[153]. Gleichwohl ist es nicht ausgeschlossen, daß auch unterhalb dieser 6-Monats-Grenze noch relative Abstufungen nach dem Grad der Beeinflußbarkeit (insbesondere der Abschreckung) gefunden werden. Daher wird hier das Merkmal 42 noch einmal eingesetzt.

Dagegen fehlt das Merkmal 40; dies deswegen, weil die Dauer der Ersatzfreiheitsstrafe nicht von den wirtschaftlichen Verhältnissen des Täters abhängen soll. Diese Entscheidung wird jedoch in aller Regel nicht praktisch wichtig werden; denn die meisten Täter, welche die Ersatzfreiheitsstrafe antreten müssen, weil die Geldstrafe nicht vollstreckt werden konnte, werden bei dem Merkmal 40 den Wert 1,0 haben, so daß die Dauer der Ersatzfreiheitsstrafe unabhängig davon ist, ob die Nr. 17 ‚SRZ · „42" · „40" : 30' oder ‚SRZ · „42" : 30' heißt.

2.5.10. Fortführung des Beispiels aus 1.3.2.[154]

Zur weiteren Erläuterung dieser Regeln soll der eingangs[154] geschilderte Fall,

151 S. 130

152 So überzeugend *Zipf*, S. 130

153 Weil ja die für die Ersatzfreiheitsstrafe maßgebende Strafrohzahl unter der – generell bei sechs Monaten liegenden – Geld-Freiheitsstrafen-Grenze liegt.

154 S.o.S. 11 ff

der nur bis zur Ermittlung der Strafrohzahl verfolgt worden war, zu Ende gerechnet werden.

Die Werte der noch nicht verwendeten Merkmale lauten:[155]

Merkmal	Merkmalswert
40	1,0
41	1,0
42	1,0
43	1,0
44	1,0
45	1,0

Die Strafrohzahl betrug 468[156].

Im folgenden werden die Nummern der Entscheidungsregeln jeweils zunächst abstrakt und dann ausgefüllt mit den Merkmalswerten dieses Falles angeführt.

Nr. 2: SRZ · „41" = (2)
468 · 1,0 = 468

Nr. 3: Ist der Täter in den letzten 2 Jahren einschlägig verurteilt worden? Nein. Daher:

Nr. 5: (2) $\geq$ 5400?
Erreicht oder übersteigt die Zahl 468 die Zahl 5400? Nein. Daher

Nr. 20: Springe zu Nr. 16

Nr. 16: SRZ · „40" · 2/3 = Geldstrafe in DM
468 · 1,0 · 2/3 = 312 DM Geldstrafe

Nr. 17: SRZ · „42" : 30 = Ersatzfreiheitsstrafe in Tagen
468 · 1,0 : 30 = 7 Tage Ersatzfreiheitsstrafe

Nr. 18: Springe zu Nr. 12

Nr. 12: SRZ · „43" = (12)
468 · 1,0 = 468

Nr. 13: Fahrverbot oder Entzug der Fahrerlaubnis und Sperrfrist aus (12) gem. Vorschrift 2. Für § 316 Abs. II StGB gilt die Vorschrift 2/1[157]. Diese sieht unter Nummer 1)[158] (Alle Fälle außer § 42n III StGB) für einen Betrag des Produktes (12) von 468 (Gruppe 250–539) 3 Monate Fahrverbot vor.

---

155 Vgl. oben S. 13

156 S.o. S. 14

157 S.u. S. 152

158 S.o. S. 123

Der Urteilsspruch lautet also: 312 DM Geldstrafe, ersatzweise 7 Tage Freiheitsstrafe; 3 Monate Fahrverbot.

Diese Erläuterungen haben, so hoffen wir, die Allgemeinen Entscheidungsregeln verständlich gemacht. Die Form, in der diese Regeln aufgestellt werden, ist eine Folge ihrer allgemeinen Geltung für alle Tatbestände, die wiederum eine Anwendung des Schemas vereinfacht.

Auch eignet diese Form sich zur Verwendung programmgesteuerter Rechenmaschinen[159]. Dort werden nämlich Programme derart eingegeben, daß je nach der Beantwortung bestimmter Fragen verschiedene Wege eingeschlagen werden. Auch wird in diesen Maschinen mit Spring-Befehlen gearbeitet, die es ermöglichen, Hauptzüge des Programms nur einmal anzugeben und die Nebenzweige dort enden zu lassen, wo ihre Besonderheit aufhört.

2.5.11. Erläuterung der Vorschrift 3

Diese Vorschrift[160] berücksichtigt die geringere Präventionsbedürftigkeit eines Täters, der einen Angehörigen fahrlässig verletzt hat. Bei den §§ 222, 230 StGB hat das Merkmal 2 das Gewicht 15. Verletzt der Täter einen Angehörigen, so wird ihm diese Verletzung also nur mit weniger als der Hälfte ihres eigentlichen Gewichts zugerechnet. Die Ausnahme für § 142 beruht auf der Erwägung, daß eine Unfallflucht nach der Verletzung eines Angehörigen zumindest nicht weniger verwerflich und strafwürdig erscheint als nach der Verletzung anderer Personen.

Nach der Schuldrahmentheorie wäre es wohl unzulässig, daß eine Präventionstatsache nur *ein* Tatschuldmerkmal beeinflußt. Sie verlangt, daß alle Präventionsgesichtspunkte Einfluß auf die gesamte Tatschuld haben. Ob man dieser Forderung auch hier folgt, ist letztlich eine Wertungsfrage, deren Beantwortung von Billigkeitserwägungen abhängt. Man könnte die Forderung z.B. dadurch verwirklichen, daß die Verletzung von Angehörigen unter dem Merkmal 38 (Eigenschaden) bewertet wird, das stets mit allen Tatschuldmerkmalen multipliziert wird[161]. Wir halten es für angemessen, die Tatsache, daß das Opfer ein Angehöriger ist, nur insoweit zu berücksichtigen, als der Erfolg der Tat zugerechnet wird, und kommen daher zur Regel der Vorschrift 3.

---

159 Vgl. dazu unten S. 206

160 S.o. S. 128

161 Vgl. z.B. für § 222 StGB unten S. 143

2.6. Verknüpfungsregeln und Übersichten über die bei den einzelnen Tatbeständen zu bewertenden Merkmale

Nachdem die Merkmale, die Allgemeinen Entscheidungsregeln und sonstigen Vorschriften geklärt sind, bedarf es, damit ein Fall gelöst werden kann, nur noch der Bestimmung der Merkmale, die für die einzelnen Tatbestände relevant sind, sowie der Regeln über die Verknüpfung der Merkmalswerte.

§ 222 StGB
Übersicht über die zu bewertenden Merkmale

Kenn-Nummer	Kurzbezeichnung[162] des Merkmals	Merkmals-Zahlbereich	Gewicht	Merkmals-Endbereich
2	Fremdschaden, Personen-	100	15	1500
3	Fremdschaden, Sach-	1– . . .	3	3 –. . .
6	Zahl der Opfer			1,0 – 0,25
10	Ordnungswidrigkeit	5–500	1,5	7,5 – 750
15	Mitverschulden			0,1 – 1,0
16	Opfer-Persönlichkeit			0,535– 1,2
35	Fahrlässigkeit	10–100	8	80 – 800
36	Vorstrafen	1–83	9	9 – 747
37	Nachtatverhalten			0,8 – 1,275
38	Eigenschaden, Personen-			1,0 – 0,5
39	Eigenschaden, Sach-			1,0 – 0,8
40	Einkommen			1,0 – 2,5
41	Freiheitsstrafen-Empfindlichkeit			0,715– 1,0
42	Prognose			0,92 – 1,3
43	Fahrerlaubnis			0,72 – 1,1
44	Veränderungen			0,62 – 1,0
45	Sonstige Umstände			0,62 – 1,0

Verknüpfungsregel[163]

$$\langle[(2 \cdot 16 + 3) \cdot 15 + 10 + 35] \cdot 37 + 36\rangle \cdot 38 \cdot 39 = \text{SRZ}$$

Es gilt die Vorschrift 2/6.

---

162 Vgl. zur genauen Bezeichnung die Angaben im Merkmalkatalog oben S. 61 ff und die Übersicht über die Merkmale und ihre Kenn-Nummern unten S. 210 ff

163 Hier stehen die Zahlen für die Kenn-Nummern der Merkmale. „10 + 35" heißt also: Es sind die in dem zu beurteilenden Fall ermittelten Endzahlen der Merkmale 10 und 35 zu addieren; vgl. oben S. 14

Erläuterungen

Die Spalten „Merkmals-Zahlbereich" und „Merkmals-Endbereich" dienen nur der Vereinfachung und Übersicht. Der Merkmals-Zahlbereich umfaßt die Werte, welche die Merkmalszahlen nach dem Merkmalkatalog äußerstenfalls annehmen können. Er ist hier nur deshalb erneut angegeben, um die Lektüre zu erleichtern. Die Werte in der Spalte „Merkmals-Endbereich" geben den mit dem Gewicht multiplizierten Bereich an, d.h. den Bereich, den die Merkmalszahlen bei diesem Tatbestand tatsächlich ausfüllen können[164]. Ist z.B. der Täter vor 3 Jahren für eine Überschreitung der zulässigen Höchstgeschwindigkeit mit 100 DM Geldstrafe bestraft worden – Wert in Merkmal 36: 17 –, so werden ihm jetzt 153 Punkte[165] angerechnet.

Man könnte sich nun darauf beschränken, nur den – letztlich allein maßgeblichen – Endbereich anzugeben. Das hätte jedoch mehrere Nachteile. Zunächst wäre ein Merkmalkatalog, wie er hier verwendet wird, bedeutungslos, weil die Tatmodalitäten, die dort generell für alle Tatbestände gleichermaßen gewissen Merkmalsstärken zugeordnet werden, dann bei jedem Tatbestand neu zugeordnet werden müßten – je nach dem Gewicht, welches das Merkmal bei dem Tatbestand einnehmen soll. An Stelle einer kurzen Übersicht, wie sie hier genügt, müßte also bei jedem Tatbestand ein ganzer Ausschnitt aus dem Merkmalkatalog stehen. Auch könnte man aus dem Endbereich allein nicht unmittelbar das Tatbestands-Gewicht des Merkmals ablesen. Das wäre deshalb ein Nachteil, weil dieses Gewicht einen wichtigen Aufschluß über die Wertvorstellungen dessen gibt, der das Schema erstellt hat, nach den hier vorgetragenen Vorstellungen also: des zukünftigen Gesetzgebers[166]. An den Gewichten und den Merkmalsbereichen wird sich die Kritik, sofern sie die Methode als solche akzeptiert, immer entzünden.

Schließlich bedeutet die Angabe des Merkmals-Zahlbereiches und des Gewichtes eine Erleichterung für denjenigen, der mit dem Schema einen Fall zu beurteilen hat. Er wird im Laufe der Zeit, ohne daß er stets im Merkmalkatalog nachzusehen braucht, gewisse Zuordnungen „auswendig" wissen. Die „gelernte" Zahl braucht er dann nur noch mit dem in der Tatbestands-Übersicht angegebenen Gewicht zu multiplizieren. Gäbe es nur den Endbereich und damit für jeden Tatbestand besondere Zuordnungen, so wäre das „Auswendiglernen" sehr viel schwieriger, das Merkmalsystem wäre weniger übersichtlich[167].

---

164 Beispiel für das Merkmal 36: Merkmals-Zahlbereich 1–83, Gewicht 9, Merkmals-Endbereich 9–747; $1 \cdot 9 = 9$; $83 \cdot 9 = 747$

165 Gewicht des Merkmals 36 in der Übersicht: 9; $9 \cdot 17 = 153$

166 S.o. S. 46

167 Vgl. auch oben S. 13

Hier haben nur fünf Merkmale ein Tatbestands-Gewicht und damit verschieden große Merkmals-Zahl- und End-Bereiche. Bei den übrigen zwölf Merkmalen ist nur die Spalte „Merkmals-Endbereich" besetzt, und zwar mit Werten, die nur einen kleinen Raum um 1 herum einnehmen. Die Zahlen dieser Merkmale werden in den Verknüpfungs- oder Allgemeinen Entscheidungsregeln mit anderen Zahlen multipliziert. Ihr „Gewicht" ist daher nicht vom Tatbestand sondern von der Größe des anderen Multiplikanden abhängig[168]. Dagegen werden die Zahlen der Merkmale, die ein Tatbestands-Gewicht haben, in den Verknüpfungsregeln durch Addition verbunden.

Es verstößt nicht gegen das Verbot der Doppelverwertung von Tatbestandsmerkmalen, wenn hier die bloße Tatsache, daß der Tod eines Menschen eingetreten ist, bei der SZ bewertet wird. Es ist nur richtig, daß bei einer Methode, die nur relativ wirkende Aussagen zuläßt, beim Tatbestand des § 222 StGB allein der Tod einer Person das Strafmaß nicht schärfend oder mildernd beeinflussen darf. Aber auch bei dieser Methode wirkt der Tod auf das Strafmaß ein: Er kennzeichnet die Einstiegsstelle[169] in den Strafrahmen. Fährt nämlich jemand bei Rotlicht über eine Kreuzung, so zahlt er 60 DM Strafe. Tötet er dabei einen Menschen, so bekommt er dafür nach der bisherigen Praxis – im Durchschnitt und unter sonst „normalen" Umständen – eine etwa 40mal höhere Geldstrafe – ohne Zweifel eine Strafmaßrelevanz des Todes-„Erfolges".

Die zwingende Vorschrift „Tod = 1500 Punkte" ist gewissermaßen die Einstiegsstelle in den Strafrahmen, von der aus die übrigen Merkmale nach oben oder unten weisen. Nur wird dies hier nicht in dieser Weise deutlich, weil die Addition bei Null beginnt.

Die Möglichkeit, auch mit dieser Methode praktikable und gerechte Ergebnisse zu erzielen, weist auf einen Gedanken hin, der nur im Hinblick auf die Maxime der Praxisnähe und des Haftens am geltenden Recht, welche diese Arbeit beherrscht, nicht weiter verfolgt wurde. Es ist ein System – jedenfalls des Verkehrsstrafrechts – denkbar, das ohne Tatbestände im herkömmlichen Sinne auskommt. Steht ein Angeklagter vor dem Richter, so mustert dieser alle Merkmale des Merkmalkataloges durch. Es wird auch dort Merkmale geben, die nur dann zu berücksichtigen sind, wenn bestimmte andere Merkmale verwirklicht sind. Es wird also Voraussetzungen für die Merkmalsbewertung geben, die der Schuldfeststellung iwS. nach der herkömmlichen Methode durchaus vergleichbar sind. Das ändert aber nichts daran, daß der Richter, ohne eine Schuldfeststellung im Hinblick auf einen Tatbestand getroffen zu haben, das Verhalten des Angeklagten unter grundsätzlich allen Merkmalen würdigt. Die verwirklichten Merkmale behandelt er nach gewissen Regeln,

---

168 S. dazu ausführlich oben S. 95

169 Vgl. *Bruns*, S. 37, 60

vergleichbar den hier gegebenen Verknüpfungsregeln, und errechnet damit eine Strafe. Der Vorteil eines solchen Systems läge in seiner Klarheit. Dort würden gleiche Verhaltensweisen in jedem Fall gleich behandelt, unabhängig davon, in welchem Zusammenhang sie stehen, und es gäbe keine Probleme der Ideal- und Gesetzeskonkurrenz.

Aber nicht nur bei den Konkurrenzen, auch sonst ist evident, daß unsere überkommenen Tatbestände nicht die einzige – und wohl auch nicht die beste – Möglichkeit darstellen, strafrechtlich relevantes Tun zu erfassen. Derjenige beispielsweise, der durch unachtsames Fahren drei Menschen zu Krüppeln macht, wird nach demselben Tatbestand verurteilt, wie der, der jemandem eine Hautabschürfung beigebracht hat. Dagegen gibt es für den Täter einer fahrlässigen Tötung einen anderen Tatbestand mit anderem Strafrahmen.

Soweit in diesem Schema Unstimmigkeiten bestehen, sind sie im wesentlichen darauf zurückzuführen, daß ein Merkmalsystem tatbestandsgerecht und praxisnah bleiben sollte. Ein reines Merkmalsystem ohne Bindung an die herkömmlichen Tatbestände wäre gewiß sehr viel einfacher und nahtloser durchzuführen; es bedürfte z.B. schon nicht für jeden Tatbestand einer eigenen Merkmalsauswahl und brauchte keine Verknüpfungsregeln, wie sie hier erforderlich sind. Auch das Problem der Doppelverwertung von Tatbestandsmerkmalen tauchte in einem solchen System natürlich nicht auf.

Der Ausgangspunkt dieser Gedanken – 1500 Punkte für den Tod eines Menschen – gibt Anlaß zu der weiteren vorsorglichen Bemerkung, daß aus dieser Vorschrift keinesfalls geschlossen werden darf, die Mindeststrafe für fahrlässige Tötung betrage hier nach Nr. 16 der Entscheidungsregeln 1000 DM[170] [171]. Vielmehr liegt die nach diesem Schema theoretisch niedrigste Strafe für fahrlässige Tötung etwa bei 40 DM.

Schon durch das nur mit dem Merkmal 2 multiplizierte Merkmal 16[172] kann nämlich das Produkt „2 · 16" auf den Wert 802,5 sinken. Soweit Besonderheiten der Persönlichkeit des Opfers in Frage stehen, beeinflussen diese nur das Maß, mit welchem dem Täter der Erfolg zugerechnet wird, also hier nur das Merkmal 2, nicht etwa auch den Grad der Fahrlässigkeit o.ä. Daher wird hier zunächst das Produkt „2 · 16" gebildet.

Der Sachschaden wird addiert[173]. Die Berücksichtigung auch des Sachschadens im Strafmaß für fahrlässige Tötung ist zulässig[174].

---

170 Nr. 16 der Entscheidungsregeln gibt als Umrechnungsgröße der Strafrohzahl in die Geldstrafe den Faktor 2/3, s.o. S. 122. 1500 · 2/3 = 1000.

171 Zur Geldstrafendrohung entgegen dem Wortlaut des § 222 StGB vgl. § 14 Abs. II

172 Vgl. die Verknüpfungsregel oben S. 143

173 „2 · 16 + 3" in der Verknüpfungsregel

174 BGH VRS 21, 45, 46

Es wird immer wieder mit Recht hervorgehoben, daß das Mitverschulden Dritter die Strafhöhe beeinflußt[175]. Dies ist jedoch insoweit die einzige Aussage, welche die herkömmliche Methode der SZ machen kann. Folgt man der hier vertretenen Auffassung, nach der die Frage nach der Höhe des Mitverschuldens die Frage danach ist, welcher Anteil am *Erfolg* der Straftat einem anderen zuzurechnen ist[176], so kann das Mitverschulden Dritter dem Täter auch nur insoweit zugute kommen, als ihm der Erfolg angerechnet wird. Denn nach dieser Meinung darf das Mitverschulden keinen Einfluß auf den Grad der Fahrlässigkeit o.ä. haben. Dieser Regel entspricht die Multiplikation des Merkmals 15 nur mit den „Erfolgs-Merkmalen" 2 und 3[177]. In der herkömmlichen SZs-Lehre ist eine solche Aussage zwar auch möglich, aber nicht sinnvoll realisierbar, da man schon nicht weiß, mit welchem Gewicht der Erfolg in das Strafmaß eingeht. Weil man diese Kenntnis hier hat, kann man auch das Mitverschulden auf die Erfolgszurechnung beschränken.

Die Merkmale 10 (Ordnungswidrigkeit) und 35 (Fahrlässigkeit) werden addiert. Verstöße gegen die StVO dürfen, auch wenn sie für den tödlichen Unfall nicht ursächlich sind, beim Strafmaß bewertet werden[178]. Der Grad der Fahrlässigkeit ist unbestritten ein wesentliches Kriterium für die SZ. Dem entspricht das Gewicht 8, welches das Merkmal 35 bei diesem Tatbestand hat[179]. Der Zahl 1,5 in der Spalte „Gewicht" bei dem Merkmal 10 liegt folgende Erwägung zugrunde: Der Wert dieses Merkmals wird zunächst bestimmt durch die Höhe der Buße in DM, die nach dem Bußgeldkatalog für einen solchen Verstoß zu verhängen wäre[180]. Das Geldstrafenniveau verhält sich zum Punktniveau des Schemas wie 2:3[181]. Will man nun eine schon feststehende Geldbuße in eine dem Schema entsprechende Punktzahl umwandeln, so muß man sie mit 3/2 = 1,5 multiplizieren[182].

---

175 Auch hierüber informiert *Bruns* (S. 384 ff) ausgezeichnet mwN.

176 S.o. S. 108

177 Vgl. den Ausdruck „(2 · 16 + 3) · 15" in der Verknüpfungsregel. Die Klammer dient nur der Vereinfachung. Äquivalent wäre der Ausdruck „2 · 16 · 15 + 3 · 15".

178 So für Geschwindigkeitsüberschreitungen BGH VRS 12, 46, 51 und BGH VRS 26, 203, 205; a.A. *Göhler*, Gesetz über Ordnungswidrigkeiten § 17 Anm. 3,A). Vgl. auch Elmar *Müller*, ZfVerkehrssicherheit 60, 291, 301 unter 3).

179 Siehe Übersicht oben S. 143

180 Vgl. oben S. 67

181 Vgl. Nr. 16 der Entscheidungsregeln (S. 122):
SRZ · „40" · 2/3 = Geldstrafe in DM

182 Das verdeutlicht folgende Umwandlung der Nr. 16 der Entscheidungsregeln:
SRZ · „40" · 2/3 = Geldstrafe in DM (· 3)
SRZ · „40" · 2 = Geldstrafe in DM · 3 (: 2)
SRZ · „40" = Geldstrafe in DM · 3/2

Die eckige Klammer [ ] enthält alle „Tatschuld"-Komponenten. Das Verhalten nach der Tat (Merkmal 37), mit dem die Summe dieser Komponenten nun multipliziert wird, kann verschieden auf diese Summe einwirken. Ist der Merkmalswert größer als 1, so vergrößert er die in der Klammer stehende Punktzahl; ist er kleiner als 1, verringert er sie, und ist er schließlich gleich 1, dann läßt er sie unberührt.

Die Vorstrafen-Punktzahl (Merkmal 36) kann sich nach der Verknüpfungsregel nicht durch das Nachtatverhalten verändern; denn sie wird erst dann addiert, wenn die „Tatschuld-Klammer" schon mit dem Nachtatverhalten multipliziert ist. Die Vorstrafen dienen – ebenso wie das Merkmal 37 – der Persönlichkeitsbewertung des Täters, aber sie betreffen eben gerade das für die SZ relevante Verhalten des Täters *vor* der Tat. Daher sollen Tatgewicht und Vorleben bei der Strafmaßbestimmung nicht abhängig voneinander sein. Ferner wird durch das Merkmal 37 die Einstellung des Täters zur abzuurteilenden Tat, nicht aber zu den schon abgeurteilten Vortaten bewertet. Diese erscheinen durch gutes Nachtatverhalten nicht in einem besseren, durch schlechtes nicht in einem schlechteren Licht. Auch diese Erwägung rechtfertigt die hier vorgenommene Verknüpfung dieser Merkmale.

Der Eigenschaden hingegen (Merkmale 38, 39) soll alle SZs-Komponenten beeinflussen können: Multiplikation mit der alles umfassenden Winkelklammer ⟨ ⟩. Dem selbst schwer Verletzten sollen auch seine Vorstrafen nur mit einem Bruchteil ihres eigentlichen Gewichts angelastet werden. Die Stellung der Merkmale 36, 37, 38 und 39 gilt in gleicher Weise in den Verknüpfungsregeln für die übrigen Tatbestände. Sie braucht daher im folgenden nicht stets neu erläutert zu werden.

Die Verknüpfungsregel, die auf den ersten Blick vielleicht etwas undurchdringlich anmutet, ist durch diese Erklärungen verständlich geworden. Wenn man sich die Bedeutung von Klammern klarmacht – daß ihr Inhalt zunächst berechnet wird – und weiß, daß sie nur der Vereinfachung dienen[183], dann wird man den Gehalt auch der anderen Verknüpfungsregeln schnell und leicht erfassen können.

Für den Fall, daß mehrere Personen getötet wurden, gilt folgende *Verknüpfungsregel:*

$$\langle[(2_1 \cdot 15_1 \cdot 16_1 + 2_2 \cdot 15_2 \cdot 16_2 + 2_3 \cdot 15_3 \cdot 16_3 + \ldots) \cdot$$
$$\cdot\, 6 + 3 \cdot 15 + 10 + 35] \cdot 37 + 36\rangle \cdot 38 \cdot 39 = \mathrm{SRZ}$$[184].

183 Man könnte, indem man alle Klammern auflöst, die Verknüpfungsregel für § 222 StGB auch folgendermaßen schreiben:
$2 \cdot 16 \cdot 15 \cdot 37 \cdot 38 \cdot 39 + 3 \cdot 15 \cdot 37 \cdot 38 \cdot 39 + 10 \cdot 37 \cdot 38 \cdot 39 + 35 \cdot 37 \cdot 38 \cdot$
$\cdot\, 39 + 36 \cdot 38 \cdot 39$
Das wäre jedoch sehr viel länger, unübersichtlicher und schwieriger zu berechnen.

184 Das ist die in Form der Verknüpfungsregeln gebrachte Regel I) zur Anwendung des Merkmals 6 (s.o.S. 103).

Die Indizes $_{1,2,3}$ bezeichnen jeweils ein Todesopfer. Es sind also das Mitverschulden Dritter und die Besonderheiten in der Person des tödlich Verletzten gesondert zu bewerten. Das Merkmal 6 gibt den Rabatt an, der bei mehreren Opfern gewährt wird.

Diese Verknüpfungsregel gilt allgemein bei mehreren Verletzten. Für den Ausdruck „(2 · 16 + 3) · 15" in den Verknüpfungsregeln von §§ 222, 230 StGB und Konkurrenzen ist also, falls mehrere Personen verletzt sind, stets zu schreiben:

$$„(2_1 \cdot 15_1 \cdot 16_1 + 2_2 \cdot 15_2 \cdot 16_2 + \ldots) \cdot 6 + 3 \cdot 15".$$

Die Gefährdung Nichtverletzter ist nur in § 315c StGB unter Strafe gestellt. Die Merkmale 4 und 5 können also hier nicht angewendet werden. Wenn Nichtverletzte gefährdet wurden, kann das nur insoweit im Merkmal 10 bewertet werden, als spezielle Bestimmungen der StVO verletzt sind. Im übrigen kann die abstrakte Gefährlichkeit des zum Unfall führenden Verhaltens unter Merkmal 35 bewertet werden, da ihr in der Regel eine gröbere Fahrlässigkeit korrespondiert. Diese abstrakte Gefährlichkeit darf aber mit keiner konkreten Gefährdung verwechselt werden, weder mit der notwendig der Verletzung des Getöteten vorausgehenden noch mit der Gefährdung Nichtverletzter.

§ 230 StGB

Die *Übersicht über die zu bewertenden Merkmale* ist identisch mit der Übersicht zu § 222 StGB[185] – bis auf drei Ausnahmen:

Kenn-Nr.	Kurzbezeichnung des Merkmals	Merkmals-Zahlbereich	Gewicht	Merkmals-Endbereich
2	Fremdschaden, Person	1– 78	15	15–1170
35	Fahrlässigkeit	10–100	2	20– 400
36	Vorstrafen	1–83	5	5– 415

Die weitgehende Identität hat ihren Grund in der Ähnlichkeit der Tatbestände. Sie unterscheiden sich lediglich durch die Schwere des Erfolges. Daher hat das Merkmal 2 jetzt den Bereich von 1–78, d.h. von der leichtesten bis zur schwersten Verletzung[186].

Warum unterscheiden sich aber die Gewichte der Vorstrafen und der Fahrlässigkeit so erheblich von den Gewichten dieser Merkmale bei § 222 StGB? Diese Frage berührt ein wichtiges Problem des Schemas und der hier vorgelegten Methode der SZ überhaupt. Jedes Gewicht eines Merkmals in einem Tatbestand sagt zweierlei aus: Es gibt an, wie schwer dieses Merkmal bei diesem Tatbestand im Verhältnis zu seinem Gewicht bei anderen Tatbeständen wie-

---

185 S.o. S. 143

186 Vgl. die Zuordnungen der Beispiele im Merkmalkatalog oben S. 62 ff

gen soll. Es zeigt aber zugleich, mit welchem Gewicht dieses Merkmal im Verhältnis zu den anderen bei diesem Tatbestand in Frage kommenden Merkmalen in das Strafmaß eingehen soll. Wenn nun die Durchschnittsstrafe bei zwei Delikten – entsprechend vielleicht schon ihrem Strafrahmen, d.h. ihrer abstrakten Schwere – unterschiedlich hoch ist, ein Merkmal aber mit dem gleichen Gewicht bei beiden erscheint, so hat es im Druchschnitt bei dem schwereren Tatbestand ein geringeres Gewicht im Verhältnis zur endgültigen Strafe als bei dem leichteren Tatbestand. Auf die Frage, „Warum haben die Vorstrafen beim Tatbestand des § 222 StGB ein stärkeres Gewicht als bei dem des § 230 StGB?", ist also zu antworten: Weil sie im Verhältnis zur Durchschnittsstrafe des § 222 StGB ein *etwa* gleich starkes Gewicht haben sollen wie im Verhältnis zur Durchschnittsstrafe des § 230 StGB, die merklich unter der des § 222 StGB liegt[187]. Diese Forderung nach gleichem Verhältnis von Merkmalszahlen zu Tatbestandsschwere braucht nicht denknotwendig erhoben zu werden. Sie erscheint aber – insbesondere im Hinblick auf die Praxis der Gerichte – als sinnvoll.

Man kann zwar, um das bei verschiedenen Verkehrsdelikten sehr unterschiedliche durchschnittliche Strafenniveau zu erreichen, auch diejenigen Merkmale, die einen schweren Tatbestand von einem leichten unterscheiden, besonders stark bewerten, z.B. den Tod bei § 222 StGB. Eine Bewertungsstärke über das in diesem Schema vorgeschlagene Maß hinaus schien aber in den meisten Fällen nicht mehr angemessen. Deswegen mußten die Gewichte gleicher Merkmale verschieden schwer ausfallen, wenn die Maxime der Praxisnähe immer befolgt werden sollte. Beide möglichen Alternativen – verschiedene Gewichtung gleicher Merkmale oder extrem starke Bewertung der für einen Tatbestand spezifischen Merkmale – mag man für anfechtbar halten. Man muß dann dieses Urteil aber auch über die SZs-Praxis der Gerichte fällen. Denn es handelt sich – wie auch bei anderen Fragen[188] – hier nicht um ein auf das Schema isoliertes Problem, sondern das Schema zwingt zum Nachdenken über Fragen, die grundsätzlich jeder SZs-Methode gestellt sind; nur werden sie bei der herkömmlichen Methode nicht sichtbar.

Man könnte sich nun mit der hier vorgeschlagenen Lösung – verschiedene Gewichtung gleicher Merkmale mit dem Zweck, das Gewicht eines Merkmals im Verhältnis zur Durchschnittsstrafe eines jeden Tatbestandes ungefähr gleich zu halten – begnügen, wenn diese Durchschnittsstrafe nicht aus so vielen, weit auseinanderliegenden, sehr hohen und sehr niedrigen Strafen gebildet

---

187 Vgl. die Zusammenstellungen bei *Laum,* Die richterliche SZ S.78, 84, 85 (§ 222) und 89, 90, 98 (§ 230), und die Übersicht bei *Ander,* Verkehrsdelikte, verurteilte Personen und ihre Strafen nach den Mitteilungen zum Verkehrszentralregister S. 88/89 jeweils unter B).

188 z.B. der fehlenden Kriterien für die Sperrfristbestimmung, s.o. S. 138 ff.

wäre. In die Durchschnittsstrafe des § 230 StGB geht die fahrlässige Herbeiführung von 5 Querschnittslähmungen ebenso ein wie das Verschulden an einer Hautabschürfung. Und in beiden Fällen ist das Vorstrafengewicht 5, – geringer als auch bei der leichtesten Verwirklichung des § 222 StGB. M.a.W.: Es ist sehr fraglich, ob der gesetzliche Tatbestand mit seiner breiten Verwirklichungsmöglichkeit ein geeigneter Anknüpfungspunkt für ein Merkmals-Gewicht ist. Man könnte, um diesem Dilemma zu entgehen, an die konkrete Deliktsschwere anknüpfen, also im Einzelfall an die Merkmalsstärke der übrigen Merkmale: Je schwerer diese sind, desto größer soll das Gewicht des zu beurteilenden Merkmals sein. Das ist aber gerade das Spezifikum faktorieller Bewertung (wie z.B. bei dem Verhalten nach der Tat – Merkmal 37 – oder der Bewertung der Blutalkohol-Konzentration – Merkmal 1 –): direkte Abhängigkeit von der Stärke anderer Merkmale. Warum aber sollen Vorstrafen und Fahrlässigkeit – unabhängig von ihrer konkreten Verwirklichung – von vornherein schwerer wiegen, wenn auch die Folgen der Tat o.ä. schwerer sind? Die Abhängigkeit des Merkmalsgewichtes vom gesetzlichen Tatbestand ist also ein Kompromiß zwischen völliger Tatunabhängigkeit der Gewichte – alle Merkmale hätten überall gleiches Gewicht – und direkter Tatabhängigkeit – Eingehen in die Verknüpfungsregeln als Faktoren. Ein Weg zu einer besseren Lösung führte vielleicht über die Verknüpfungsregel: Die Mathematik verfügt über mehr Verknüpfungen als die hier benutzte Addition und Multiplikation. Es ist nicht ausgeschlossen, daß mit Hilfe exponentieller oder logarithmischer Verknüpfungen noch bessere Ergebnisse erzielt werden können.

Die *Verknüpfungsregel* lautet:

$$\langle [(2 \cdot 16 + 3) \cdot 15 + 10 + 35] \cdot 37 + 36 \rangle \cdot 38 \cdot 39 = \mathrm{SRZ}$$

Sie ist also identisch mit derjenigen von § 222 StGB[189]. Es gilt die Vorschrift 2/4. Der vergleichsweise große Divisor (160) in der Formel dieser Vorschrift bewirkt relativ kurze Sperrfristen. Er wurde deshalb gewählt, weil der Täter des § 230 StGB nicht – wie der des § 316 StGB und anderer Tatbestände – in der Regel vorsätzlich eine gefährliche Bedingung setzt, die zwar nicht notwendig,aber doch mit einiger Wahrscheinlichkeit zum sozial schädlichen Erfolg führt. Eine fahrlässige Körperverletzung allein beruht zumeist auf einem einmaligen Versagen im Straßenverkehr, das ein schwächeres Indiz für eine fehlende Eignung zum Führen von Kraftfahrzeugen ist als etwa das Fahren in alkoholisiertem Zustand.

Ein dem Unfall vorangegangener Alkoholgenuß darf im Strafmaß für § 230 StGB allein nicht berücksichtigt werden. Ist Fahruntüchtigkeit gegeben, so

189 S.o. S. 143

konkurriert § 230 mit § 315c StGB. Hat der Alkoholgenuß dagegen nicht zu einer Fahruntüchtigkeit geführt, so darf er auch nicht strafschärfend bewertet werden[190]. Daher fehlt das Merkmal 1 bei diesem Tatbestand.

§ 316 StGB
Übersicht über die zu bewertenden Merkmale

Kenn-Nr.	Kurzbezeichnung des Merkmals	Merkmals-Zahlbereich	Gewicht	Merkmals-Endbereich
1	Blutalkohol			1,3 – 1,65
3	Fremdschaden, Sach-	1–...	3	3 –...
7	Länge der Fahrt	1–...	4	4 –...
8	Gefährlichkeit	10– 50	2	20 –100
9	Verkehrsstärke	10– 50	2	20 –100
10	Ordnungswidrigkeit	5–500	1,5	7,5 –750
15	Mitverschulden			0,1 – 1,0
26	Vorsatz, Fahruntüchtigkeit			2,05– 3,0
32	Fahrvorsatz	1– 30	6	6 –180
33/2	Zweck der Fahrt			0,65– 1,6
34	Fahrlässigkeit, Fahruntüchtigkeit	10– 50	3	30 –150
36	Vorstrafen	1– 83	9	9 –747
37	Nachtatverhalten			0,8 – 1,275
38	Eigenschaden, Personen-			1,0 – 0,5
39	Eigenschaden, Sach-			1,0 – 0,8
40	Einkommen			1,0 – 2,5
41	Freiheitsstrafen-Empfindlichk.			0,715– 1,0
42	Prognose			0,92– 1,3
43	Fahrerlaubnis			0,72– 1,1
44	Veränderungen			0,62– 1,0
45	Sonstige Umstände			0,62– 1,0

Verknüpfungsregel

$$\langle[(3 \cdot 15 + 7 + 8 + 9 + 10 + 32) \cdot 1 + 34] \cdot 26 \cdot 33 \cdot 37 + 36\rangle \cdot$$
$$\cdot\, 38 \cdot 39 = SRZ$$

Für § 316 II StGB gilt die Vorschrift 2/1, für § 316 I StGB die Vorschrift 2/4.

190 BGHSt 4, 340, 344; BGH VRS 25, 256; OLG Hamm VRS 15, 45: *Mühlhaus,* DAR 65, 141, 144 mwN.

Erläuterungen

Bei Vorsatz gilt – die wegen des größeren Divisors für den Täter günstigere – Vorschrift 2/4 deshalb, weil es bei Anwendung der Vorschrift 2/1 in praxi nur sehr wenige Fälle der vorsätzlichen Trunkenheitsfahrt gäbe, bei denen die Fahrerlaubnis nicht für 5 Jahre oder gar auf Lebenszeit entzogen würde; denn die Strafen des § 316 I StGB sind in aller Regel wesentlich höher als die des § 316 II[191].

Die meisten Täter des § 316 StGB werden bei Routinekontrollen gefaßt. Sobald ein Unfall mit Sachschaden geschieht, liegt in der Regel § 315c StGB vor. Trotzdem kann auch hier das Merkmal 3 erfüllt sein, und es kann auch einen Dritten ein Mitverschulden am eingetretenen Sachschaden treffen. Daher wird auch hier in der Verknüpfungsregel das Produkt „3 · 15" gebildet.

Die Länge der Fahrt (Merkmal 7) hat Einfluß auf das Strafmaß. Wer nur 300 m mit dem Kraftfahrzeug zurücklegt, handelt ceteris paribus weniger verwerflich und bildet eine geringere abstrakte Gefahr[192] als derjenige, der viele Kilometer in fahruntüchtigem Zustand fährt. Nun hängt es zwar vom Zufall ab, wieviele Kilometer der Täter schon zurückgelegt hat, ehe er in eine Kontrolle gerät; es erscheint aber trotzdem nicht sinnvoll, die *geplante* Länge der Fahrtstrecke zum Maßstab zu machen, weil diese nur in den seltensten Fällen nachzuweisen sein wird. Auch ist die Länge der zurückgelegten Fahrtstrecke nicht weniger zufällig, als z.B. die Tatsache, daß keine Gefährdung oder Verletzung anderer eingetreten ist, die zu einer Bestrafung nach § 315c StGB geführt hätte[193]. Wenn man also den Erfolg bewertet, weil er eine Rechtsgutsverletzung darstellt, obwohl er nicht vom Willen des Täters abhängt, so steht nichts entgegen, die abstrakte Gefährlichkeit, auch soweit sie sich in der „zufälligen" Länge der Fahrtstrecke offenbart, gleich zu behandeln.

Auf einer nächtlichen unbeleuchteten Schnellstraße im Schneetreiben ist ein alkoholisierter Fahrer gefährlicher als am hellen Tag auf trockener Fahrbahn, die nur mäßige Geschwindigkeiten zuläßt. Dem trägt das Merkmal 8 Rechnung. Auch dieses Merkmal bewertet die abstrakte Gefährlichkeit, die im Fahren in fahruntüchtigem Zustand liegt.

---

191 Zur Problematik der bei verschiedenen Tatbeständen unterschiedlichen Vorschriften für den Entzug der Fahrerlaubnis vgl. oben S. 138 ff.

192 Zur Relevanz der abstrakten Gefährlichkeit für die SZ OHR, Blutalkohol 68, 124, 125, vor 4).

193 *Schröder (Schönke-Schröder*, § 316 RdNr. 6) nennt es unbefriedigend, daß mehr oder weniger der Zufall darüber entscheide, ob § 315c oder § 316 StGB Anwendung finde; ähnlich *Schütt*, 3. deutscher Verkehrsgerichtstag 143, 158.

Diese abstrakte Gefährlichkeit wächst auch mit zunehmender Verkehrsdichte. Sie wird durch Merkmal 9 berücksichtigt. Ein während der Fahrt begangener Verstoß gegen die StVO soll auch bei § 316 StGB bewertet werden: Merkmal 10.

Der Fahrvorsatz bei Beginn des Trinkens (Merkmal 32) wird mit Recht als strafmaßerheblich angesehen[194]. Der Täter, der bei Beginn des Alkoholkonsums genau weiß, daß er im Anschluß daran ein Fahrzeug führen wird, handelt verwerflicher als jener, der nicht damit rechnet. Auch hier ist es im konkreten Fall naturgemäß schwierig, den wahren Sachverhalt zu erforschen. Als Grundsatz wird aber gelten müssen, daß derjenige, der im eigenen Auto vom Ort des Trinkens nach Hause fährt, eine Schutzbehauptung aufstellt, wenn er ohne entsprechende Indizien (Abgabe des Wagenschlüssels etc.) vorbringt, er habe sich zunächst vorgenommen, seinen Wagen nicht mehr selbst zu steuern. Der Bereich der Merkmalszahlen von 1 bis 30 zeigt, daß es als dreißigmal schlimmer angesehen wird, einen starken Fahrvorsatz zu haben, als gefahren zu sein, ohne mit dieser Möglichkeit bei Trinkbeginn gerechnet haben zu müssen. Umfaßte der Merkmalszahlbereich die Werte von 10 bis 50, so stünden schwerste und geringste Verwirklichungsart des Merkmals nur im Verhältnis 5:1.

Auch die stärkste Form des Fahrvorsatzes (180 Punkte als Endzahl) fällt bei einer im übrigen schweren Tat kaum ins Gewicht, während er eine sonst kleine Punktzahl relativ stark anhebt. Das ist eine Folge dessen, daß das Merkmal 32 als Summand in die Verknüpfungsregel eingeht. Ginge es jedoch als Faktor ein, so erhöhte z.B. ein starker Fahrvorsatz die Strafe bei im übrigen schweren „Tatschuld"-Merkmalen um einen größeren Betrag, als wenn die sonstige „Tatschuld" gering ist. Es ist sehr fraglich, ob das angemessen wäre. Es erscheint eher richtig, daß bei schwerer sonstiger „Tatschuld" der Fahrvorsatz an Wichtigkeit verliert – das aber ist die Eigenart der Summandenbewertung.

Die bisher genannten Merkmalszahlen einschließlich des Produktes „3 · 15" werden summiert, das Ergebnis mit dem Wert des Merkmals 1 (Blutalkohol-Konzentration) multipliziert[195].

Die Zahl des Merkmals 34 (Fahrlässigkeit im Hinblick auf die Fahruntüchtigkeit) soll nicht durch die Multiplikation mit dem Merkmal 1 erhöht werden.

---

194 Vgl. *Floegel-Hartung* § 316 StGB RdNr. 23. OLG Hamm, Blutalkohol 63, 122, 123: Das Fehlen an sich möglicher Feststellungen darüber, ob der Angeklagte den Alkohol trank, obwohl er noch fahren wollte, sei ein sachlicher Rechtsfehler. BGH DAR 68, 242, 243 = VRS 35, 106, 108/109: Das Trinken von Alkohol in einer die Fahruntüchtigkeit bewirkenden Menge in Kenntnis der bevorstehenden Fahrt schließe für sich allein die Annahme eines Durchschnittsfalles nicht aus. Damit ist die Strafmaßrelevanz des Fahrvorsatzes impliziert.

195 Zur Frage, warum das Merkmal 1 als Faktor in die Verknüpfungsregeln eingeht, vgl. oben S. 95 ff.

Daher steht es nicht in der runden Klammer ( ), deren Inhalt mit Merkmal 1 multipliziert wird. Die Fahrlässigkeit in Bezug auf das Nichterkennen der Fahruntüchtigkeit hängt in der Regel (jedenfalls auch) von der Stärke der Blutalkohol-Konzentration ab. Ihr Wert wird also meistens mit steigendem Blutalkoholspiegel anwachsen. Es wäre unter diesem Gesichtspunkt nicht zu billigen, einen hohen Blutalkoholwert noch einmal – durch Multiplikation mit der schon vom Blutalkohol beeinflußten Zahl des Merkmals 34 – zu bewerten.

Das Merkmal 34 entfällt bei vorsätzlicher Begehung des § 316 StGB. Es wird dementsprechend auch nicht – wie die anderen bisher genannten Merkmale – mit dem Merkmal 26 (Intensität des Vorsatzes im Hinblick auf die Fahruntüchtigkeit) multipliziert. Die Faktorenstellung dieses Merkmals wurde schon oben[196] erläutert, ebenso wie die Stellung der Merkmale 36, 37, 38 und 39[197].

Für das Merkmal 33 (Zweck der Fahrt) gilt dasselbe wie für das Verhalten nach der Tat (Merkmal 37): Es soll auf alle „Tatschuld"-Komponenten Einfluß haben, nicht aber auf die Bewertung der Vorstrafen. Das Vorleben des Täters soll nicht deswegen in milderem Licht erscheinen, weil die Motivation der Fahrt in fahruntüchtigem Zustand relativ billigenswert ist. Daher wird das Merkmal 36 nicht auch mit dem Merkmal 33 multipliziert. Wohl aber mildert eine solche Motivation die Schwere der die Tat selbst beschreibenden Merkmale. Die faktorielle Berücksichtigung des Tatzwecks ist geboten, wenn nicht seine Wirkung in extremen Fällen ganz unangemessen sein soll. Wäre das Merkmal 33 ein Summand, so minderte ein achtenswerter Zweck eine geringe „Tatschuld" (das ist hier die eckige Klammer [ ]) im Verhältnis unangemessen stark, während derselbe Zweck bei einer großen „Tatschuld" im Verhältnis zur Höhe der Strafe kaum ins Gewicht fiele. Diese Erwägungen und die Stellung des Merkmals in den Verknüpfungsregeln ändern sich auch bei anderen Tatbeständen nicht. Es kann daher im folgenden auf eine erneute Erörterung verzichtet werden.

Wenn ein Merkmal – wie z.B. 33[198] – mehrere Alternativen für verschiedene Tatbestände hat, so wird die einschlägige Alternative – hier 33/2 – nicht eigens in den Verknüpfungsregeln aufgeführt. Dort genügt die Angabe des Merkmals überhaupt; welche Alternative zu wählen ist, ergibt sich aus der Übersicht und dem Merkmalkatalog.

---

196 S. 111 f

197 S.o. S. 148

198 S.o. S. 81

§ 315c I Nr. 1a, III StGB

Die *Übersicht über die zu bewertenden Merkmale* ist identisch mit der Übersicht zu § 316 StGB[199] – bis auf vier Ausnahmen. Folgende Merkmale kommen hinzu:

Kenn-Nr.	Kurzbezeichnung des Merkmals	Merkmals-Zahlbereich	Gewicht	Merkmals-Endbereich
4, 4/1	Gefährdung, Personen	45–150	1	45 –150
5	Gefährdung, Sachen	1– . . .	1	1 – . . .
6	Zahl der Gefährdeten			1,0– 0,25
35	Fahrlässigkeit	10–100	3	30 –300

Verknüpfungsregel

$$\{\langle[(3+4+5)\cdot 15+7+8+9+10+35+32]\cdot$$
$$\cdot\, 1+34\rangle\cdot 26\cdot 33\cdot 37+36\}\ \cdot 38\cdot 39=\text{SRZ}$$

Für § 315c III gilt die Vorschrift 2/1, für § 315c I Nr. 1a StGB die Vorschrift 2/4[200].

Erläuterungen

Ebenso wie die Übersicht ist auch die Verknüpfungsregel hier bis auf wenige Ausnahmen identisch mit jener des § 316 StGB. Die Erläuterungen können sich daher auf diese Ausnahmen beschränken.
Zu dem Merkmal 3 treten hier die Merkmale 4 und 5 hinzu. Sie werden in der heutigen Praxis der SZ – jedenfalls in den Urteilsgründen – kaum berücksichtigt[201]. Auch eine Gefährdung ist dem Täer nicht in voller Höhe zuzurechnen, wenn bei ihrer Entstehung ein Verschulden anderer mitgewirkt hat. Daher werden auch die Merkmale 4 und 5 vom Merkmal 15 erfaßt: (3 + 4 + 5) · 15.

Bei der Gefährdung mehrerer Personen ist – ebenso wie bei der Verletzung[202] das Merkmal 6 zu berücksichtigen, das dafür sorgt, daß dem Täter nicht alle Gefährdungen in voller Höhe zugerechnet werden. Die *Verknüpfungsregel* lautet in diesem Fall also:

$$\{\langle[(4_1\cdot 15_1+4_2\cdot 15_2+4_3\cdot 15_3+\ldots)\cdot 6+3\cdot 15+5\cdot 15+$$
$$+7+8+9+10+35+32]\cdot 1+34\rangle\cdot 26\cdot 33\cdot 37+36\}\ \cdot 38\,\cdot$$
$$\cdot\, 39=\text{SRZ}$$

Die Indizes $_{1,2,3}$ bezeichnen die einzelnen Gefährdeten. Das Mitverschulden Dritter wird dann für jeden von ihnen – und ggf. auch für den Sachschaden –

199 S.o. S. 152

200 Zur Begründung vgl. oben S. 153

201 Zu ihrer Problematik vgl. oben S. 101

202 S.o. S. 149

gesondert bewertet. Diese Regelung gilt allgemein bei mehreren Gefährdeten. Für den Ausdruck „(3 + 4 + 5) · 15" in den Verknüpfungsregeln von § 315c StGB und den Konkurrenzen ist stets zu schreiben:

$$„(4_1 \cdot 15_1 + 4_2 \cdot 15_2 + 4_3 \cdot 15_3 + \ldots) \cdot 6 + 3 \cdot 15 + 5 \cdot 15“$$

Das Merkmal 35 (Grad der Fahrlässigkeit im Hinblick auf die Gefährdungs- bzw. Verletzungshandlung) fehlt hier nicht, wohl aber bei § 316 StGB. Das erscheint angemessen, weil sich hier die Fahrlässigkeit auf drei Merkmale – 3, 4, 5 – beziehen kann, während der Regelfall des § 316 StGB die *folgenlose* Trunkenheitsfahrt ist und eine Verletzung oder Gefährdung bedeutender Werte ganz ausgeschlossen ist. Die Fahrlässigkeit wäre also stets nur im Hinblick auf unbedeutende Sachschäden zu messen und kann daher bei § 316 StGB vernachlässigt werden. Das Tatbestandsgewicht ist hier mit 3 um 1 größer als bei § 230 StGB. Die gleiche Fahrlässigkeit wird dem Täter also stärker zugerechnet, wenn er fahruntüchtig ist. Das rechtfertigt sich daraus, daß er durch das Trinken vorsätzlich eine Bedingung für das spätere fahrlässige Handeln setzt.

Da alle auch in § 316 StGB vorkommenden Merkmale hier wie dort dasselbe Gewicht haben, ergibt sich, daß das Strafniveau des § 315c StGB sich nur durch die Merkmale 4, 5 und 35 von dem des § 316 StGB unterscheidet, daß also die Durchschnittsstrafe des § 315c StGB nicht wesentlich über der des § 316 StGB liegt. Die Rechtsprechung scheint manchmal – vielleicht veranlaßt durch den wesentlich höheren Strafrahmen des § 315c StGB – die fahrlässige Verkehrsgefährdung generell höher bestrafen zu wollen, auch wenn keine Personen zu Schaden gekommen sind. Dabei mag sie übersehen, daß der Strafrahmen ja auch für sehr hohe Sachschäden und starke Personengefährdungen ausreichen muß. Dieser Tendenz zur generell schwereren Bestrafung bei § 315c StGB wird hier nicht gefolgt[203]. Wollte man mit dem Schema zu einer generell höheren Strafe kommen, so müßte man entweder den Erfolg – die Schädigung oder Gefährdung – stärker bewerten, als es hier getan wird, oder den auch bei § 316 StGB relevanten Merkmalen ein schwereres Gewicht beilegen. Das Letzte entspräche dem System nur dann, wenn ein gleiches Gewicht wie bei § 316 StGB dazu führte, daß diese Merkmale im Verhältnis zu den „Erfolgs-Merkmalen" bei der Straferrechnung praktisch nicht mehr ins Gewicht fielen[204]. Das aber ist nicht der Fall. Auch wäre eine stärkere Bewertung des Erfolgs nicht angemessen. Die oben[205] dargestellte Problematik der Erfolgsbwertung verbietet auch hier eine stärkere Gewichtung der Merkmale 3, 4 und 5.

---

203 Gegen diese Tendenz auch *Schütt*, 3. deutscher Verkehrsgerichtstag S. 143, 158

204 Vgl. die Erläuterungen bei § 230 oben S. 149

205 S. 98 ff

§ 21 I Nr. 1 StVG

Übersicht über die zu bewertenden Merkmale

Kenn-Nr.	Kurzbezeichnung des Merkmals	Merkmals-Zahlbereich	Gewicht	Merkmals-Endbereich
3	Fremdschaden, Sach-	1– . . .	3	3 – . . .
7	Länge der Fahrt	1– . . .	1	1 – . . .
8	Gefährlichkeit	10– 50	1	10 – 50
9	Verkehrsstärke	10– 50	1	10 – 50
10	Ordnungswidrigkeit	5–500	1,5	7,5 –750
11	Zeitverhältnis	10– 28	2	20 – 56
12	Gefährlichkeit, Person des Fahrers	10– 50	2	20 –100
15	Mitverschulden			0,1 – 1,0
27	Vorsatz, § 21 StVG			0,65– 1,35
33/1	Zweck der Fahrt			0,65– 1,6
36	Vorstrafen	1– 83	7	7 –581
37	Nachtatverhalten			0,8 – 1,275
38	Eigenschaden, Personen-			1,0 – 0,5
39	Eigenschaden, Sach-			1,0 – 0,8
40	Einkommen			1,0 – 2,5
41	Freiheitsstrafen-Empfindlichk.			0,715- 1,0
42	Prognose			0,92– 1,3
43	Fahrerlaubnis			0,72– 1,1
44	Veränderungen			0,62– 1,0
45	Sonstige Umstände			0,62– 1,0

Verknüpfungsregel

$$[(3 \cdot 15 + 7 + 8 + 9 + 10 + 11 + 12) \cdot 33 \cdot 27 \cdot 37 + 36] \cdot 38 \cdot 39 = \\ = \mathrm{SRZ}$$

Es gilt die Vorschrift 2/3. Der Divisor 100 in der Formel dieser Vorschrift ist verhältnismäßig klein, liefert also strenge Ergebnisse. Diese scheinen aber der Praxis im wesentlichen zu entsprechen.

Auch die Literatur[206] und obergerichtliche Rechtsprechung[207] sind sich weitgehend einig darüber, daß grundsätzlich – also auch bei weniger gravierenden Fällen – die Fahrerlaubnis erneut zu entziehen bzw. eine neue Sperrfrist festzusetzen ist.

§ 21 StVG bestraft den Ordnungsverstoß, der im Fahren ohne Fahrerlaubnis bzw. trotz Fahrverbotes liegt, soll aber ebensosehr die Allgemeinheit vor der

206 *Floegel-Hartung*, § 24 StVG (a.F.) RdNr. 9; Fritz *Müller*, Straßenverkehrsrecht § 21 StVG RdNr. 44.

207 Z.B. OLG Hamburg VRS 10, 355.

abstrakten Gefahr schützen, die das Fahren ohne Kenntnisse bzw. trotz fehlender Eignung darstellt. Daher werden auch hier die Merkmale, welche die abstrakte Gefährlichkeit einer Fahrt beschreiben, relevant. Das sind zunächst die Merkmale 7, 8 und 9 (Länge der Fahrt, abstrakte Gefährlichkeit durch Wegstrecke, Stärke des Verkehrs). Die Gewichte dieser Merkmale unterscheiden sich hier von jenen bei § 316 StGB. Fahrten ohne Führerschein sind häufig um vieles länger als solche in fahruntüchtigem Zustand. Daher wird pro gefahrenem Kilometer nur *ein* Punkt zugerechnet (nicht vier, wie bei §§ 316 und 315c StGB). Die Merkmale 8 und 9 erhalten ebenfalls das Gewicht 1, teils weil ihr Vorliegen beim Fahren ohne Fahrerlaubnis eine geringere abstrakte Gefahr darstellt als beim Fahren in fahruntüchtigem Zustand, teils um ihnen im Verhältnis zu den anderen Merkmalen ein angemessenes Gewicht einzuräumen. Wichtiger erscheint hier das Merkmal 12 (Fahrkenntnisse des Täters, Gewicht 2), das ein wesentliches Indiz für die abstrakte Gefährlichkeit darstellt.

Dem Merkmal 11 (Zeitverhältnis) liegt die Erwägung zugrunde, daß derjenige strafwürdiger ist, der sich sofort nach Entzug der Fahrerlaubnis wieder ans Steuer setzt – er schert sich nicht um das Verbot –, als jener, der kurz vor Ende der Sperrfrist nach längerem Wohlverhalten die Geduld verliert. Dieses Merkmal erreicht zwar seinen Zweck nur unter der niemals gesicherten Voraussetzung, daß der gegen Ende der Sperrfrist überführte Täter vorher nicht gefahren ist. Aber auch das ist kein auf diese SZs-Methode beschränktes Problem; denn wer heute eine milde Strafe erhält, weil er „strafrechtlich noch nicht in Erscheinung getreten ist", steckt möglicherweise damit eine „Belohnung" dafür ein, daß er sich zehnmal nicht hat entdecken lassen. Im übrigen kann man mit beachtlichen Gründen der Ansicht sein, es sei für das Strafmaß unerheblich, wieviel Zeit seit Entzug der Fahrerlaubnis schon verstrichen sei. Dann müßte dieses Merkmal entfallen.

Verstöße gegen die StVO bei der Fahrt ohne Fahrerlaubnis werden durch Merkmal 10, Sachschaden und Mitverschulden durch Merkmal 3 und 15 bewertet.

Der Vorsatz im Hinblick auf § 21 StVG wird durch Merkmal 27 ausgedrückt. Es geht als Faktor in die Verknüpfungsregel ein, mit dem die aus den bisher erläuterten Merkmalen bestehende „Tatschuldklammer" ( ) multipliziert wird. Alle Vorsatzmerkmale sind Faktoren in den Verknüpfungsregeln; haben sie kleine Werte, so mindern sie eine kleine „Tatschuld" wenig, eine große stark. Wären sie Summanden, so hätten sie bei kleiner „Tatschuld" einen zu großen, bei großer „Tatschuld" zu kleinen Einfluß auf das Strafmaß.

Die Stellung der Merkmale 33[208], 36, 37, 38 und 39[209] braucht nicht mehr erläutert zu werden.

208 S.o. S. 155

209 S.o. S. 148

Das Merkmal 35 (Grad der Fahrlässigkeit bei der Verletzungshandlung) fehlt auf Grund ähnlicher Erwägungen wie bei § 316 StGB[210]. Zwar ist hier die Höhe des Sachschadens nicht – wie bei § 316 StGB – auf unbedeutende Werte begrenzt, es fehlen aber auch bei § 21 StVG die Merkmale 4 und 5 (Grad der konkreten Gefahr), auf die sich das Merkmal 35 noch beziehen könnte. Sobald der Grad der Fahrlässigkeit wirklich wichtig wird – nämlich bei Personenverletzungen –, konkurriert § 230 StGB, und damit wird auch das Merkmal 35 wieder bewertet.

Die *Verknüpfungsregel für Fortsetzungszusammenhang lautet:*

$$[(7 + 8 + 9 + 10 + 11 + 12 + 3 \cdot 15) \cdot 33 \cdot 27 \cdot 20 \cdot 21 \cdot 37 + 36] \cdot$$
$$\cdot 38 \cdot 39 = SRZ$$

Es gilt Vorschrift 2/3.

Erläuterungen

Das Verfahren bei der SZ für mehrere in Fortsetzungszusammenhang stehende Fahrten wurde im wesentlichen bereits erläutert[211]. Danach stellt der erste Teil der Verknüpfungsregel von 7 bis 27 einen gedachten schwersten Teilakt dar, der durch Multiplikation mit dem Merkmal 20 – je nach Schwere der übrigen Teilakte in stärkerem oder schwächerem Maße – gemindert wird, so daß dieser erste Teil mit dem Merkmal 20 eine Art durchschnittlicher Teilakt ist. Dieser gedachte Teilakt wird nun gemäß Merkmal 21 je nach der Anzahl aller Teilakte, aus denen die fortgesetzte Handlung besteht, mit einem kleineren oder größeren Faktor multipliziert – je größer die Zahl der Teilakte, desto größer der Rabatt.

Das Merkmal 36 wird erst jetzt addiert. Die Bewertung der Vorstrafen muß naturgemäß unabhängig von Zahl und Schwere der Einzelakte sein.

Gerade im Zusammenhang mit § 21 StVG wird man dieser Methode der SZ vorwerfen, sie sei relativ kompliziert und erfülle doch von den fünf Alternativen des § 21 I, II StVG nur eine einzige. Das ist sicher richtig; jedoch bedarf es – ebenso wie die Alternativen gesetzestechnisch in *einer* Bestimmung stehen – nur recht geringer Abwandlungen der vorgelegten Übersicht und Verknüpfungsregel, um auch den anderen Alternativen gerecht zu werden. So kompliziert alle Regeln auch auf den ersten Blick erscheinen mögen – man muß doch bedenken, daß der Richter, wenn er nach dem Schema vorgeht, nur noch den Fall unter die Merkmale subsumieren muß und die übrige Arbeit von einer Rechenmaschine erledigt werden kann, die in der Lage ist, noch sehr viel komplexere Regeln als die hier benutzten zu verarbeiten. Im Grunde ist also dieses Schema, indem es Aussagen ermöglicht, die nicht nur relativ sind, sogar eine Vereinfachung der SZ.

---

210 S.o. S. 157

211 Oben S. 110

§ 142 StGB

Übersicht über die zu bewertenden Merkmale

Kenn-Nr.	Kurzbezeichnung des Merkmals	Merkmals-Zahlbereich	Gewicht	Merkmals-Endbereich
2	Fremdschaden, Personen-	1–100	30	30 –3000
3	Fremdschaden, Sach-	1– . . .	5	5 – . . .
6	Zahl der Verletzten			1,0 – 0,25
10	Ordnungswidrigkeit	5–500	1,5	7,5 – 750
13	Feststellungsbeeinträchtigung	10–400	5	50 –2000
14	Tathandlung	10–500	10	100 –5000
15	Mitverschulden			0,1 – 1,0
16	Opfer-Persönlichkeit			0,535– 1,2
26	Vorsatz, Fahruntüchtigkeit			2,05 – 3,0
28	Vorsatz, Unfall			0,65 – 1,35
29	Vorsatz, Wartepflicht			0,65 – 1,35
30	Vorsatz, Verursachung			0,65 – 1,35
31	Täterpersönlichkeit			0,75 – 1,0
33/3	Zweck der Unfallflucht			0,65 – 1,6
34	Fahrlässigkeit, Fahruntüchtigkeit	10– 50	5	50 – 250
35	Fahrlässigkeit	10–100	5	50 – 500
36	Vorstrafen	1– 83	50	50 –4150
37/1	Nachtatverhalten			0,8 – 1,275
38	Eigenschaden, Personen-			1,0 – 0,5
39	Eigenschaden, Sach-			1,0 – 0,8
40	Einkommen			1,0 – 2,5
41	Freiheitsstrafen-Empfindlichk.			0,715– 1,0
42	Prognose			0,92 – 1,3
43	Fahrerlaubnis			0,72 – 1,1
44	Veränderungen			0,62 – 1,0
45	Sonstige Umstände			0,62 – 1,0

Verknüpfungsregel

$$\left\{ \langle [(2 \cdot 16 + 3) \cdot 15 + 10 + 34 + 35] \cdot 26 + 13 + 14 \rangle \cdot 33 \cdot 28 \cdot \right.$$
$$\left. \cdot 29 \cdot 30 \cdot 31 \cdot 37 + 36 \right\} \cdot 38 \cdot 39 = \mathrm{SRZ}$$

Es gilt die Vorschrift 2/2.

Erläuterungen

„Art und Umfang des Unfallschadens"[212] ist einer der wichtigsten Maßstäbe

212 BGHSt 12, 253, 256, 258; BGH VRS 14, 194, 196 (im Falle tödlicher Verletzung); BGH VRS 19, 426, 427; *Hoffmann*, Die Verkehrsunfallflucht S. 235; *Martin*, DAR 63, 173, 184.

für die Beurteilung einer Unfallflucht; das deshalb, weil sich besonders nach der Schwere des Unfalls das Interesse der Geschädigten an der Feststellung der Unfallbeteiligten bemißt[213]. Dementsprechend werden die Merkmale 2, 3 und 16 und 15 angewendet; das Merkmal 2 mit dem Gewicht 30, das Merkmal 3 mit dem Gewicht 5. Das mag zunächst verwunderlich erscheinen, da doch dort, wo die Körperverletzung selbst unter Strafe gestellt ist, das Merkmal 2 nur mit 15 und das Merkmal 3 mit 3 gewichtet werden. Das ist aber durchaus nicht systemwidrig oder inkonsequent, da es sich nur um verschiedene Wertungen handelt: Die Folgen eines Unfalls sollen, soweit die Verursachung des Unfalls bestraft wird, ein weniger starkes Gewicht haben als in den Fällen, in denen es um das Strafmaß für die Flucht nach diesem Unfall geht; m.a.W.: Es ist – ohne Berücksichtigung irgend eines sonstigen Umstandes – weniger verwerflich, fahrlässig einen Menschen zu töten als nach dieser Tat sich der Feststellung seiner Person zu entziehen.

Auch in diesem Bereich ist die Strafmaßrelevanz der Unfallfolgen ähnlichen Vorwürfen ausgesetzt wie bei den fahrlässigen Verletzungsdelikten. Wenn dort gesagt wird, der Erfolg sei eine Sache des Zufalls[214], so wird hier eingewendet werden, daß der Täter des § 142 StGB sich gerade wegen seiner Flucht häufig kein Bild vom Schadensumfang machen könne. Wer im Scheinwerferlicht einen Menschen auftauchen sieht, einen dumpfen Laut an seinem Fahrzeug hört und weiterfährt, kann nicht wissen, ob der Unfall Prellungen oder den Tod des Betroffenen zu Folge hatte. Aber es ist trotz dieser Unkenntnis nicht unbillig, dem Täter die Folgen zuzurechnen, wenn er sich entfernt hat, obwohl er die Umstände kannte, aus denen sich die Möglichkeit schwerer Folgen ergibt. Kannte er diese Umstände nicht oder zog er aus ihnen die falschen Schlüsse, so ist das unter dem Merkmal 28 (Sicherheit des Wissens in Bezug auf die Schwere des Unfalls) zu bewerten, dessen Bereich groß genug ist, um Unbilligkeiten zu vermeiden.

Das Maß des Verschuldens am Unfall beeinflußt die SZ auch hinsichtlich der Unfallflucht[215]: Wer nach einem von ihm verschuldeten Unfall flieht, ist als strafwürdiger anzusehen als derjenige, der dies tut, nachdem er ohne Verschulden in einen Unfall verwickelt worden ist. Dieser Wertung tragen die Merkmale 34, 35, 26 und 10 Rechnung. Das Gewicht der Merkmale 34 und 35 ist größer als z.B. bei § 315c StGB, damit im Verhältnis zur durchschnittlichen Endstrafe die Merkmale nicht unterbewertet sind. Nur das Gewicht des Merkmals 10 ist unverändert1,5; es soll bei jedem Tatbestand die auf Punktniveau angehobene[216] Geldbuße nach dem Bußgeldkatalog angeben, und zwar unabhängig von der Höhe der Durchschnittsstrafe für diesen Tatbestand.

---

213 *Hoffmann*, Die Verkehrsunfallflucht, S. 235

214 S.o. S. 98

215 *Hoffmann*, Die Verkehrsunfallflucht S. 235, 238

216 S.o. S. 147

Durch die genannten vier Merkmale wird das Verschulden am Unfall hinreichend charakterisiert. Die Merkmale 1, 7, 8 und 9, welche die abstrakte Gefährlichkeit eines Verhaltens bezeichnen und für das Strafmaß bei §§ 316 und 315c StGB mitentscheidend sind, fehlen hier, weil sie von dem Begriff „Verschulden am Unfall" nicht gedeckt sind. Im übrigen muß man sich auch davor hüten, bei der Unfallflucht das dem Unfall zugrunde liegende Verhalten noch einmal zu bestrafen. Unter diesem Gesichtspunkt ist auch die Anwendung der Merkmale 34 bzw. 26 (Fahrlässigkeit bzw. Vorsatz hinsichtlich der Fahruntüchtigkeit) problematisch. Denn es läßt sich sehr wohl darüber streiten, ob die Fahrlässigkeit hinsichtlich der Fahruntüchtigkeit eine Komponente des Verschuldens am Unfall ist. Sie wird hier sowohl als Teil der inneren Tatseite berücksichtigt als auch deshalb, weil sie in der Regel den Vorwurf erhöht, der dem Täter wegen des Unfalls zu machen ist[217]. Das gleiche gilt für Merkmal 26 (Vorsatz hinsichtlich der Fahruntüchtigkeit).

Ein Merkmal „Vorsatz hinsichtlich der Verletzungshandlung" fehlt auch hier; soweit sich ein Vorsatz hierauf bezieht, ist die Entfernung als solche nicht nach § 142 StGB strafbar[218].

Die bisher behandelten Merkmale bewerten den Unfall als Indiz für die Strafwürdigkeit der Unfallflucht. Das nun folgende Merkmal 13 ist ein Maßstab für die Beeinträchtigung des durch § 142 StGB geschützten Rechtsgutes – Feststellungsinteresse der anderen am Unfall Beteiligten –; und das Merkmal 14 bewertet die eigentliche Tathandlung: das Sich-Entziehen. Der Grad der Beeinträchtigung der erforderlichen Feststellungen ist wesentlich für die Beurteilung der Unfallflucht[219]. Dem entspricht auch der Merkmalsendbereich von 50 bis 2000 – zumindest in seinem oberen Teil. Bedenklich könnte hier jedoch die Weite des Bereichs erscheinen. Wiegt für das Strafmaß das Fehlen aller erforderlichen Feststellungen wirklich 40mal schwerer als der Fall, daß alle Feststellungen noch getroffen werden können? Ob diese Frage bejaht werden kann, ist insbesondere im Hinblick auf den Entschädigungsfonds (§ 12 PflVG), an den sich der Geschädigte wenden kann, wenn der Schädiger (und Täter des § 142 StGB) längere Zeit unbekannt bleibt, zweifelhaft. Dennoch wurde diese Bereichsgröße gewählt, weil sie erforderlich ist, wenn der Strafrahmen des § 142 StGB auch nur zum Teil ausgefüllt werden soll. Betrachtet man nur den Strafrahmen des Absatzes I (5 DM Geldstrafe bis 5 Jahre Freiheitsstrafe), so

217 Zur SZs-Relevanz der Alkoholeinwirkung für die Unfallflucht *Weigelt*, Verkehrsunfallflucht und unterlassene Hilfeleistung S. 59 mwN. und DAR 60, 10, 11 (unter 4).

218 *Dünnebier*, GA 55, 33, 42

219 BGHSt 12, 253, 256, 258; BGH VRS 4, 52, 53; BGH VRS 19, 426, 427; vgl. auch *Martin*, DAR 63, 173, 184; a.A. *Hoffmann*, Die Verkehrsunfallflucht S. 235

unterstellt der Gesetzgeber, es müsse Fälle von Unfallflucht geben, die 3600 mal so schwer wiegen wie der leichteste[220]. Tatsächlich wird aber der Strafrahmen für Unfallflucht nicht von § 142 I StGB, sondern von Absatz I iVm. Absatz III gebildet. Es liegt – wie *Zipf*[211] überzeugend gezeigt hat – *ein* Strafrahmen vor[222], der hier von 5 DM Geldstrafe bis 15 Jahre Freiheitsstrafe[223] reicht. Legt man diesen Strafrahmen zugrunde, so soll nach dem „Willen des Gesetzgebers" der schwerste Fall 10.800 mal[224] schwerer wiegen und bestraft werden als der leichteste. Will man nur den Teilstrafrahmen des Absatzes I *annähernd* ausfüllen – die Praxis, der hier gefolgt werden soll, tut dies nicht nur in Ausnahmefällen –, dann muß man auch die Bereiche der für die SZ relevanten Merkmale sehr groß wählen. Wem diese Bereiche als zu groß erscheinen, der kommt nicht an der Folgerung vorbei, daß eine Verkleinerung der Bereiche auch eine Verengung des praktisch ausfüllbaren Strafrahmens nach sich zieht. Auch hier zwingt also die vorgelegte Methode der SZ dazu, darüber nachzudenken, *was* an einer Tat strafenswert ist und *wie* strafwürdig es ist. Bisher entsteht manchmal der – freilich nicht beweisbare – Eindruck, als sei die moralische Entrüstung ein – unausgesprochener und wohl auch dem

---

220 Das dann, wenn 1 Tag Freiheitsstrafe einer Geldstrafe von 10 DM entspricht. Setzt man einen Tag Freiheitsstrafe einer Geldstrafe von 20 DM gleich, so verdoppelt sich die Zahl 3600 noch.
Für 10 DM pro 1 Tag Freiheitsstrafe lautet die Rechnung:
5 DM = 0,5 Tage Freiheitsstrafe; 5 Jahre = 5 · 360 Tage = 1800 Tage;
1800 : 0,5 = 3600

221 § 2, I, 2, c, aa

222 Deshalb sind auch die von der obergerichtlichen Rechtsprechung entwickelten Definitionen „besonders schwerer Fälle" etc. vorsichtig zu benutzen. Ein Satz der Form „Ein besonders schwerer Fall liegt vor, wenn . . . " besagt nicht mehr als „Eine geringere als eine sechsmonatige Freiheitsstrafe darf nicht verhängt werden, wenn . . . ". Bei Tatbeständen, die nicht die Unterteilung in besonders schwere Fälle o.ä. haben, ist die Rechtsprechung weit davon entfernt, solche Sätze aufzustellen, und zwar mit gutem Grund, denn die Voraussetzungen, unter denen ein bestimmtes Strafmaß nicht unterschritten werden darf, sind in *einem* Satz nicht aufzählbar. Daher sind denn auch die Definitionen der besonders schweren Fälle von einer Allgemeinheit, die sie praktisch unbrauchbar macht. Ein Musterbeispiel, in dem die Rechtsfolge zudem noch auf der Voraussetzungsseite erscheint, bietet die Definition des BGH (St 5, 124, 130; 12, 253, 256; NJW 52, 234) für den besonders schweren Fall der Unfallflucht: „Besonders schwere Fälle der Unfallflucht liegen vor, wenn die Taten unter Berücksichtigung aller Umstände die erfahrungsgemäß gewöhnlich vorkommenden und deshalb vom Gesetzgeber für den Spielraum des ordentlichen Strafrahmens schon bedachten Fälle an Strafwürdigkeit so übertreffen, daß der ordentliche Strafrahmen zu ihrer Sühne nicht mehr hinreicht."

223 § 18 Abs. II StGB

224 Vgl. Fußnote 220):
15 Jahre = 15 · 360 Tage; 5400 : 0,5 = 10.800.

Richter nicht bewußter – SZs-Grund[225]. Sie verlangt in der Tat einen großen Strafrahmen. Gäbe es jedoch heute schon eine vorgeschriebene „Einstiegsstelle"[226] in den Strafrahmen für einen wohldefinierten Durchschnittsfall und hielten sich die Gerichte streng an die allein zulässigen SZs-Erwägungen, so wäre der Raum, der die höchste von der niedrigsten verhängten Strafe trennte, wohl sehr viel kleiner, als er in der Praxis tatsächlich ist, ohne daß es dazu einer neuen SZs-Methode bedürfte.

Bei Merkmal 14 (Art und Weise der Flucht) erscheint indessen der weite Bereich (10–500) ohne Rücksicht auf den Strafrahmen als angemessen. Die Verletzung neuer Rechtsgüter auf der Flucht macht auch die Flucht selbst – abgesehen davon, daß in der Verletzung weitere Straftaten liegen können – um vieles strafwürdiger[227] als eine Tatverwirklichung, die in bloßem Weggehen oder -fahren besteht. Dieses Merkmal ist auch eines der wichtigsten[228] für die Qualifizierung der Tat; daher ist das Gewicht 10 und der sich daraus ergebende Endbereich von 100–5000 nicht zu hoch.

Die Summe der bisher behandelten Merkmalszahlen wird multipliziert mit den Zahlen der Merkmale 33/3 (Zweck der Unfallflucht[229]), 28 (Sicherheit des Wissens hinsichtlich der Schwere des Unfalls), 29 (Kenntnis der Wartepflicht), 30 (Sicherheit des Wissens hinsichtlich der Verursachung des Unfalls), 31 (Besonderheiten der Täterpersönlichkeit zur Unfallzeit) und 37 (Verhalten nach der Tat). Diese Merkmale sind sämtlich Faktoren, weil ihre Wirkungsstärke von der Größe der „Tatschuld"-Merkmale, die in der Verknüpfungsregel in der spitzen Klammer ⟨ ⟩ zusammengefaßt sind, abhängen soll. Dabei wäre es auch möglich, z.B. das Merkmal 28, das sich ausschließlich auf den Unfallschaden bezieht, auch nur mit den Merkmalen 2 und 3 zu multiplizieren. Diese Möglichkeit wurde jedoch nicht realisiert; denn es erscheint z.B. auch die Art und Weise der Flucht als weniger verwerflich und die Beeinträchtigung der erforderlichen Feststellungen als weniger strafwürdig, wenn der Täter sich über den Umfang des Unfallschadens irrte. Daher werden auch ganz spezielle subjektive Merkmale mit allen objektiven Merkmalen multipliziert.

Die Zahlen der Merkmale 28, 29, 30 und 31 werden in aller Regel 1,0 sein. Sie verändern dann den Wert der „Tatschuldklammer" nicht. Ihre Anwendung

225 Vgl. *Weigelt*, DAR 60, 10, der sich gegen die SZs-Erwägung der grundsätzlichen „Verwerflichkeit" der Tat ausspricht.

226 Vgl. *Bruns*, S. 37.

227 Vgl. hierzu die Erläuterungen zu Merkmal 14 oben S. 107

228 *Hoffmann*, Die Verkehrsunfallflucht S. 237/238 mwN.; *Weigelt*, DAR 60, 10 (unter 1).

229 Zur SZs-Relevanz des Zwecks und der Motive bei der Unfallflucht vgl. *Hoffmann*, a.a.O. S. 238

ist gleichwohl geboten, weil in Ausnahmefällen der Vorsatz in einer Hinsicht unwiderlegbar schwächer oder nachweisbar stärker sein kann. Der Unfallschock[230] kann durch das Merkmal 31 berücksichtigt werden.

Die Wirksamkeit der Vorsatzmerkmale, soweit sie vom Wert 1,0 abweichen, darf nicht unterschätzt werden: Nehmen alle drei Merkmale den Höchstwert an, so erhöht sich der Betrag, der mit den Merkmalszahlen multipliziert wird, um mehr als das Vierfache[231]. In einem Fall, in dem jedes dieser drei Merkmale nur mit dem niedrigsten Wert gegeben ist, mindert sich dieser Betrag um annähernd 3/4[232].

Das Gewicht der Vorstrafen (50) mag wegen seiner Höhe Erstaunen erregen. Es rechtfertigt sich jedoch mit der oben[233] schon ausführlicher dargelegten Erwägung, daß die Vorstrafen im Verhältnis zur Durchschnittsstrafe eines Tatbestandes ein angemessenes Gewicht haben sollen.

Die Merkmale 38 und 39 (Eigenschaden) gelten hier nur für solche Schäden, die der Täter bei der Fluchthandlung selbst (etwa einem weiteren Unfall) erlitten hat. Der bei dem der Unfallflucht vorangehenden Unfall entstandene Eigenschaden, dessen Umfang dem Täter bei Beginn der Unfallflucht im wesentlichen bekannt ist, kann nichts über die Präventionsbedürftigkeit des Täters im Hinblick auf die Unfallflucht aussagen. Der Satz „Der ist schon genug gestraft", welcher der Berücksichtigung von Eigenschaden zugrunde liegt, trifft auf einen Täter, der trotz hohen Eigenschadens eine weitere strafbare Handlung begeht, offensichtlich nicht zu. Dennoch werden die Zahlen der Eigenschaden-Merkmale mit dem Inhalt der gesamten geschweiften Klammer { } multipliziert, die ja auch – in der eckigen Klammer [ ] – Elemente des Unfalls enthält. Diese „Unfallelemente" sind Teil des Verschuldens im Hinblick auf § 142 StGB; und es ist kein Grund ersichtlich, den Eigenschaden, der stets im Verhältnis zum gesamten Tatverschulden berücksichtigt wird, hier anders zu behandeln.

Für den Entzug der Fahrerlaubnis wurde die sehr „milde" Vorschrift 2/2 gewählt (Divisor 200), weil das Rechtsgut des § 142 StGB nicht – wie das der meisten anderen Verkehrsdelikte – die Sicherheit des Straßenverkehrs ist, durch die wiederum Leib und Leben der Verkehrsteilnehmer vor Verletzungen bewahrt werden sollen, sondern das Feststellungsinteresse der Geschädigten. Die Unfallflucht allein birgt nicht – wie etwa das Fahren in fahruntüchtigem Zustand – Gefahren für andere Verkehrsteilnehmer in sich. Es ist daher

230 Zur SZs-Relevanz vgl. *Hoffmann*, Die Verkehrsunfallflucht S. 238 und *Weigelt*, DAR 60, 10, 12 mwN.

231 Der Höchstwert ist 1,35. $1{,}35^3 = 4{,}059$

232 Der niedrigste Wert ist 0,65. $0{,}65^3 \approx 0{,}275$.

233 S. 149 f

zweifelhaft, ob man aus einer Unfallflucht auf ein hohes Maß an fehlender Eignung des Täters zum Führen von Kraftfahrzeugen schließen kann. Diesen Erwägungen trägt die Vorschrift 2/2 Rechnung.

An § 142 StGB kann sich die Erweiterungsfähigkeit[234] dieser Methode der SZ erweisen. Er ist wohl der Tatbestand, der unter denen des Verkehrsrechts in seiner Begehungsweise am wenigsten typisiert ist. Auch ist er deswegen als Beispiel für das allgemeine Strafrecht besonders gut geeignet, weil seine Erfüllung vorsätzliches Handeln erfordert. Aus diesen Gründen soll an § 142 StGB gezeigt werden, auf welche Weise Versuch, Anstiftung und Beihilfe in einem System berechenbarer SZ zu behandeln wären.

§§ 43, 142 StGB

Die *Übersicht über die zu bewertenden Merkmale* ist mit der Übersicht für § 142 StGB identisch, wenn man von folgenden Ausnahmen absieht:

1) Es fehlt das Merkmal 13.
2) Es tritt hinzu das Merkmal 17:

Kenn-Nr.	Kurzbezeichnung des Merkmals	Merkmals-Endbereich
17	Stadium des Versuches	0,25–0,9

Verknüpfungsregel

$$\left\{\langle[(2 \cdot 16 + 3) \cdot 15 + 10 + 34 + 35] \cdot 26 \cdot 17 + 14\rangle \cdot 33 \cdot 28 \cdot 29 \cdot \cdot 30 \cdot 31 \cdot 37 + 36\right\} \cdot 38 \cdot 39 = SRZ$$

Es gilt die Vorschrift 2/2.

Erläuterungen

Das Merkmal 13 entfällt, weil bei einer nicht vollendeten Unfallflucht erforderliche Feststellungen nicht vereitelt werden können.

Der Täter wird gemäß der Verknüpfungsregel wie für die vollendete Tat bestraft, jedoch mindert sich die Strafe je nach dem, wieweit der Versuch fortgeschritten ist bzw. sich der Vollendung genähert hat (Merkmal 17). Dieses Merkmal mit seinem für einen Faktor weiten Bereich von 0,25 bis 0,9 ist demnach ein sehr wesentliches; es muß, um in der Praxis verwendbar zu sein, mit einer Reihe von Musterbeispielen angefüllt werden. Die Verknüpfungsregel sieht eine Multiplikation des Merkmals mit allen die Tat betreffenden Merkmalen außer dem Merkmal 14 vor. Durch dieses Merkmal wird nämlich das bewertet, was

234 Vgl. dazu auch unten S. 196

der Täter tatsächlich schon getan hat, was aber rechtlich noch nicht zur Qualifizierung als vollendete Unfallflucht ausreicht. Dieses vom Täter schon Vollendete soll ihm nicht deshalb weniger schwer zugerechnet werden, weil er etwas anderes darüber Hinausgehendes noch nicht vollendet hat.

Im übrigen ergeben sich gegenüber den Begründungen zu § 142 StGB keine Änderungen.

§§ 48, 142 StGB

Übersicht über die zu bewertenden Merkmale

Kenn-Nr.	Kurzbezeichnung des Merkmals	Merkmals-Zahlbereich	Gewicht	Merkmals-Endbereich
2	Fremdschaden, Personen-	1–100	30	30 –3000
3	Fremdschaden, Sach-	1– . . .	5	5 – . . .
6	Zahl der Verletzten			1,0 – 0,25
10	Ordnungswidrigkeit	5–500	1,5	7,5 – 750
13	Feststellungsbeeinträchtig.	10–400	5	50 –2000
14/1	Vom Anstifter intendierte Flucht	7,5–375	10	75 –3750
15	Mitverschulden			0,1 – 1,0
16	Opfer-Persönlichkeit			0,535– 1,2
18	Anstiftungshandlung, Intensität			0,535– 1,2
26	Vorsatz, Fahruntüchtigkeit			2,05 – 3,0
28/1	Vorsatz, Unfall			0,5 – 1,2
29	Vorsatz, Wartepflicht			0,5 – 1,2
30	Vorsatz, Verursachung			0,5 – 1,2
31	Anstifterpersönlichkeit			0,75 – 1,0
33/4	Zweck der Anstiftung			0,5 – 1,45
34	Fahrlässigkeit, Fahruntüchtigkeit	10– 50	5	50 – 250
35	Fahrlässigkeit	10–100	5	50 – 500
36	Vorstrafen	1– 83	50	50 –4150
37/2	Nachtatverhalten			0,8 – 1,275
38	Eigenschaden, Personen-			1,0 – 0,5
39	Eigenschaden, Sach-			1,0 – 0,8
40	Einkommen			1,0 – 2,5
41	Freiheitsstrafen-Empfindlichkeit			0,715– 1,0
42	Prognose			0,92 – 1,3
43	Fahrerlaubnis			0,72 – 1,1
44	Veränderungen			0,62 – 1,0
45	Sonstige Umstände			0,62 – 1,0

Verknüpfungsregel

$$\{\langle[(2\cdot 16+3)\cdot 15+10+34+35]\cdot 26+13+14\rangle\cdot 33\cdot 28\cdot 29\cdot$$
$$\cdot 30\cdot 31\cdot 18\cdot 37+36\}\cdot 38\cdot 39=\text{SRZ}$$

Es gilt die Vorschrift 2/2.

Erläuterungen

Die Schwere des Unfalls und das Verschulden des Täters daran werden dem Anstifter zunächst scheinbar in vollem Umfang zugerechnet (Merkmals 2 bis 26 in der Verknüpfungsregel, die jeweils mit den für den Täter geltenden Merkmalswerten auszufüllen sind). An die Stelle der tatsächlich ausgeführten Fluchthandlung tritt die vom Anstifter intendierte (Merkmal 14/1), so daß diesem ein Exzess des Haupttäters nicht zugerechnet wird. Auch sind die Merkmalswerte im Merkmal 14/1 um ein Viertel kleiner als im Merkmal 14. Es macht sich also schon hier bemerkbar, daß der Anstifter die Tat nicht selbst ausgeführt, sondern lediglich einen Anstoß zu ihr gegeben hat. Diese Tatsache wird auch durch die Merkmale 33/4, 28/1 und durch die veränderten Zuordnungen in den Merkmalen 29 und 30 berücksichtigt. Dort werden den Merkmalsstärken andere Werte zugeordnet als diejenigen, die für den Haupttäter gelten. Jeder Merkmalsstärke entspricht nämlich eine Merkmalszahl, die um 1,5 niedriger ist, als beim „Tätermerkmal". Hat also der Anstifter in jeder Beziehung einen „normalen" Vorsatz, so nehmen die Merkmale 28, 29 und 30 nicht – wie beim Täter – die Werte 1,0, sondern 0,85 an. Dies hat eine generelle Besserstellung des Anstifters im Verhältnis zum Täter zur Folge.

Erst durch das Merkmal 18 wird die Anstiftungshandlung selbst bewertet. Je nach dem Widerstand, den der Anstifter zu überwinden hatte, wird durch die Multiplikation des Wertes dieses Merkmals mit den übrigen Merkmalswerten der bisher erreichte Punktbetrag – und damit letztlich die Strafe – verändert.

Bei allen für die Prävention wichtigen Merkmalen sind natürgemäß die Verhältnisse des Anstifters als des zu Bestrafenden maßgeblich, nicht aber die des Haupttäters.

§§ 49, 142 StGB

Übersicht über die zu bewertenden Merkmale

Kenn-Nr.	Kurzbezeichnung des Merkmals	Merkmals-Zahlbereich	Gewicht	Merkmals Endbereich	
2	Fremdschaden, Personen-	1–100	30	30	–3000
3	Fremdschaden, Sach-	1– . . .	5	5	– . . .
6	Zahl der Verletzten			1,0	– 0,25
10	Ordnungswidrigkeit	5–500	1,5	7,5	– 750
13	Feststellungsbeeinträchtig.	10–400	5	50	–2000
14	Tathandlung des Gehilfen	10–500	10	100	–5000

Kenn-Nr.	Kurzbezeichnung des Merkmals	Merkmals-Zahlbereich	Gewicht	Merkmals-Endbereich
15	Mitverschulden			0,1 – 1,0
16	Opfer-Persönlichkeit			0,535– 1,2
19	Erfolgs-Beitrag d. Gehilfen			0,535– 1,2
26	Vorsatz, Fahruntüchtigkeit			2,05 – 3,0
28/1	Vorsatz, Unfall			0,5 – 1,2
29	Vorsatz, Wartepflicht			0,5 – 1,2
30	Vorsatz, Verursachung			0,5 – 1,2
31	Gehilfenpersönlichkeit			0,75 – 1,0
33/4	Zweck der Beihilfe			0,5 – 1,45
34	Fahrlässigkeit, Fahruntüchtigkeit	10– 50	5	50 – 250
35	Fahrlässigkeit	10–100	5	50 – 500
36	Vorstrafen	1– 83	50	50 –4150
37	Nachtatverhalten			0,8 – 1,275
38	Eigenschaden, Personen-			1,0 – 0,5
39	Eigenschaden, Sach-			1,0 – 0,8
40	Einkommen			1,0 – 2,5
41	Freiheitsstrafen-Empfindlichk.			0,715– 1,0
42	Prognose			0,92 – 1,3
43	Fahrerlaubnis			0,72 – 1,1
44	Veränderungen			0,62 – 1,0
45	Sonstige Umstände			0,62 – 1,0

Verknüpfungsregel

$$\{\langle[(2 \cdot 16 + 3) \cdot 15 + 10 + 34 + 35] \cdot 26 + 13 + 14\rangle \cdot 33 \cdot 28 \cdot 29 \cdot \cdot 30 \cdot 31 \cdot 19 \cdot 37 \cdot 36\} \cdot 38 \cdot 39 = SRZ$$

Es gilt die Vorschrift 2/2.

Erläuterungen

Übersicht und Verknüpfungsregel unterscheiden sich nur in wenigen Punkten von denen der §§ 48, 142 StGB. Wie dort werden zunächst Schwere des Unfalls, Verschulden des Täters und die Feststellungsbeeinträchtigung gemessen (Merkmale 2 bis 13 in der Verknüpfungsregel).

Dann wird nach den Maßstäben des Merkmals 14 die äußere Handlung des Gehilfen bewertet. Den Grad der Erforderlichkeit der Beihilfehandlung für den Taterfolg, die Förderung, welche die Tat durch den Gehilfenbeitrag erfahren hat, mißt das Merkmal 19. Dieses Merkmal ist für das Strafmaß besonders wichtig, weil es die Summe der bisher genannten Merkmalszahlen bis fast auf die Hälfte senken (niedrigster Wert 0,535) oder aber um ein Fünftel erhöhen kann (Höchstwert 1,2). Im übrigen wird die Tatsache, daß der Gehilfe an einer fremden Tat mitwirkt, durch die veränderte Zuordnung der Werte zu den Zahlen bei den Merkmalen 33/4, 28/1, 29 und 30 honoriert, wie sie schon bei der Anstiftung[235] vorgenommen wurde.

2.7. Die Idealkonkurrenz als Problem der Verknüpfungsregeln

Die Konkurrenz bietet einer nicht arithmetischen Methode der SZ besondere Probleme. Es gibt zahlreiche Einzelregeln, deren Aussagen sämtlich viel zu allgemein sind, als daß sie zu gleichartigen Ergebnissen führen könnten. Als grundlegend ist wohl nur folgende Regel anzusehen: „Aus den in der schwereren Norm nicht enthaltenen Merkmalen der übrigen ideal konkurrierenden Delikte werden Schuldfaktoren für die Ausfüllung des Strafrahmens der Norm, aus der die Strafe zu entnehmen ist."[236] Diese Regel ist gut für die gegenwärtige SZs-Methode; besser noch ist sie für die hier vorgelegte, weil nur sie in der Lage ist, die „Merkmale der übrigen ideal konkurrierenden Delikte" in Schuldfaktoren umzusetzen, die schließlich das Strafmaß bilden. Der richtige Weg, den die SZs-Dogmatik mit einem solchen Satz beschreitet, zeigt sich darin, daß sie aufgliedert, und zwar in Merkmale, die in der schwereren Norm nicht enthalten sind, und andere. Für uns, die wir ohnedies schon aufgegliedert haben, ergeben sich danach für die Idealkonkurrenz folgende Regeln:

1) Bewertung aller tatbezogenen Merkmale der schwersten Norm.
2) Bewertung aller tatbezogenen Merkmale der übrigen Normen, soweit sie nicht unter 1) schon bewertet wurden.
3) Bewertung aller täterbezogenen Merkmale.

Bei Normen mit gleichem Strafrahmen (z.B. § 21 I StVG, § 316 StGB) ist es gleichgültig, welche man als schwerere im Sinne dieser Regeln ansieht. Es ist dann nur darauf zu achten, daß, soweit die tatbestandsabhängigen Merkmalsgewichte differieren, jeweils das höchste Gewicht maßgebend ist, und zwar unabhängig davon, welchem Tatbestand es zugehört. Andernfalls würde der Täter allein dadurch relativ besser gestellt, daß er zwei Gesetze verletzt hat. Dasselbe gilt, soweit täterbezogene Merkmale (Vorstrafen) solche Gewichte haben.

Die Verifizierung dieser Erkenntnisse in den Verknüpfungsregeln ist nicht so einfach, wie es vielleicht zunächst den Anschein haben mag. Schwierigkeiten ergeben sich insbesondere bei der Verknüpfung von Summanden- und Faktorenmerkmalen. Es muß z.B. bei der Idealkonkurrenz von §§ 316 StGB und 21 StVG darauf geachtet werden, daß der Vorsatz hinsichtlich § 21 StVG

---

235 S.o. S. 169

236 *Zipf*, S. 140; ebenso *Bruns*, S. 418 mwN.

nicht mit solchen Merkmalen multipliziert wird, die nur bei § 316 StGB vorkommen. Denn die Merkmale eines jeden konkurrierenden Tatbestandes sollen unabhängig von denen des anderen Tatbestandes bewertet werden.

Dieses System der Konkurrenzbehandlung durch Verknüpfung von einzelnen in Tatbeständen enthaltenen Merkmalen weist erneut auf die schon oben[237] gestellte Frage hin, ob unser System der Tatbestände wirklich das rationellste aller denkbaren und der Verwirklichung fähigen Systeme ist. Der Gedanke, an Stelle der Tatbestände Merkmale in dem hier verwendeten Sinn des Wortes zu setzen, wird auch durch diese Art der Konkurrenzbehandlung nahegelegt, die – auf eine recht umständliche Weise – aus der Menge aller für die SZ relevanten Merkmale eines Tatbestandes eine Teilmenge aussondert.

Folgt man der überzeugenden Auffassung von Bruns[238] zur SZ bei Gesetzeskonkurrenz, nach der das ausgeschlossene Delikt insoweit mit berücksichtigt werden darf, als die strafschärfenden Umstände nicht schon zu den gesetzlichen Merkmalen des primären Tatbestandes gehören, dann ist das hier für die Idealkonkurrenz vorgeschlagene Verfahren auch auf die Gesetzeskonkurrenz anwendbar. Auch Bruns' Meinung ist jedoch nur dann exakt verifizierbar, wenn man den einzelnen „Merkmalen" auch Zahlenwerte zuordnet. Sie zeigt darüber hinaus, daß der Unterschied zwischen Ideal- und Gesetzeskonkurrenz *für die SZ* als entbehrlich erscheint.

Im folgenden wird an Hand der schon behandelten Tatbestände gezeigt, wie nach den angegebenen Grundsätzen bei einigen der vielen möglichen Idealkonkurrenzen die Übersicht über die zu bewertenden Merkmale und die Verknüpfungsregeln auszusehen hätten.

237 S. 145

238 S. 416

2.7.1. Verknüpfungsregeln und Übersichten über die bei ausgewählten Konkurrenzen zu bewertenden Merkmale

§§ 315c StGB, 21 I Nr. 1 StVG, 73 StGB

Übersicht über die zu bewertenden Merkmale

Kenn-Nr.	Kurzbezeichnung des Merkmals	Merkmals-Zahlbereich	Gewicht	Merkmals-Endbereich
315/1	Blutalkohol			1,3 – 1,65
3	Fremdschaden, Sach-	1– . . .	3	3 – . . .
315/4,4/1	Gefährdung, Personen-	45–150	1	45 –150
315/5	Gefährdung, Sachen	1– . . .	1	1 – . . .
315/6	Zahl der Gefährdeten			1,0 – 0,25
315/7	Länge der Fahrt	1– . . .	4	4 – . . .
315/8	Gefährlichkeit	10– 50	2	20 –100
315/9	Verkehrsstärke	10– 50	2	20 –100
10	Ordnungswidrigkeit	5–500	1,5	7,5 –750
21/11	Zeitverhältnis	10– 28	2	20 – 56
21/12	Gefährlichkeit, Person des Fahrers	10– 50	2	20 –100
15	Mitverschulden			0,1 – 1,0
315/26	Vorsatz, Fahruntüchtigkeit			2,05– 3,0
21/27	Vorsatz, § 21 StVG			0,65– 1,35
315/32	Fahrvorsatz	1– 30	6	1 –180
33/1/2	Zweck der Fahrt			0,65– 1,6
315/34	Fahrlässigkeit	10– 50	3	30 –150
315/35	Fahrlässigkeit	10–100	3	30 –300
315/36	Vorstrafen	1– 83	9	9 –747
37	Nachtatverhalten			0,8 – 1,275
38	Eigenschaden, Personen-			1,0 – 0,5
39	Eigenschaden, Sach-			1,0 – 0,8
40	Einkommen			1,0 – 2,5
41	Freiheitsstrafenempfindlichk.			0,715- 1,0
42	Prognose			0,92– 1,3
43	Fahrerlaubnis			0,72– 1,1
44	Veränderungen			0,62– 1,0
45	Sonstige Umstände			0,62– 1,0

Verknüpfungsregel

$$[\{\langle[(3+4+5)\cdot 15+7+8+9+10+32+35]\cdot 1+34\rangle\cdot$$
$$\cdot 26+(11+12)\cdot 27\}\cdot 33\cdot 37+36]\cdot 38\cdot 39=\mathrm{SRZ}$$

Für § 315c III gilt die Vorschrift 2/5, für § 315c I Nr. 1a StGB die Vorschrift 2/4.

Erläuterungen

Die Kenn-Nummern in der Übersicht haben sich verändert: Die letzten beiden Ziffern sind die Kenn-Nummern im gewöhnlichen Sinne, z.B. 1 = Blutalkohol-Konzentration. Die davor stehende Ziffer ist eine Tatbestands-Kennziffer (315 für § 315c StGB, 21 für § 21 StVG). Sie gibt an, welcher Tatbestandsübersicht das Merkmal entnommen wurde – entweder weil es nur in diesem Tatbestand vorkommt (wie z.B. Merkmal 12), oder weil es dort das stärkere Gewicht hat (wie z.B. Merkmal 9). Die Merkmale, bei denen diese Tatbestands-Kennziffer fehlt, sind solche, die in beiden Tatbeständen mit gleichem Gewicht vorkommen (wie z.B. Merkmal 10) oder in beiden Tatbeständen vorkommen und kein tatbestandsabhängiges Gewicht haben (wie z.B. Markmal 37). Dieses System dient lediglich der Übersichtlichkeit und hat im übrigen keine Funktion bei der SZ.

In der Verknüpfungsregel sind der Inhalt der spitzen Klammer ⟨ ⟩ und das Merkmal 26 identisch mit der spitzen Klammer und Merkmal 26 in der Verknüpfungsregel für § 315c StGB[239].

Bis hierher wird also der § 315c-Anteil gewürdig, als sei nur dieser Tatbestand verwirklicht. Die Anzahl derjenigen Merkmale, die *nur* den § 21 I StVG bewerten, ist sehr viel geringer, nämlich: „(11 + 12) · 27". Das ergibt sich daraus, daß die übrigen bei § 21 StVG zu bewertenden Merkmale auch in § 315c StGB zu berücksichtigen sind und dort ein stärkeres Gewicht haben. Demgemäß wird das Merkmal 27 (Vorsatz hinsichtlich § 21 StVG) nicht – wie wenn § 21 StVG allein verwirklicht wäre[240] – auch mit den Merkmalen 7, 8, 9, 10 und 3 · 15 multipliziert. Daher wirkt der Vorsatz – sei es mildernd oder erschwerend – schwächer. Dieses Problem – ein Merkmal (7, 8, 9 oder 10), das in beiden ideal konkurrierenden Tatbeständen vorkommt, soll mit zwei Merkmalen multipliziert werden, die beide je in einem anderen Tatbestand vorkommen (hier die Merkmale 1 und 27) – stellt sich häufiger bei den Verknüpfungsregeln für Idealkonkurrenz. Es gibt vier Lösungsmöglichkeiten, die hier an den Merkmalen 7 und 8 (beiden Tatbeständen gemeinsam), dem Merkmal 1 (bei § 315c StGB mit den Merkmalen 7 und 8 zu multiplizieren) und dem Merkmal 27 (bei § 21 StVG mit den Merkmalen 7 und 8 zu multiplizieren) dargestellt werden sollen:

1) $(7 + 8) \cdot 1 \cdot 27$
2) $(7_{315} + 8_{315}) \cdot 1 + (7_{21} + 8_{21}) \cdot 27$
3) $(7 + 8) \cdot 27$
4) $(7 + 8) \cdot 1$

239 S.o. S. 156

240 S. die Verknüpfungsregel zu § 21 StVG oben S. 158

Zu 1): Hier erhält – je nach dem, ob man das Merkmal 1 oder 27 als zuerst multipliziert sich denkt – eines von beiden Merkmalen ein übermäßiges Gewicht; denn die schon mit Merkmal 1 multiplizierte Summe „(7 + 8)" ist naturgemäß größer als die nicht multiplizierte Summe. Merkmal 27 wird aber richtig nur mit der einfachen Summe (7 + 8) multipliziert.

Zu 2): Diese Variante bietet den Vorzug, daß sie das in beiden Tatbeständen verschiedene Gewicht der Merkmale 7 und 8 bewahrt. „7_{315}" heißt: die mit dem Gewicht des Tatbestands § 315c StGB multiplizierte Merkmalszahl 7, etc. Dafür werden hier aber die Merkmale 7 und 8 zweimal berücksichtigt, was nach den allgemeinen Regeln für die Idealkonkurrenz[241] gerade nicht geschehen soll.

Zu 3), 4): Hier wird eine Multiplikation, die bei einem Einzeltatbestand vorkommt, einfach weggelassen. Der Täter wird also durch die Idealkonkurrenz dann relativ bevorzugt, wenn im Fall 3) der Wert von Merkmal 27 größer, und benachteiligt, wenn er in diesem Fall kleiner als 1 ist. Das heißt nicht etwa – das sei besonders betont –, daß er in einem extremen Fall für eine Trunkenheitsfahrt ohne Fahrerlaubnis eine geringere Strafe bekommen könnte, als wenn er sie mit Fahrerlaubnis begangen hätte.

In der angegebenen Verknüpfungsregel wurde der Möglichkeit 4) mit folgenden Erwägungen der Vorzug gegeben: Zunächst wurde § 315c StGB als stärkeres Delikt völlig ausgeschöpft. Dann sollte § 21 StVG bewertet werden, wobei der Täter – in Bezug auf die Bewertung des Fahrens ohne Fahrerlaubnis allein! – durch die konkurrierende Straßenverkehrsgefährdung nicht schlechter gestellt werden darf. Diese Maxime ist nur durch die verwirklichte Alternative zu erfüllen.

Die Merkmale 33 und 37 sind für beide Tatbestände gemeinsam zu ermitteln. Der Zweck der Fahrt ist gleich zu beurteilen, und zwar unabhängig davon, ob man die Fahrt unter dem Aspekt der Trunkenheit und Gefährdung oder dem der fehlenden Fahrerlaubnis betrachtet. Ebenso wie diese beiden Merkmale kommen auch Vorstrafen (Merkmal 36) und Eigenschaden (Merkmale 38, 39) erst dann zum Zuge, wenn die „Tatschuld" beider konkurrierender Delikte ermittelt ist.

Die Vorschrift 2/5 ist „milder" – hat also einen größeren Divisor (120) – als die für § 21 StVG (Divisor 100) und § 315c StGB (Divisor 90) allein geltenden Vorschriften. Maßgebend waren bei dieser Wahl praktische Erwägungen: Die Zeit des Führerscheinentzuges soll nicht in gleichem Maße steigen wie die Strafe bei der Konkurrenz. Dieselben Argumente rechtfertigen die Vorschrift 2/4 für Vorsatz bei § 315c StGB[242].

---

241 S.o. S. 171, Regel 2)

242 Vgl. die ähnliche Argumentation oben S. 153 und Fußnote 191).

§§ 316 StGB, 21 I Nr. 1 StVG, 73 StGB

Die *Übersicht über die zu bewertenden Merkmale* ist identisch mit der für §§ 315c StGB, 21 StVG, 73 StGB[243]; es fehlen jedoch hier die Merkmale 4 (4/1), 5, 6 und 35[244].

Die *Verknüpfungsregel* lautet dementsprechend:

$$\{\langle[(3 \cdot 15 + 7 + 8 + 9 + 10 + 32) \cdot 1 + 34] \cdot$$
$$\cdot\ 26 + (11 + 12) \cdot 27\rangle \cdot 33 \cdot 37 + 36\} \cdot 38 \cdot 39 = \text{SRZ}$$

Auch für die Bestimmung der Sperrfristen gelten dieselben Vorschriften wie bei §§ 315c StGB, 21 StVG, 73 StGB: 2/5 und bei Vorsatz hinsichtlich § 316 StGB die Vorschrift 2/4.

§§ 222 StGB, 21 I Nr. 1 StVG, 73 StGB

Übersicht über die zu bewertenden Merkmale

Kenn-Nr.	Kurzbezeichnung des Merkmals	Merkmals-Zahlbereich	Gewicht	Merkmals-Endbereich
222/2	Fremdschaden, Personen-	100	15	1500
3	Fremdschaden, Sach-	1– . . .	3	3 – . . .
222/6	Zahl der Opfer			1,0 – 0,25
21/7	Länge der Fahrt	1– . . .	1	1 – . . .
21/8	Gefährlichkeit	10– 50	1	10 – 50
21/9	Verkehrsstärke	10– 50	1	10 – 50
10	Ordnungswidrigkeit	5–500	1,5	7,5 –750
21/11	Zeitverhältnis	10– 28	2	20 – 56
21/12	Gefährlichkeit Person des Fahrers	10– 50	2	20 –100
15	Mitverschulden			0,1 – 1,0
222/16	Opfer-Persönlichkeit			0,535– 1,2
21/27	Vorsatz, § 21 StVG			0,65 – 1,35
21/33/1	Zweck der Fahrt			0,65 – 1,6
222/35	Fahrlässigkeit	10–100	8	80 –800
222/36	Vorstrafen	1– 83	9	9 –747
37	Nachtatverhalten			0,8 – 1,275
38	Eigenschaden, Personen-			1,0 – 0,5
39	Eigenschaden, Sach-			1,0 – 0,8
40	Einkommen			1,0 – 2,5
41	Freiheitsstrafen-Empfindlichk.			0,715– 1,0

243 S.o. S. 173

244 Zur Erläuterung kann auf S. 156 ff verwiesen werden.

Kenn-Nr.	Kurzbezeichnung des Merkmals	Merkmals-Zahlbereich	Gewicht	Merkmals-Endbereich
42	Prognose			0,92 – 1,3
43	Fahrerlaubnis			0,72 – 1,1
44	Veränderungen			0,62 – 1,0
45	Sonstige Umstände			0,62 – 1,0

Verknüpfungsregel

$$\langle[(3 \cdot 15 + 7 + 8 + 9 + 10 + 11 + 12) \cdot 33 \cdot 27 + 2 \cdot 16 \cdot 15 + 35] \cdot$$
$$\cdot 37 + 36\rangle \cdot 38 \cdot 39 = SRZ$$

Es gilt die Vorschrift 2/7.

Erläuterungen

Der Inhalt der runden Klammer ( ) ist identisch mit dem entsprechenden Teil der Verknüpfungsregel bei § 21 I Nr. 1 StVG[245]. Die Klammer enthält außer den Merkmalen 3, 10 und 15 nur solche Merkmale, die allein bei § 21 StVG vorkommen, nicht aber bei § 222 StGB. Trotz der drei Ausnahmen kann die ganze Klammer unbedenklich mit den – ebenfalls nur bei § 21 StVG vorkommenden – Merkmalen 33 und 27 multipliziert werden, weil die Merkmale 3 und 10 in beiden Tatbeständen das gleiche Gewicht haben. Der Täter wird also durch die Konkurrenz hinsichtlich der Beurteilung des Fahrens ohne Fahrerlaubnis nicht besser oder schlechter gestellt. Dasselbe gilt für die fahrlässige Tötung: Jedes Merkmal erfährt dieselbe Behandlung wie bei § 222 StGB allein; die gemeinsamen Merkmale 3 und 10 werden zudem noch wie in § 21 StVG behandelt. Das Merkmal 15 erscheint zweimal in dieser Verknüpfungsregel. Das findet seinen Grund in der Auflösung der Vorschrift „(2 · 16 + 3) · · 15"[246].

Da „3 · 15" auch bei § 21 StVG bewertet wird[247], erscheint dieses Produkt unter den Merkmalen des § 21 StVG in der runden Klammer ( ) und geht in die Summe ein, die mit den Merkmalen 33 und 27 multipliziert wird, während „2 · 16 · 15", als nur bei § 222 StGB vorkommend, davon abgespalten wird.

Diese Stellung der die Tatsache der tödlichen Verletzung repräsentierenden Merkmale „2 · 16 · 15" unterscheidet sich von der bei §§ 222, 315c, 73

245 S.o. S. 158

246 Vgl. die Verknüpfungsregel für § 222 StGB oben S. 143
$(2 \cdot 16 + 3) \cdot 15 = 2 \cdot 16 \cdot 15 + 3 \cdot 15$

247 S.o. S. 158

StGB[248]. Dort wird – entgegen der allgemeinen Regel für Idealkonkurrenz, nach der die Merkmale eines jeden konkurrierenden Tatbestandes unabhängig von denen des anderen bewertet werden sollen[249] – das Merkmal 2 auch mit den nur bei § 315c StGB vorkommenden Merkmalen 1, 26 und 33 multipliziert. Die Argumente, die dort die Nichtanwendung der allgemeinen Regel begründen, sind Gleichbehandlung des Erfolges und Änderung des gesamten Tatschuld-Vorwurfes durch den Zweck der Fahrt[250]. Beide Argumente wirken hier weniger stark: § 21 StVG hat nur *ein* Erfolgs-Merkmal: den Sachschaden (Merkmal 3), während in § 315c StGB als Erfolg auch noch die konkrete Gefährdung bewertet wird (Merkmale 4 und 5). Auch sind mehr Fälle des § 315c StGB mit einem Sachschaden verbunden als solche des § 21 StVG. Die Inkonsequenz, die in einer anderen Behandlung des „Todes-Erfolges" liegt, ist also bei dieser Bestimmung nicht so gravierend.

Ferner erscheint hier das Verhältnis von „Zweck der Fahrt" (Merkmal 33) zum gesamten Tatschuld-Vorwurf in einem anderen Licht als bei der Konkurrenz der §§ 222 und 315c StGB. Denn der Beitrag, den die Merkmale des § 21 StVG bei der Idealkonkurrenz mit § 222 StGB zur gesamten Strafe leisten, wird in aller Regel geringer sein als der Anteil des § 315c StGB zur Strafe für die §§ 222, 315c, 73 StGB. Auch das spricht nicht dafür, Merkmale, die nur bei § 21 StVG vorkommen, mit den spezifischen Merkmalen des § 222 StGB zu multiplizieren, so daß es hier bei der allgemeinen Regel der Idealkonkurrenz bleiben kann.

Die Vorschrift 2/7 (Divisor 150) nimmt eine Mittelstellung zwischen der für § 222 StGB geltenden Vorschrift 2/6 (Divisor 200) und der für § 21 StVG geltenden Vorschrift 2/3 (Divisor 100) ein. Die Ursachen für solche nicht völlig befriedigenden Regeln liegen darin, daß die Praxis der Sperrfristfestsetzung nicht nur straf-, sondern auch tatbestandsproportional ist und daß brauchbare Kriterien für die Feststellung, inwieweit ein Täter ungeeignet zum Führen eines Kraftfahrzeuges ist, nicht ersichtlich sind[251].

---

248 S.u. S. 180 und die Erläuterungen S. 180 f

249 S.o. S. 172

250 Vgl. unten S. 181

251 Zu dieser schon erörterten Problematik s.o. S. 138 ff

§§ 230 StGB, 21 I Nr. 1 StVG, 73 StGB

Die Übersicht über die zu bewertenden Merkmale ist identisch mit der zu §§ 222 StGB, 21 I Nr. 1 StVG, 73 StGB[252]. Es bestehen jedoch drei Ausnahmen[253]:

Kenn-Nr.	Kurzbezeichnung des Merkmals	Merkmals-Zahlbereich	Gewicht	Merkmals-Endbereich
230/35	Fahrlässigkeit	10–100	2	20– 200
21/36	Vorstrafen	1– 83	7	7– 581
230/2	Fremdschaden, Personen-	1– 78	15	15–1170

Da die Änderung sich auf die Gewichte der Merkmale beschränken, ändert sich auch die *Verknüpfungsregel* gegenüber §§ 222 StGB, 21 I StVG, 73 StGB nicht[254]. Es gilt die Vorschrift 2/5 (Divisor 120).

§§ 222, 315c, 73 StGB

Übersicht über die zu bewertenden Merkmale

Kenn-Nr.	Kurzbezeichnung des Merkmals	Merkmals-Zahlbereich	Gewicht	Merkmals-Endbereich
315/1	Blutalkohol			1,3 – 1,65
222/2	Fremdschaden, Personen-	100	15	1500
3	Fremdschaden, Sach-	1–. . .	3	3 –. . .
315/4 4/1	Gefährdung, Personen-	45–150	1	45 – 150
315/5	Gefährdung, Sachen	1–. . .	1	1 –. . .
6	Zahl der Opfer			1,0 – 0,25
315/7	Länge der Fahrt	1–. . .	4	4 –. . .
315/8	Gefährlichkeit	10– 50	2	20 – 100
315/9	Verkehrsstärke	10– 50	2	20 – 100
10	Ordnungswidrigkeit	5–500	1,5	7,5 – 750
15	Mitverschulden			0,1 – 1,0
222/16	Opfer-Persönlichkeit			0,535– 1,2
315/26	Vorsatz, Fahruntüchtigkeit			2,05 – 3,0
315/32	Fahrvorsatz	1– 30	6	1 – 180
315/33/2	Zweck der Fahrt			0,65 – 1,6

252 S.o. S. 176

253 Das sind naturgemäß die Ausnahmen, die auch die Übersichten der §§ 222 und 230 StGB unterscheiden, s.o. S. 149. Das Merkmal 2 wird hier noch einmal aufgeführt, um zu zeigen, daß es hier – anders als bei § 222 StGB – echte Bereiche hat.

254 S.o. S. 177

Kenn-Nr.	Kurzbezeichnung des Merkmals	Merkmals-Zahlbereich	Gewicht	Merkmals-Endbereich
315/34	Fahrlässigkeit, Fahruntüchtigkeit	10– 50	3	30 – 150
222/35	Fahrlässigkeit	10–100	8	80 – 800
36	Vorstrafen	1– 83	15	15 –1245
37	Nachtatverhalten			0,8 – 1,275
38	Eigenschaden, Personen-			1,0 – 0,5
39	Eigenschaden, Sach-			1,0 – 0,8
40	Einkommen			1,0 – 2,5
41	Freiheitsstrafen-Empfindlichk.			0,715– 1,0
42	Prognose			0,92 – 1,3
43	Fahrerlaubnis			0,72 – 1,1
44	Veränderungen			0,62 – 1,0
45	Sonstige Umstände			0,62 – 1,0

Verknüpfungsregel

$$\left\{\langle[(2\cdot 16+3+4+5)\cdot 15+7+8+9+10+32+35]\cdot 1+34\rangle\cdot\right.$$
$$\left.\cdot 26\cdot 33\cdot 37+36\right\}\cdot 38\cdot 39=\text{SRZ}$$

Es gilt die Vorschrift 2/7.

Erläuterungen

Das Gewicht des Merkmals 36 beträgt 15 und ist damit höher als bei §§ 222 und 315c StGB. Dies entspricht nicht der allgemeinen Regel bei Idealkonkurrenz und wurde deshalb eingeführt, weil die durchschnittlichen für diese Konkurrenz verhängten Strafen relativ hoch sind und im Verhältnis dazu die nur mit 9 gewichteten Vorstrafen nicht angemessen berücksichtigt wären[255].

Die konkrete Gefährdung der getöteten Person ist „aufgezehrt" durch die tödliche Verletzung. Daher kann das Merkmal 4 nur im Hinblick auf weitere Personen erfüllt sein. Die Verknüpfungsregel gleicht der des § 315c StGB[256], abgesehen von folgender Ausnahme:

In der runden Klammer ( ) wird noch das Produkt „2 · 16" hinzugefügt. Damit wird auch die Tatsache des Todes von den Faktoren-Merkmalen des § 315c StGB wie Blutalkohol-Konzentration (Merkmal 1), Vorsatz im Hinblick auf die Fahruntüchtigkeit (Merkmal 26) und Zweck der Fahrt (Merkmal 33) erfaßt. Es wird also im Ergebnis der Tod für sich allein deswegen stärker

255 Zur allgemeinen Problematik unterschiedlicher Gewichte und insbesondere dieser Begründung s.o. S. 149 ff

256 S.o. S. 156

bewertet, weil der Täter infolge Alkohols fahruntüchtig war. Das widerspricht an sich der allgemeinen Regel für Idealkonkurrenz, daß die Merkmale eines jeden konkurrierenden Tatbestandes unabhängig von denen des anderen bewertet werden sollen[257]. Eine Verknüpfungsregel, die dieser Maxime Rechnung trüge, lautete:

$$\langle\langle [\{\langle [(3 + 4 + 5) \cdot 15 + 7 + 8 + 9 + 10 + 32 + 35] \cdot 1 + 34 \rangle \cdot 26 \cdot 33\} + + 2 \cdot 16 \cdot 15] \cdot 37 + 36 \rangle\rangle \cdot 38 \cdot 39 = SRZ$$

Gegen eine solche Regel kann jedoch eingewendet werden, daß sie den „Erfolg" einer Tat verschieden behandelt: Entsprechend der Regelung bei § 315c StGB stehen die Merkmale 3, 4 und 5, durch die der „Erfolg" bewertet wird, an einer Stelle, an der sie von den Merkmalen 33, 1 und 26 beeinflußt werden. Es wäre dann nicht konsequent, den Tod als für die SZ wesentlichsten Tat-„Erfolg" anders zu behandeln, nur weil das ihn bewertende Merkmal in dem ideal konkurrierenden und die Faktoren-Merkmale aufweisenden Tatbestand des § 315c StGB nicht vorkommt.

Ferner verändert z.B. der Zweck der Fahrt (Merkmal 33) den gesamten Tatschuld-Vorwurf, der dem Täter zu machen ist; und zu der Tatschuld gehört in praxi auch – mag die dogmatische Begründung auch die größten Schwierigkeiten bereiten – der Erfolg. Auch diese Erwägung stützt die vorgeschlagene Verknüpfung der Merkmale. Es zeigt sich gerade bei solchen Fragen, wie wenig die gesetzlichen Tatbestände auf die Bedürfnisse der SZ zugeschnitten sind, wie sehr bei ihrer Entstehung auf die systematische Erfassung menschlicher Verhaltensweisen und wie wenig auf gerechte SZ geachtet worden zu sein scheint.

Eine Ungenauigkeit entsteht in der ersten Verknüpfungsregel[258] durch die Stellung und das Gewicht des Merkmals 35. Sieht man von dem Produkt „2 · 16 · · 15" ab, so beschreibt die spitze Klammer den Vorwurf, der dem Täter wegen der Verwirklichung des § 315c StGB zu machen ist. In dieser Klammer ⟨ ⟩ steht auch das nach den allgemeinen Grundsätzen für Idealkonkurrenz mit dem Gewicht 8 (aus § 222 StGB) versehene Merkmal 35. Bei § 315c StGB hat das Merkmal 35 nur das Gewicht 3. Indem nun das so höher gewichtete Merkmal 35 mit Merkmalen multipliziert wird, die nur bei § 315c StGB vorkommen (Merkmale 1, 26, 33), mit denen es also bei § 222 StGB allein nicht multipliziert wird, wird die Fahrlässigkeit stärker bewertet als richtig wäre. Man könnte auch diese Ungenauigkeit beseitigen, und zwar dadurch, daß man die Verknüpfungsregel wie folgt formulierte:

$$\langle\langle [\{\langle [(2 \cdot 16 + 3 + 4 + 5) \cdot 15 + 7 + 8 + 9 + 10 + 32 + 35_3] \cdot 1 + + 34 \rangle \cdot 26 \cdot 33\} + 35_5] \cdot 37 + 36 \rangle\rangle \cdot 38 \cdot 39 = SRZ$$

257 S.o. S. 172; zur anderen Regelung bei §§ 222 StGB, 21 StVG, 73 StGB s.o. S. 177 f.

258 Oben S. 180

Hierbei käme für das Merkmal 35 zunächst die Merkmalsgrundzahl in Betracht. Die Indizes$_3$ und $_5$ geben an, mit welchen Werten die Merkmalszahl an jener Stelle zu multiplizieren ist. Es würde also nur die (gemäß § 315c StGB) mit 3 multiplizierte Merkmalsgrundzahl für die Bewertung des § 315c StGB-Anteils verwendet. Die mit 5 multiplizierte Merkmalsgrundzahl würde erst dann eingesetzt, wenn dieser Bewertungsvorgang abgeschlossen ist. Auch auf diese Weise wäre ein Gewicht in Höhe von 8 erreicht. Dies soll jedoch nur eine mögliche Alternative bleiben. Die geringe Ungenauigkeit, welche die erste angegebene Verknüpfungsregel mit sich bringt, wird zugunsten einer geringeren Kompliziertheit der Regeln in Kauf genommen.

§§ 222, 315c StGB, 21 I Nr. 1 StVG, 73 StGB

Die *Übersicht über die zu bewertenden Merkmale* deckt sich mit der Übersicht zu §§ 222, 315c, 73 StGB[259], ist aber um folgende Merkmale vermehrt:

Kenn-Nr.	Kurzbezeichnung des Merkmals	Merkmals-Zahlbereich	Gewicht	Merkmals-Endbereich
21/11	Zeitverhältnis	10–28	2	20 – 56
21/12	Gefährlichkeit, Person des Fahrers	10–50	2	20 –100
21/27	Vorsatz, § 21 StVG			0,65– 1,35

Verknüpfungsregel

$$[\{\langle[(2 \cdot 16 + 3 + 4 + 5) \cdot 15 + 7 + 8 + 9 + 10 + 32 + 35] \cdot 1 + 34\rangle \cdot$$
$$\cdot 26 + (11 + 12) \cdot 27\} \cdot 33 \cdot 37 + 36] \cdot 38 \cdot 39 = SRZ$$

Es gilt die Vorschrift 2/7.

Erläuterungen

Die Verknüpfungsregel entspricht bis zum Merkmal 26 der Verknüpfungsregel für §§ 222, 315c, 73 StGB[260]. Insoweit kann auf die soeben behandelte Problematik verwiesen werden. Bei der Stellung der Merkmalsgruppe „2 · 16 · 15" wurde der bei §§ 222, 315c, 73 StGB gewählten Lösung[260] der Vorzug gegeben, weil auch hier die dort[261] angeführten Argumente schwerer wiegen als die Gründe für die abweichende Stellung bei §§ 222 StGB, 21 StVG, 73 StGB[262].

---

259 S.o. S. 179 f

260 S.o. S. 180

261 S.o. S. 180

262 S.o. S. 177 f

Zwischen den Merkmalen 26 und 33 ist das Produkt „(11 + 12) · 27" eingefügt. Auch die Verknüpfungsregel für §§ 315c StGB, 21 StVG, 73 StGB enthält dieses dort[263] schon erläuterte Produkt, so daß sich insoweit eine neuerliche Erörterung erübrigt.

§§ 230, 315c, 73 StGB

Die Auswahl der zu bewertenden Merkmale entspricht der für §§ 222, 315c, 73 StGB[264]. Unterschiede bestehen jedoch hinsichtlich der Gewichte in zwei Fällen.

Kenn-Nr.	Kurzbezeichnung des Merkmals	Merkmals-Zahlbereich	Gewicht	Merkmals-Endbereich
230/ 2	Fremdschaden, Personen-	1– 78	15	15–1170
35	Fahrlässigkeit	10–100	6	60–600
315/36	Vorstrafen	1– 83	9	9–747

Das Merkmal 2 wurde hier noch einmal aufgeführt, um den Bereich bei Verletzungen ohne tödlichen Ausgang zu zeigen; denn im Falle des § 222 StGB ergibt sich kein Bereich, da nur *ein* Wert (100 bzw. 1500) vorliegen kann. Das Gewicht des Merkmals 36 entspricht dem Gewicht, das es hat, wenn § 315c StGB allein verwirklicht ist. Das Gewicht des Merkmals 35 ist hier größer als bei § 315c StGB (Gewicht 3) und als bei § 230 StGB (Gewicht 2) und widerspricht damit der allgemeinen Regel für Idealkonkurrenz. Ein Gewicht von 3 erschien jedoch im Verhältnis zu den bei dieser Konkurrenz hohen Durchschnittsstrafen als nicht ausreichend[265].

Verknüpfungsregel

$$\{\langle[(2 \cdot 16 + 3 + 4 + 5) \cdot 15 + 7 + 8 + 9 + 10 + 32 + 35] \cdot 1 + 34\rangle \cdot \cdot 26 \cdot 33 \cdot 37 + 36\} \cdot 38 \cdot 39 = \text{SRZ}$$

Es gilt die Vorschrift 2/5. Falls § 315c StGB vorsätzlich verwirklicht ist, gilt die Vorschrift 2/4.

Die Verknüpfungsregel ist naturgemäß identisch mit der für §§ 222, 315c, 73 StGB[266]. Auf die dort erörterte Problematik kann deshalb verwiesen werden[267].

263 S.o. S. 174

264 S.o. S. 179 f

265 Vgl. die ähnlichen Erwägungen für Merkmal 36 bei §§ 222, 315c, 73 StGB oben S. 180

266 Ebenso im Verhältnis von § 222 zu § 230 StGB oben S. 151

267 S.o. S. 180

2.8. Die Realkonkurrenz

2.8.1. Die SZs-Theorie zur Realkonkurrenz: Gesamtschau

„In der SZ liegt das eigentliche Problem der Konkurrenz." Dieser Aussage von Geerds[268] wird vorbehaltlos zustimmen, wer die von der Lehre gerade für die Behandlung der Realkonkurrenz entwickelten Lehrsätze betrachtet und die Maximen untersucht, die diesen Sätzen zugrunde liegen. Der BGH verhehlt nicht die Mangelhaftigkeit der angebotenen Regeln, wenn er an die gesonderte Begründung der Gesamtstrafe keine „weiteren Anforderungen" stellt, „zumal da das Ansinnen an den Tatrichter, innerhalb eines weitgespannten Strafrahmens überzeugend darzulegen, warum die Gesamtstrafe gerade diese und nicht eine abweichende Dauer hat, unerfüllbar ist und weitere allgemeine Grundsätze ... dafür kaum aufgestellt werden können."[269].

Die Grundsätze, die den Richter bei der Bemessung der Gesamtstrafe leiten sollen, sind so nichtssagend, daß es nicht verwunderlich ist, wenn sie nicht angewendet werden[270]: „Der Gesetzgeber geht davon aus, daß die einzelnen Taten Ausfluß einer einheitlichen Täterpersönlichkeit sind und deshalb nicht als bloße Summe, sondern als ein Inbegriff beurteilt werden müssen, dem eine selbständige Bedeutung zukommen kann (Nachweise). Das Gesetz stellt bei der Bemessung der Gesamtstrafe auf eine Gesamtschau aller Taten ab"[271]. Soll man aus solchen Grundsätzen einen Maßstab für die Strafhöhe im konkreten Fall ableiten, dann ist die SZ bei Realkonkurrenz nicht nur ein ungelöstes[272], sondern sogar ein unlösbares Problem.

Unlösbar ist es aber nur so lange, als man nicht erkennt, daß § 75 StGB eine – ungenaue – Rechenvorschrift enthält, die durch genaue Untervorschriften ausgefüllt werden muß, und als man statt dessen Begriffe wie „Gesamtschau" und „Wesen der SZ" zur Grundlage der Betrachtungen macht. Das Wort „Rabatt" ist durchaus zutreffend für die Regelung des § 75 StGB. Es

268 Konkurrenz S. 471

269 BGHSt 8, 205, 211; nicht mehr in vollem Umfang übereinstimmend BGH NJW 72, 454, 456. Die Kritik von *Hassemer,* Automatisierte und rationale SZ, S. 111, an BGHSt 8, 205 (211) ist vernichtend und klassisch: (Die Urteilsgründe „bestürzen", „schockieren", die vom BGH gezogene Konsequenz sei „verheerend"). Die Entscheidung und *Hassemers* Kritik zeigen überdeutlich die Not, in der die SZs-Theorie steckt: eine Lehre verantworten zu müssen, die nichts als den Versuch darstellt, eine nicht begründbare Praxis zu begründen.

270 So heißt es etwa in dem vom BGH NJW 72, 454 aufgehobenen Urteil des LG Würzburg schlicht: „Die gemäß §§ 74 Abs. 1, 75 StGB zu bildende Gesamtstrafe erschien in Höhe von 5 Jahren angemessen. Die Vorschrift des § 13 StGB wurde beachtet." (a.a.O. S. 455).

271 BGH NJW 72, 454, 455/456

272 So *Bruns,* S. 418

steht auch einer zusammenfassenden Würdigung der Person des Täters und der einzelnen Straftaten[273] nicht entgegen. Vielmehr sind allein Rechenregeln bei der Bemessung der Gesamtstrafe – wohl etwas abschätzig „Strafenarithmetik"[274] genannt – in der Lage, eine gerechte, d.h. unter für alle gleichen Gesichtspunkten vorgenommene Würdigung zu gewährleisten.

Den entgegengesetzten Standpunkt der h.L., insbesondere im Hinblick auf § 75 StGB, stellt *Schweling*[275] sehr deutlich dar: Nachdem die ersten beiden Gruppen der für die Höhe der Gesamtstrafe bestimmenden Umstände gewürdigt worden sind – die derivativen, die auch die Festsetzung der Einzelstrafe beeinflußt haben, und die originären, die nur der Gesamtstrafe eigentümlich sind –, wird die dritte Gruppe berücksichtigt, die „eigentlich nur aus einem einzigen Moment: der Gesamtschau"[276] besteht. In ihr müssen die Taten in einem einzigen Blick erfaßt und so *Gesamt*verschulden des Täters und *Gesamt*gewicht der Taten bemessen werden, wobei man sich auf einem der Praxis vertrauten Boden bewege[277]. Und – das ist der eigentliche Vorzug der Gesamtschau – mit ihrer Hilfe kann der Richter den Gesetzgeber korrigieren: Wo eine zwingend vorgeschriebene (Mindest-)Strafe dem Rechtsgefühl des Richters als zu hart erschienen ist, kann er es, indem er diese Strafe bei der Gesamtstrafenbildung nur unwesentlich erhöht, wieder befriedigen[278]. So dient denn die hier gegebene Ungebundenheit des Richters dazu, anderweitige schlechte Regeln zu umgehen. Wäre die Situation wirklich so, wie Schweling sie darstellt, so wäre kein Grund ersichtlich, die (ungenauen) Regeln nicht auch abzuschaffen, um dann nur noch „auf das gesunde Rechtsempfinden des Richters . . . vertrauen zu dürfen"[279]. Besser wäre es aber doch sicherlich, der Gesetzgeber bildete Strafrahmen, die das Rechtsgefühl des Richters nicht verletzen, und der Richter könnte mit Regeln arbeiten, die ihn außerstande setzen, die Strafrahmen zu umgehen.

Auch der BGH[280] möchte die SZ bei Realkonkurrenz als eine „allein dem Tatrichter zustehende Ermessensentscheidung" nicht „zu einer bloßen Rechenaufgabe" degradiert sehen. Auch er ist also – der insbesondere zu § 75 StGB

---

273 § 75 Abs. I S. 2 StGB; vgl. auch *Geerds*, Konkurrenz S. 377

274 *Geerds*, Konkurrenz S. 377 und ihm folgend *Bruns*, S. 422

275 GA 55, 289, 297

276 *Schweling*, a.a.O.; von ihm ausgehend beruft auch *Geerds* sich auf die Gesamtschau: Konkurrenz S. 375, 376 Fußnote 764, 767, S. 475 Fußnote 266, S. 513.

277 *Schweling*, a.a.O. Fußnote 29; zustimmend *Geerds*, Konkurrenz S. 479, Fußnote 292: Hier beginne erst die eigentliche SZ, weil das Jonglieren mit imaginären Einzelstrafen eine dem Wesen der SZ widersprechende Strafenarithmetik sei.

278 *Schweling*, GA 55, 289, 297

279 *Geerds*, Konkurrenz S. 506

280 BGHSt 7, 86, 90

vertretenen – Auffassung, die arithmetische Methode sei, da sie zu wenig differenziere, für die SZ nicht brauchbar[281]. Sowohl der BGH als auch die Lehre übersehen dabei jedoch, daß jede Regel, aus der ein konkretes Strafmaß ableitbar ist – die also nicht nur eine relative Aussage nach dem Muster „Strafschärfend kann berücksichtigt werden" ist – eine arithmetische Regel sein muß, da auch das Strafmaß in Zahlen ausgedrückt wird. So gibt denn auch Geerds[282] eine arithmetisch zu nennende Regel, wenn er sagt, das Maß der Schärfung der Einsatzstrafe werde gering sein, wenn der zweite Rechtsbruch gegenüber dem ersten kaum ins Gewicht falle; es werde aber beträchtlich sein, wenn die Schwere der Rechtsbrüche sich entspreche, möge sie auch an sich gering sein. Dieser Satz gibt nämlich eine echte Rabatt-Regel: Man solle die Einzelstrafen summieren und die Summe nach einem je gleichen Verhältnis mindern, z.B. mit einer kleineren Zahl als 1 multiplizieren.

Folgendes Beispiel soll das verdeutlichen: Die Zahl, die kleiner als 1 ist, sei 0,9;

1) Rechtsbrüche von ungleicher Schwere: erste Strafe: 10 Monate, zweite Strafe: 2 Monate; $10 + 2 = 12$; $12 \cdot 0,9 = 10,8$; also 10 Monate und 24 Tage Gesamtstrafe; Einsatzstrafe um nur 8% erhöht.
2) Rechtsbrüche von gleicher Schwere: beide Strafen: 2 Monate; $2 + 2 = 4$; $4 \cdot 0,9 = 3,6$; also 3 Monate und 18 Tage Gesamtstrafe; Einsatzstrafe um 80% erhöht.

Auch die Ambivalenz vieler Erscheinungen kann eine arithmetische Methode nur scheinbar treffen: Wiederholte Kriminalität wirkt in der Regel strafschärfend; sie kann aber auch mildernd wirken, wenn sie auf Willensschwäche beruht, die den Täter immer wieder derselben Versuchung erliegen ließ[283]. Entgegen dem ersten Anschein kann die arithmetische Methode auch einer solchen Differenzierung gerecht werden – sie kann es sogar besser als die herkömmliche. Die Differenzierung zeigt nämlich nur, daß „wiederholte Kriminalität" kein geeigneter Anknüpfungspunkt für die Strafmaßbestimmung ist. Wenn man der Meinung ist, daß wiederholte Kriminalität an sich strafschärfend, bei Willensschwäche aber mildernd wirkt, so muß man feststellen, ob Willensschwäche vorlag oder nicht, und danach entscheiden, ob die Strafe zu erhöhen oder zu verringern ist. Ein Argument gegen eine arithmetische Methode kann hieraus aber nicht entnommen werden.

---

281 S.o. S. 30

282 Konkurrenz S. 470/471

283 *Geerds*, Konkurrenz S. 470; *Schweling*, GA 55, 289, 291.

Wir sehen: Bei § 75 zeigen sich die Probleme, die schon bei der Strafmaßbestimmung für eine einzelne Tat bestehen, wie unter einem Vergrößerungsglas: die Unsicherheit in der tatsächlichen Beurteilung[284], das Defizit an Begründbarkeit[285], die Flucht in plakative Wendungen, die eine Begründung des bei der herkömmlichen Methode nicht Begründbaren vorspiegeln[286]. Die Forderung nach faßbaren Regeln wird hier umso dringlicher.

2.8.2. Keine Verwertung derivativer SZs-Gründe

Ob die Verwertung „derivativer" SZs-Gründe – d.h. solcher, die schon bei der Zumessung der Strafe für die Einzeltaten verwendet wurden – nach dem Maßstab des Doppelverwertungsverbotes von Tatbestandsmerkmalen zulässig ist oder nicht, soll hier nicht erörtert werden[287]; *angemessen* ist sie jedenfalls nicht. Das ergibt sich aus folgendem Beispiel: Zwei Täter haben je zwei Taten begangen. Der eine (A) erhält Einzelstrafen von je 2 und 3 Monaten, der andere (B) von je 10 und 15 Monaten. Die originären SZs-Gründe – also die SZs-Gründe, die nur bei der Bildung der Gesamtstrafe in Erwägung zu ziehen sind – sind für beide Täter in allem gleich; sie ergeben für jeden eine Erhöhung der Einsatzstrafe um 50%. Danach betrüge die Strafe für A 4 1/2 Monate[288], für B 22 1/2 Monate[289]. Jetzt werden bei beiden noch einmal die für die Ermittlung der Einzelstrafen bestimmenden „derivativen" SZs-Gründe eingesetzt. Sie sind für B negativ – er hatte ja hohe Einzelstrafen –, er bekommt also noch ein Strafquantum zu den 22 1/2 Monaten. Für A sind sie positiv – kleine Einzelstrafen –, sein Strafquantum von 4 1/2 Monaten mindert sich also (auf jeden Fall erhöht es sich nicht).

Dieses Beispiel zeigt, daß man die derivativen SZs-Gründe von vornherein schwerer bewerten kann, wenn man sie bei der Zumessung der Gesamtstrafe noch einmal verwerten will. Geht man aber davon aus, daß die einzelnen Erwägungen bei der Einzel-SZ mit dem „richtigen" Gewicht in das Einzelstrafmaß eingegangen sind – was naturgemäß bei der herkömmlichen Methode der SZ nicht feststellbar ist –, so müssen sie ein „falsches" Gewicht haben, falls man sie nachher noch einmal verwertet. Läßt man also derivative Gründe bei

---

284 S.o. S. 39

285 S.o. S. 5, 15 f

286 S.o. S. 9

287 Dafür BGH NJW 72, 454, 456 mwN; *Bruns*, S. 353, 421

288 3 + 50% von 3 = 3 + 1,5 = 4,5

289 15 + 50% von 15 = 15 + 7,5 = 22,5

der Gesamtstrafenbildung zu, so wird die Einzelstrafe, die – unter Berücksichtigung der Tatsache, daß der Täter noch andere Taten begangen hat! – festgesetzt worden ist, später, nur weil sie hoch ist und noch andere Taten vorliegen, noch einmal erhöht[290].

Wenn Bruns[290a] meint, man verlange vom Richter zu viel, wenn man ihm diese „Doppelverwertung" verbiete, weil er dann bei der Einzel-SZ so tun müsse, als habe der Täter die – ihn vielleicht charakterisierenden – übrigen Taten nicht begangen, so übersieht er dabei wohl eine notwendige Differenzierung: Zwar dürfen *Tatsachen* zweimal berücksichtigt werden; nicht aber dürfen zweimal dieselben *Schlüsse* aus ihnen gezogen werden. Wenn ein Richter z.B. fünf Taten beurteilt, so hebt er die Strafe für jede Einzeltat an, weil er aus den vier anderen Taten auf eine kriminelle Neigung schließt. Er bewertet also die Tatsache, daß der Täter vier weitere Taten begangen hat, im Hinblick auf die Persönlichkeit des Täters. Bei der Bildung der Gesamtstrafe verwertet er wiederum die Tatsache, daß fünf und nicht nur zwei Taten vorliegen, indem er einen hohen Rabatt gibt – ein originärer SZs-Grund –, damit der Täter nicht den Rest seines Lebens im Gefängnis verbringen muß. Er bewertet also die Tatsache der 5 Taten im Hinblick auf die Höhe des Rabattes. Das ist sicherlich zulässig und angemessen. Unangemessen wäre es jedoch, wenn er jetzt sagte: Der Angeklagte hat als Gesamtstrafe für 5 Taten 12 Monate Freiheitsstrafe verdient. Aus der Tatsache, daß er 5 Taten begangen hat, entnehme ich eine kriminelle Neigung. Daher verhänge ich 14 Monate. Dann nämlich zöge er bei der Gesamtstrafenbildung aus denselben Tatsachen noch einmal denselben Schluß wie bei der Bildung der Einzelstrafen.

Den Merkmalen im Sinne des Schemas liegt schon eine Tatsachenbewertung zugrunde, die Merkmalszahlen stellen also schon Schlußfolgerungen aus bestimmten Tatsachen dar. Daher werden bei der Gesamtstrafenbildung nach diesem Schema keine derivativen Merkmale verwendet. Dagegen kann durchaus *eine* Tatsache zweimal für die Bildung einer Merkmalszahl ausschlaggebend sein: zunächst für ein bei der Zumessung der Einzelstrafen relevantes und dann später auch noch für ein originäres Gesamtstrafen-Merkmal.

---

290 Das scheint der BGH (NJW 72, 454, 456 links) in Kauf zu nehmen, wenn er sagt, Umstände wie die persönlichen, oder wirtschaftlichen Verhältnisse des Täters könnten einmal isoliert für die Einzeltat, zum anderen in ihrer Auswirkung auf die Gesamtheit der Taten „zusammenfassend" (Anführungszeichen im Original) berücksichtigt werden.

290a S. 421; ebenso *Geerds*, Konkurrenz, S. 474.

2.8.3. Übersicht über die bei § 75 StGB zu bewertenden Merkmale

Es gibt nicht sehr viele originäre Merkmale. Die Übersicht zu § 75 StGB ist daher nicht sehr umfangreich.

Kenn-Nr.	Kurzbezeichnung des Merkmals	Merkmals-Zahlbereich	Gewicht	Merkmals-Endbereich
22	Zusammenhang der Straftaten			0,62–1,0
23	Progressivempfindlichkeit			0,62–1,0
24	Besondere Tatsachen			0,62–1,0
25	Zahl der Taten			0,62–1,0
43/1	Fahrerlaubnis			0,24–1,0

Erläuterungen

Der Zusammenhang der Straftaten (Merkmal 22) ist ein wesentlicher Zumessungsgrund für die Gesamtstrafe[291]. Es ist leicht ersichtlich, daß die Rechtsprechung die Merkmalsstärken für das Merkmal 22 nicht so gut und eindeutig wird definieren können wie etwa diejenigen für das Merkmal 35. Das hat seinen Grund darin, daß Merkmal 22 für alle Kombinationen von Straftaten gilt und die Tatsachen, die es bewertet, sehr viel weniger einheitlich sind als z.B. die einer fahrlässigen Straßenverkehrsgefährdung. Dennoch bringt auch dieses Merkmal einen Fortschritt, weil es jedenfalls eine lineare und nachprüfbare Einordnung ermöglicht: Zum einen wird der Richter gezwungen, seine Auffassung vom Zusammenhang der Straftaten zu fixieren; zum anderen macht die Verknüpfungsregel offenkundig, auf welche Weise der enge oder lockere Zusammenhang der Straftaten in die Gesamtstrafe eingeht, welchen Anteil an der Gesamtstrafe er hat[292].

Das Merkmal 23 ist nur scheinbar ein solches, das schon durch die Bewertung des Merkmals 42 bei der Einzel-SZ verwendet wurde und daher nach der hier vertretenen Ansicht nicht mehr eingesetzt werden darf. Durch Merkmal 23 soll nämlich die sogenannte Progressivempfindlichkeit[293] des Täters beurteilt werden, die von dem Urteil über die erwartete Wirkung einer Freiheitsstrafe gemäß Merkmal 42 bei der Einzel-SZ durchaus verschieden sein kann. Dort beurteilt der Richter *eine* Tat und fragt: Braucht der Täter eine längere oder kürzere Freiheitsstrafe, damit der Strafzweck erreicht wird? Hier hingegen summiert er die errechneten Einzelstrafen und fragt: Wie wirkte die Summe auf den Täter, wenn sie als Gesamtstrafe verhängt würde? Dadurch kann

291 *Schönke-Schröder,* § 75 RdNr. 15; im einzelnen *Schweling,* GA 55, 289, 294 mit Beispielen.

292 Vgl. zu diesem Merkmal im übrigen die Erläuterungen oben S. 111

293 *Schweling,* GA 55, 289, 292/293

sich auch bei einem „hartgesottenen" Täter (hoher Wert im Merkmal 42) ergeben, daß für ihn diese Summe ein „lebenslänglich" bedeutete, so daß die Stärke des Merkmals 23 gering ist[294].

Hierbei ist von entscheidender Bedeutung, wie hoch die Summe der Einzelstrafen überhaupt ist. Eine sehr hohe Summe erfordert bei einem wenig empfindlichen Täter vielleicht den gleichen Merkmalswert wie eine kurze bei einem sensiblen.

Das Merkmal 24 soll Tatsachen erfassen, die den Täter nach dem Begehen der ersten abzuurteilenden Tat veranlaßt haben, weitere Straftaten zu begehen, ohne daß diese Tatsachen unter dem Merkmal 22 hätten gewertet werden können.

Schließlich sind die Zahl und Schwere der begangenen Taten entscheidend für die Bestimmung der Gesamtstrafe[295], und zwar muß ihnen naturgemäß das größte Gewicht zukommen. Denkt man sich einmal zwei Täter von gleicher Persönlichkeit, die beide zwei Straftaten begangen haben, und betragen bei einem die Einzelstrafen 18 und 2 Monate, beim anderen je 18 Monate, so kann die Gesamtstrafe nicht gleich ausfallen. Dasselbe gilt selbstverständlich auch dann, wenn beide gleich schwere Taten begangen haben, aber der eine nur 2 und der andere 15 solcher Taten. Das Merkmal 25 bewertet die Zahl der Taten, indem es den Merkmalswerten der Merkmale 22, 23 und 24 je nach der Anzahl der Taten verschiedene Zahlen zuweist. Je mehr Taten vorliegen, desto kleiner wird die Zahl oder – umgekehrt – desto größer der Rabatt. So sinkt z.B. die Zahlenreihe in der Zeile „Merkmalsstärke 6" vom Wert 0,93 bei 2 Taten bis zum Wert 0,72 bei mehr als 12 Taten. Die in Merkmal 25 angegebenen Zahlen sind die eigentlichen Merkmalswerte der Merkmale 22, 23 und 24[296]. Warum die Zahlen bei zunehmender Anzahl von Taten kleiner werden, obwohl doch die Strafe dann anwachsen soll, wird sich im folgenden[297] bei der Erörterung der Verknüpfungsregel klären.

Das Merkmal 43/1 hat eine ähnliche Funktion wie das eben behandelte Merkmal 25. Es ordnet, nachdem die Merkmalsstärke nach Merkmal 43 einmal festgestellt ist, dieser Stärke je nach der Zahl der Taten verschiedene Merkmalswerte zu.

---

294 Zu den Umständen, die für die Bemessung der Progressivempfindlichkeit entscheidend sind, und zur Problematik der Erkenntnis, in welcher Stärke dieses Merkmal vorliegt, s. *Schweling*, a.a.O.

295 *Schweling*, GA 55, 289, 293/294

296 Vgl. oben S. 111

297 S. unten S. 193

2.8.4. Verknüpfungs- und Entscheidungsregeln für § 75 StGB

1) Man bewerte den Fall nach den Merkmalen „22", „23" und „24"[298]
2) Man ordne jeder Merkmalsstärke gem. Merkmal „25" einen Merkmalswert zu.
3) Man summiere die zuvor errechneten Einzelstrafen; Summe = (3).
4) (3) · „22" · „23" · „24" = (4)

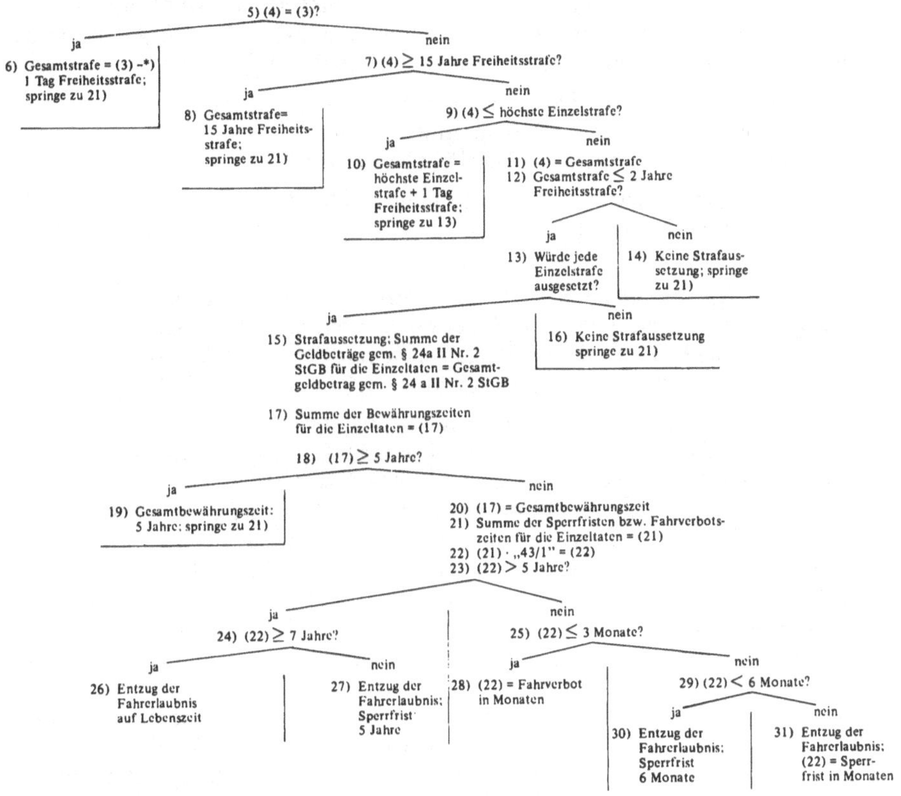

Erläuterungen

Die Verknüpfungs- und Entscheidungsregeln für § 75 StGB gelten nur für das Zusammentreffen mehrerer zeitiger Freiheitsstrafen. Entsprechende Regeln könnten auch für das Zusammentreffen zweier Geldstrafen (§ 74 I) oder einer Freiheits- und einer Geldstrafe (§ 75 III) gebildet werden.

298 Die Zahlen in Anführungszeichen „ " bedeuten hier wieder die Merkmals-Kenn-Nummern; vgl. S. 122 und Fußnote 100.

*) Dieses Zeichen (–) steht hier für „minus".

Die nunmehr erläuterten Regeln ersetzen die bei Einzeltatbeständen anzuwendenden Verknüpfungs- und Allgemeinen Entscheidungsregeln. Es werden also hier mehrere nach diesen Regeln bereits bestimmte Einzelstrafen vorausgesetzt.

Die Regeln bei Nr. 1) und 2) sind keine eigentlichen Verknüpfungsregeln. Sie geben lediglich das oben[299] beschriebene Verfahren in Form eines Befehls wieder. Die eigentliche Verknüpfungsregel steht erst bei Nr. 4): Multiplikation der Summe der Einzelstrafen (3) mit den Merkmalszahlen. Das Ergebnis dieser Multiplikation (4) ist die Gesamtstrafe (Regel bei Nr. 11), es sei denn,

– daß das Ergebnis – weil alle Faktoren 1 sind – gleich der Summe der Einzelstrafen ist; dann ist die Gesamtstrafe gleich der Summe der Einzelstrafen minus 1 Tag Freiheitsstrafe (Regel bei Nr. 5, 6, § 75 Abs. II S. 1 StGB).
– daß sich eine längere als 15jährige Freiheitsstrafe ergibt; dann ist die Gesamtstrafe 15 Jahre Freiheitsstrafe (Regel bei Nr. 7, 8, § 75 Abs. II S. 2 StGB).
– daß das Ergebnis gleich der höchsten Einzelstrafe oder kleiner als diese ist; dann ist die Gesamtstrafe gleich der höchsten Einzelstrafe oder kleiner als diese ist; dann ist die Gesamtstrafe gleich der höchsten Einzelstrafe plus 1 Tag Freiheitsstrafe (Regel bei Nr. 9, 10, § 75 Abs. I S. 1 StGB).

Dieses Verfahren ist nach h.L. unzulässig[300], weil es in einer Kürzung der Summe der Einzelstrafen besteht. Hat man sich jedoch einmal zu einem System fester Regeln entschlossen, so ist es unerheblich, ob man die Summe der Einzelstrafen kürzt oder die Einsatzstrafe erhöht. Es ist natürlich auch ein Regelsystem denk- und realisierbar, das es ermöglicht, aus den hier verwendeten Merkmalen einen Betrag zu errechnen, der – zur Einsatzstrafe addiert – die Gesamtstrafe ergibt. Ein solches System wäre aber ungleich komplizierter, weil Schwere und Zahl der Einzeltaten, die hier durch die Summierung und die verschiedenen Zahlen im Merkmal 25 vergleichsweise „elegant" berücksichtigt werden, nur mit Hilfe sehr umfangreicher Tabellen oder Formeln bewertet werden könnten. Das Argument, eine Kürzung der Summe der Einzelstrafen sei unzulässig, trifft also das Schema nicht. Sie ist dann zulässig, wenn man überhaupt derartige Regeln bejaht, weil eine Kürzung unter dieser Voraussetzung der einfachste Weg ist, zu einer Gesamtstrafe zu gelangen. Nur wer sich ganz allgemein gegen jedwede Regel im Zusammenhang mit § 75

---

299 S. 189

300 *Geerds*, Konkurrenz S. 377 mwN., *Bruns*, S. 422/423

StGB wendet, kann dieses System als falsch empfinden. Die Vertreter dieser Auffassung müssen sich jedoch entgegenhalten lassen, daß auch eine SZs-Lehre für die Einzelstrafen dann überflüssig ist, wenn Differenzierungen, die dort erreicht werden, „später bei der Bildung der Gesamtstrafe mit grober Hand eingeebnet werden"[301].

Die Nr. 4 der Regeln erklärt auch, warum im Merkmal 25 mit zunehmender Tatenzahl die Merkmalszahlen kleiner werden: Je kleiner der Wert des Merkmals 25 ist, desto kleiner sind die mit der Summe der Einzelstrafen (3) multiplizierten Werte und desto kleiner demnach das Produkt (4), das sich in der Regel mit der Höhe der Gesamtstrafe deckt (Nr. 11).

Das Zahlensystem ist so gestaltet, daß die Mindeststrafe bei 2 Taten etwa 3/4 der Summe der Einzelstrafen beträgt[302], bei 5 und 6 Taten ist die Mindeststrafe etwa die Hälfte[303], bei mehr als 12 Taten etwa ein Viertel[304] der Summe der Einzelstrafen. Die Schranke des § 75 Abs. I S. 1 StGB ist in den Verknüpfungs- und Entscheidungsregeln (Nr. 9, 10) berücksichtigt.

Bei der Regel Nr. 4 geht auch die Schwere der Einzeltaten – die sich ja in der Summe der Einzelstrafen (3) ausdrückt – in die Gesamtstrafe ein. An dieser Stelle der Regeln sind also schon alle für § 75 StGB relevanten Merkmale berücksichtigt. Die Regeln bei Nr. 5–10 tragen nur noch den gesetzlichen Höchst- und Mindeststrafen Rechnung.

Die nun folgenden Schritte betreffen die Frage der Strafaussetzung zur Bewährung. Sie ist dann ausgeschlossen, wenn die Gesamtstrafe zwei Jahre übersteigt (Regel bei Nr. 12, 14, §§ 23 II, 77 I StGB) oder wenn nur eine der Einzelstrafen nicht zur Bewährung ausgesetzt werden könnte (Regel bei Nr. 13, 16). Wäre es nämlich möglich, daß die Gesamtstrafe ausgesetzt wird, obgleich eine der Einzelstrafen nicht ausgesetzt werden kann, so würde der Täter für das Begehen der weiteren – zur Aussetzung führenden – Straftat belohnt. Hätten alle Einzelstrafen zur Bewährung ausgesetzt werden können *und* übersteigt die Gesamtstrafe zwei Jahre nicht, so wird sie – ohne weitere sachliche Prüfung der Aussetzungswürdigkeit der Gesamtstrafe – ausgesetzt (Regel bei Nr. 15). Alsdann werden die Geldbeträge gem. § 24a II Nr. 2 StGB (Regel bei Nr. 15) und die Bewährungszeit (Regel bei Nr. 17–20)[305] festgesetzt.

---

301 *Bruns,* S. 419

302 Wenn in den Merkmalen 22, 23, und 24 jeweils die niedrigsten Werte vorliegen, wird die Summe der Einzelstrafen gemäß der Regel bei Nr. 4 und Merkmal 25 dreimal mit 0,905 multipliziert. $0{,}905^3 = 0{,}7412 \approx 3/4$

303 Vgl. Fußnote 302), $0{,}81^3 = 0{,}531 \approx 1/2$

304 Vgl. Fußnote 302), $0{,}62^3 = 0{,}238 \approx 1/4$

305 Zur Grenze von 5 Jahren (Regel bei Nr. 18, 19) vgl. § 24 Abs. I S. 2 StGB

Auch auf die Sperrfrist bei Entzug der Fahrerlaubnis wird – gemäß Merkmal 43/1 – ein Rabatt gewährt, wenn für mehrere Taten eine solche Frist festgesetzt worden ist. Der Merkmalsstärke aus Merkmal 43 wird gemäß Merkmal 43/1 je nach Anzahl der Taten eine bestimmte – mit steigender Anzahl der Taten abnehmende – Zahl zugeordnet[306]. Diese Zahl wird mit der Summe der Sperrfristen multipliziert (Regeln bei Nr. 21, 22). Das Produkt ist gleich der Länge der Gesamt-Sperrfrist (Regeln bei Nr. 22, 28, 31), es sei denn,

– daß das Produkt 7 Jahre erreicht oder übersteigt; dann wird die Fahrerlaubnis auf Lebenszeit entzogen (Regel bei Nr. 24, 26). Diese 7-Jahres-Grenze entspricht der in Vorschrift 2[307] getroffenen Regelung, nach der die Fahrerlaubnis immer dann auf Lebenszeit zu entziehen ist, wenn die entscheidende Punktzahl den Betrag, bei dem eine Sperrfrist von 5 Jahren festgesetzt wird, um mindestens 40% übersteigt[308].
– daß das Produkt zwischen 5 und 7 Jahren liegt; dann beträgt die Sperrfrist 5 Jahre (Regeln bei Nr. 23, 24, 27, § 42n Abs. I S. 1 StGB);
– daß das Produkt zwischen 3 und 6 Monaten liegt; dann beträgt die Sperrfrist 6 Monate (Regeln bei Nr. 25, 29, 30, § 42n Abs. I S. 1 StGB)[309].
– daß das Produkt 3 Monate oder geringer ist; dann gibt das Produkt die Länge eines festzusetzenden Fahrverbots (§ 37 StGB) an (Regeln bei Nr. 25, 28).

2.8.5. Kritik an der gesetzlichen Regelung

Das Schema sieht – abgesehen von dem Verstoß gegen das Verbot, die Summen der Einzelstrafen zu mindern – Regelungen vor, die dem geltenden Recht entsprechen. Dies deswegen, um nicht dem Vorwurf – vermeintlich systembedingter – Praxisferne ausgesetzt zu sein. Es zeigt sich aber, daß die gesetzliche Regelung nicht befriedigt, insbesondere im Hinblick auf die unterschiedliche Behandlung von Real- und Idealkonkurrenz[310]. In beiden Fällen ist es das Ziel, den Schuldgehalt einer Tat zu ermitteln und in eine Strafe umzusetzen. Dies geschieht nach dem hier ausgeführten Standpunkt am zweckmäßigsten durch die Bildung und Bewertung einzelner Merkmale, deren Summe den gesamten Sachverhalt ausschöpfen soll – gleichviel ob er mehrere Einzeltaten enthält und/oder mehrere Tatbestände verwirklicht.

---

306 S.o. S. 190

307 S.o. S. 123

308 Vgl. o. S. 138. 40% von 5 = 2; 5 + 2 = 7

309 Zur Problematik der 3- und 6-Monats-Grenze vgl. o. S. 139

310 Auch § 64 AE sieht in Bezug auf die SZ gleiche Vorschriften für Tateinheit und Tatmehrheit vor; ebenso *Geerds*, Konkurrenz S. 471

So leuchtet es unmittelbar ein, daß ein Täter, der betrunken fahrend einen Unfall verursacht und sofort weiterfährt, eine bestimmte Strafe verwirkt hat – welcher Methode der SZ auch immer man folgt. Die Regeln, mit deren Hilfe die Strafe ermittelt wird, sind aber ganz unterschiedlich, je nach dem, ob der Richter der Meinung folgt, hier sei Idealkonkurrenz gegeben[311], oder ob er Realkonkurrenz[312] annimmt oder ob er der vermittelnden Meinung folgt, nach der es von – im Hinblick auf den Verschuldensgrad und damit die Strafhöhe – ganz unwichtigen Umständen abhängt, ob Tateinheit oder Tatmehrheit vorliegt. Die Regeln sind in beiden Fällen so wenig präzise, daß sich im Ergebnis ihre Verschiedenheit möglicherweise nicht auswirkt. Das aber sollte kein Argument für verschiedene, sondern eines für bessere Regeln sein.

Solange es jedoch bei der gegenwärtigen gesetzlichen Regelung bleibt, könnte dieses Schema dazu beitragen, Mißlichkeiten abzuhelfen, wie sie z.B. von Geerds[313] und Schweling[314] geschildert werden, und „beim Publikum der Meinung" entgegenzuwirken, „als beruhe die Entscheidung in diesem Punkt (sc. der SZ) weniger auf wohl erwogenen Gründen als auf Stimmungen und allgemeinen Eindrücken"[315].

2.9. Abschließende Bemerkungen zur Gestaltung des Schemas

2.9.1. Das Verhältnis der Strafrahmen des Schemas zu den gesetzlichen Strafrahmen

Damit ist das Schema als Sammlung von Daten und Erläuterungen abgeschlossen. Offen geblieben ist bisher noch die Frage nach dem Verhältnis der mit dem Schema zu errechnenden Strafen zu den gesetzlichen Strafrahmen.

Es wäre möglich, sich gewisse Fallgestaltungen zu denken, sie als „schwerste" und „leichteste" Fälle zu definieren und die ihnen entsprechende Strafe nach dem Schema zu errechnen. Entsprechend wurde auch bei der Erstellung des Schemas vorgegangen, damit die von den Strafrahmen gezogenen Grenzen nicht überschritten wurden. Die oft gerügte Weite der gesetzlichen Strafdrohungen bringt es mit sich, daß diese Gefahr kaum jemals bestanden hat;

311 So *Hoffmann*, Die Verkehrsunfallflucht, S. 249; *Ohr*, Blutalkohol 68, 124 (unter 1c)

312 So BGH vom 8.6.62, 4 StR 133/62 nach *Martin*, DAR 63, 173, 187 (XIII, 2); KG DAR 68, 244; *Krüger*, Blutalkohol 67, 6 ff mwN.

313 Konkurrenz S. 472 Fußnote 259; vgl. auch v. *Buri*, Einheit und Mehrheit des Verbrechens S. 71.

314 GA 55, 289, 302 Fußnote 43

315 Entwurf zum StGB von 1909 S. 314

vielmehr stellen die Schema-Strafrahmen – gebildet aus nicht völlig unwahrscheinlichen oder nur theoretisch möglichen „leichtesten" und „schwersten" Fällen – einen Ausschnitt aus den gesetzlichen Strafrahmen dar. Es wurde darauf verzichtet, diesen Schema-Strafrahmen jeweils anzugeben. Der Aussagewert dieser Angaben wäre angesichts der Willkür, die jeder Konstruktion eines solchen Extremfalles anhaftet, sehr gering. Dennoch sollen in dieser Richtung einige Hinweise gegeben werden: Sicherlich wird sich kein Fall finden lassen, der nach dem Schema für § 222 StGB allein 5 DM Geldstrafe oder 5 Jahre Freiheitsstrafe ergibt. Die Spanne reicht hier etwa von 60 DM Geldstrafe bis zu 4 Jahren Freiheitsstrafe. Die Größenordnungen des Verhältnisses des Schema-Strafrahmens zum gesetzlichen Strafrahmen bei den anderen Tatbeständen sind *ungefähr* gleich. Formal ist das zweifellos gesetzwidrig. Betrachtet man jedoch die „richterlichen Strafrahmen", die sehr viel enger sind, und die Gründe, die den Gesetzgeber veranlaßt haben, derartig weite Strafrahmen[316] vorzusehen – nämlich mangels genauerer Vorstellungen dem Richter alle Möglichkeiten offen zu lassen –, so wird man diese Gesetzeswidrigkeit in Kauf nehmen, und zwar umso lieber, je fester man davon überzeugt ist, daß das Schema auch den extremen in der Praxis vorkommenden Fällen gerecht wird.

2.9.2. Ausweitungsfähigkeit des Schemas auf das allgemeine Strafrecht

„Dort (sc. auf dem Gebiet des Verkehrstrafrechts) werden keineswegs nur spezifische Besonderheiten erörtert, sondern durchweg die allgemeinen SZ-Grundsätze auf ein bestimmtes Gebiet angewandt." Dieser Satz von Bruns[317] könnte auch zu einem Schluß in umgekehrter Richtung veranlassen: Die auf dem Gebiet des Verkehrsstrafrechts erarbeiteten Grundsätze können in allgemeinerer Form für das gesamte Strafrecht gelten. Zwar eignen sich Verkehrsdelikte wegen der – im Vergleich zu anderen – größeren Gleichförmigkeit ihrer Begehungsweise besonders gut zu einer Systematisierung in der hier vorgeschlagenen Art; auch scheint das Schema hier – wegen der großen Zahl der Verkehrsverstöße – besonders dringlich zu sein. Das ändert aber nichts daran, daß die Erstellung von Schemata auch für andere Delikte jedenfalls versucht werden sollte. Bewußt wurden § 142 StGB, Anstiftung, Beihilfe und Versuch nicht ausgespart. Das Schema kann insoweit als Beispiel dienen für weitere Versuche – als ein Beispiel, das auch dann noch genützt hat, wenn es durch bessere ersetzt worden ist.

---

316 Vgl. zur Frage der richterlichen Strafzumessung im Hinblick auf die Größe der Strafrahmen auch *Hassemer,* Die rechtstheoretische Bedeutung des gesetzlichen Strafrahmens, besonders Seite 289 Fußnote 11)

317 S. 23

3. BERECHENBARES STRAFMASS UND ELEKTRONISCHE DATENVERARBEITUNG

„Die Frage des Einsatzes elektronischer Automaten im Recht liegt mindestens für denjenigen nahe, der die Auffassung vertritt, Jurisprudenz sei wenigstens in Teilbereichen ein rationales Unterfangen."[1]

3.1. Stand der Diskussion über EDV und Recht

Die Zeit, in der der Einsatz elektronischer Datenverarbeitungsanlagen mit der Begründung abgelehnt wurde, damit breche die Ära des seelenlosen Richter-Automaten an, ist vorbei. Vorbei ist auch die Zeit, in der es von Verfechtern der EDV im Recht für möglich gehalten wurde, eine automatisierte Entscheidung sei in einem erheblichen Umfang möglich. Die Programmsätze sind konkreter Forschungsarbeit gewichen. Im wesentlichen besteht Einigkeit, daß der Computer beim Subsumtionsvorgang selbst nicht brauchbar ist, wohl aber bei der Gewinnung von Informationen über die Rechtsordnung. Die für die Benutzer wesentlichen ungelösten Fragen sind: Wird die Transparenz der Rechtsordnung durch eine juristische Datenbank fühlbar erhöht? Wann ist mit einer brauchbaren automatisierten Dokumentation zu rechnen? Wie teuer ist der Anschluß an die Datenbank; werden sich nur die ertragsunabhängigen Justiz- und Verwaltungsbehörden oder auch die Angehörigen der freien Berufe den Anschluß leisten können? Im folgenden werden die Möglichkeiten des EDV-Einsatzes bei Anwendung des hier vorgelegten Vorschlages aufgezeigt. Es wird sich zeigen, daß das Schema einige der Bedingungen erfüllt, die für eine problemlose Anwendung von EDV zur Informationsgewinnung erforderlich sind. Schließlich werden wir der Frage nachgehen, wie die Erkenntnisse, die bei der Erstellung des Schemas gewonnen wurden, für die Entwicklung einer EDV-freundlichen und damit übersichtlichen Rechtsordnung fruchtbar gemacht werden können.

3.2. Einsatzmöglichkeiten von EDV bei Anwendung des Schemas

3.2.1. Wesentliche Merkmale der EDV

„EDV-Anlagen können sehr große Datenmengen aufnehmen, sie auf vielfältige Weise ordnen und verknüpfen und sie auf Abruf schnell und zuverlässig zur Verfügung stellen"[2]. Was sie nicht können, ist: „Bedeutungen" erkennen. Sie

1 *Klug*, Festschrift S. 194

2 *Bericht*, S. 23 links

können formale Gleichheit oder Ungleichheit feststellen, nicht aber inhaltliche Ähnlichkeit. Diese Kenntnis genügt an sich, um die Grundprobleme der EDV im Recht zu erkennen. Wir können daher hier auf eine Einführung in die Technik und Logik des Computers verzichten. Es gibt dazu eine vielfältige, auch dem Laien verständliche Literatur[3]. Im übrigen ist die Literatur zum Problemkreis EDV und Recht bereits schwer übersehbar geworden; nach Haft[4] wurden im Jahre 1971 schon 5.700 Titel verzeichnet.

3.2.2. Speicherung von Urteilen

Im Computer werden Urteile im vollen Text gespeichert. Dabei wird jedes Urteil mit einer Ordnungsnummer versehen. Der Thesaurus – er entspricht dem Sachverzeichnis eines Buches[5] – enthält keine Suchwörter, sondern nur sämtliche Merkmale des Schemas mit sämtlichen Merkmalszahlen. Die Merkmalszahlen, denen der Sachverhalt des je eingespeicherten Urteiles zugeordnet wurde, haben die Funktion von Suchwörtern. Das bedeutet, daß z.B. bei der Merkmalszahl 27 des Merkmals 8 die Ordnungsnummern aller der Urteile gespeichert werden, bei denen die abstrakte Gefährlichkeit der Tat mit der Merkmalsstärke 8 bewertet wurde.

Der Richter kann durch ein Datensichtgerät und einen Fernschreiber mit der Zentraleinheit des Computers verbunden sein. Ist er sich nun nicht schlüssig, welche Merkmalsstärke einem bestimmten Verhalten oder einem bestimmten sonstigen Umstand zuzuordnen ist, so wählt er eine Stärke, die ihm als naheliegend erscheint und kann sich den Text sämtlicher Urteile, in denen das Merkmal mit dieser Stärke bewertet wurde, auf den Bildschirm übertragen lassen. Er vergleicht den von ihm zu beurteilenden Fall mit den übertragenen, sieht seine Meinung entweder bestätigt oder bemerkt, daß seine erste Einstufung des Sachverhalts falsch war. In diesem Fall ruft er die bei einer anderen Merkmalsstärke gespeicherten Urteile auf. Dieses Näherungsverfahren ist beliebig

---

3 Sehr gut als Einführung in die Physik der Hardware und des Programms *Zipse* unter dem insoweit irreführenden Titel: Sind Computerprogramme Anweisungen an den menschlichen Geist? GRUR 73, 123. Aufschlußreich – allerdings für Juristen z.T. weniger leicht verständlich – Artikel „Datenverarbeitung" in *Meyers* Lexikon der Technik und der Exakten Naturwissenschaften. Als Einführung in die Programmiertechnik und eine Programmiersprache (COBOL): *Gernert,* Einführung in die Datenverarbeitung für Juristen – Programmierkurs mit juristischen Beispielen, hervorgegangen aus einer Aufsatzfolge in DSWR 1972/1973 Heft 15–24)

4 Automatisierte juristische Dokumentation und Gesetzesplanung S. 165 Fußnote 3)

5 Zum Begriff vgl. *Bericht* S. 90 ff

oft wiederholbar. In der Sprache der Datenverarbeitung heißt diese Art des Benutzerverhaltens Dialogverkehr; es ist ein systematisches Frage-und-Antwort-Verhalten[6].

Zweckmäßigerweise wird die Programmierung in der Weise vorgenommen, daß ein Urteil einer bestimmten Merkmalsstärke im Computer nicht mit dem ganzen Text zugeordnet wird, sondern nur mit dem dieses Merkmal betreffenden Sachverhalt. Wenn etwa bei einer fahrlässigen Trunkenheitsfahrt der Richter die Stärke des Merkmals 8 (Abstrakte Gefährlichkeit der Fahrt) sucht, so erscheint auf dem Bildschirm nur der Text der Urteilsgründe, der sich mit den äußeren Umständen der Fahrt (Fahrbahn, Sicht, Witterung) beschäftigt, nicht auch etwa die Ausführungen zum Vorleben des Täters. Der Vorteil gegenüber der herkömmlichen Art möglicher Speicherung von Urteilen[7] liegt ersichtlich wieder in der Aufgliederung nach Merkmalen. Die schwierige und immer noch ungelöste Frage, wie man es ermöglicht, dem Benutzer die und nur die Dokumente anzugeben, die für ihn relevant sind, stellt sich hier nicht. Der Richter kann präzise Fragen stellen und erhält – gegebenenfalls nach einem kurzen Dialogverfahren – präzise Antworten. Aus der Beschreibung dieses Verfahrens ergibt sich auch, daß die Anwendung des Schemas die Arbeit des Richters nicht erschwert, sondern erleichtert: will der Richter nach der herkömmlichen Methode einem Präjudiz folgen, so muß er es zitieren, den Sachverhalt und den aus ihm vom Obergericht entwickelten Rechtssatz beschreiben und die Ähnlichkeit des zu entscheidenden Falles mit dem Präjudiz darlegen. Nach der hier vorgeschlagenen Methode kann er etwa schreiben: „Die abstrakte Gefährlichkeit der Fahrt war mit der Stärke 27 zu bewerten, vgl. Informationssystem Merkmal 8, Stärke 27, Fall 9." Wenn das juristische Informationssystem einmal Wirklichkeit geworden ist und jeder Anwalt über eine Datensichtstation mit ihm verbunden ist, kann der mit der Prüfung der Rechtsmittelaussichten beauftragte Anwalt sich den diesem Urteil zugrunde liegenden Sachverhalt auf dem Bildschirm erscheinen lassen und seinerseits beurteilen, ob eine hinreichende Ähnlichkeit besteht.

3.2.2.1. Anzahl und Auswahl der zu speichernden Urteile

Welche und wieviele Urteile sollen gespeichert werden? Grundsätzlich und zunächst jedes Urteil jedes Gerichts, und zwar alle in *einer* Datenbank, nämlich dem vom Bund geplanten automatischen Juristischen Informationssystem. Dies gilt indessen nur so lange, als die bei einer Merkmalsstärke gespeicherten Sachverhaltsausschnitte nicht in allen relevanten Punkten übereinstimmen. Es ist nämlich zu erwarten, daß sich bei einer bestimmten Stärke eines bestimmten Merkmals nach kurzer Zeit gleichartige Sachverhalte häufen; diese brauchen dann nicht gespeichert zu werden; vielmehr genügt eine Angabe bei dem

---

6 Vgl. auch *Bericht* S. 53 rechts (3.3.3.1)

7 Wie sie z.B. aus einem Vorschlag von *Klug*, Festschrift S. 195 zu entnehmen ist.

gespeicherten Sachverhalt, daß diese Fallgestaltung bereits n-mal vorlag und mit dieser Merkmalsstärke bewertet wurde. Dazu können dann noch die Gerichte vermerkt werden, von denen diese Entscheidungen erlassen wurden. Denkbar und wahrscheinlich ist dann auch, daß sich innerhalb der Merkmale Untermerkmale bilden, die zu einer standardisierten Bewertung führen. So könnten z.B. innerhalb des Merkmals 8 verschiedene Einzelkomponenten (Fahrbahnbeschaffenheit, Sichtverhältnisse, Art der Straße) gebildet, bewertet und zu einer Merkmalsstärke des Merkmals 8 zusammengefaßt werden.

Die Datenbank wäre auch – eine entsprechende Programmierung vorausgesetzt – in der Lage, die gespeicherten Informationen an eine geänderte Rechtsauffassung anzupassen. Wenn ein Obergericht von einer eigenen Rechtsprechung oder von der Rechtsprechung der Instanzgerichte abweicht, so können die der geänderten Rechtsprechung nicht mehr entsprechenden Urteile mit einem Vermerk versehen werden, der auf die neue Rechtsprechung hinweist, oder ganz gelöscht werden.

3.2.2.2. Schätzung des Speicherbedarfs

Es ist ohne praktische Erprobung schwer vorauszusagen, wieviele Urteile gespeichert sein müssen, bis die überwiegende Anzahl der neu hinzukommenden Urteile nicht mehr aufgenommen werden muß, da sie nur bereits Bekanntes und Bewertetes enthalten. Aus diesem Grund ist auch der benötigte Speicherbedarf schwer abschätzbar. Aus den Angaben des Berichtes der Projektgruppe[8] ist jedoch zu entnehmen, daß die vorhandenen Speicherkapazitäten keine Beschränkung darstellen.

Eine grobe Schätzung des Speicherbedarfs kann von folgenden Zahlen ausgehen:

Bei jeder Merkmalsstärke eines Merkmals, das noch Raum für eine Bewertung offen läßt (z.B. Merkmal 43; diese Merkmale sollen im Folgenden offen genannt werden) sollen 20 Urteilsausschnitte gespeichert werden. Die Zahl ist deswegen nicht zu klein geschätzt, weil viele – sehr große oder sehr kleine Merkmalsstärken – unbesetzt bleiben werden. Darüber hinaus treten die besonders weiten Merkmale nur bei der Unfallflucht auf (391 und 491 verschiedene Stärken), die wiederum im Vergleich zu § 316 StGB selten begangen wird.

Jeder Sachverhaltsausschnitt (d.i. der Teil der Urteilsgründe, der ausreicht, um die Zuordnung der strafbaren Handlung zu gerade dieser Merkmalsstärke zu beschreiben) soll 2.000 Zeichen umfassen. Dies ist eine reichlich bemessene Größe. Eine einzige Spalte im Bericht enthält etwa 3.300 Zeichen. Das bedeutet, daß jeder einer Merkmalsstärke zugeordnete Sachverhaltsteil so breit

---

8 *Bericht,* S. 148 ff, 209 ff

dargestellt werden kann, daß er den Raum einer 2/3 Spalte des Berichts einnehmen könnte. Wenn also – wie etwa bei § 316 StGB[9] – 21 Merkmale zu bewerten sind, könnte das Urteil 42.000 Zeichen, das sind mehr als 6 Seiten des Berichts, allein für solche Angaben enthalten, die für die SZ relevant sind. Demgegenüber umfassen die in der NJW abgedruckten Entscheidungsgründe durchschnittlich etwa 9.000 Zeichen[10]. Ein Bildschirm der heute üblichen Größe bietet Platz für ca. 1.000 Zeichen. Man könnte also auch den umfangreichsten Sachverhaltsausschnitt mit zwei Bildschirmeinstellungen erfassen.

Die Gesamtzahl der Stärken der freien Merkmale ist 1.743. Sie sind mit 20 Entscheidungsteilen und 2.000 Zeichen zu multiplizieren. Das ergibt einen Platzbedarf für ca. 69,8 Mio Zeichen. Der Platzbedarf für das Programm und die eigentliche Datenverarbeitungsanlage[11] kann demgegenüber vernachlässigt werden. Berücksichtigt man, daß der Bericht[12] für das als Probesystem zum Juristischen Informationssystem ausgelegte Entwicklungssystem drei Speichereinheiten mit einer Kapazität von je 800 Mio Zeichen (Gesamtkapazität also 2,4 Mrd. Zeichen) vorschlägt, so sieht man, wie bescheiden der Aufwand ist, den die Verwirklichung des hier vorgelegten Vorschlages erfordert.

3.2.2.3. Schätzung der Kosten

Bei unserer Kostenschätzung gehen wir von den im Bericht[13] für das Entwicklungssystem geschätzten Kosten aus und berücksichtigen dabei die Abweichungen des hier vorgelegten Vorschlags von der Konzeption des Entwicklungssystems[14].

Die *Kosten der Datenerfassung* werden auch hier einen der größten Kostenanteile darstellen. Wir gehen davon aus, daß die Gerichte die Texte in einer maschinell lesbaren Form herstellen (Methode c im Bericht[15]). Dies geschieht, indem z.B. durch einen Arbeitsgang sowohl die vom Gericht und den Verfahrensbeteiligten benötigten Urteilsabschriften als auch ein Lochstreifen hergestellt werden, der seinerseits maschinell lesbar ist. Im Bericht[16] werden für die Erfassung von 300 Mio Zeichen aus Entscheidungen nach dieser Methode

---

9 S.o. S. 152

10 *Bericht*, S. 335 links

11 S.u. S. 204

12 S. 209, 315

13 S. 240 ff

14 Die folgenden Ausführungen beruhen, soweit nicht auf den Bericht Bezug genommen wird, auf Auskünften, die mir in dankenswerter Weise H. *Winkler* von der Firma ADV/ORGA F.A. Meyer KG TECHNISCHE SYSTEME – Institut Hoseit – gegeben hat.

15 S. 240 rechts

16 Tabelle 7.11/1 (S. 241)

66–88 Mannjahre angesetzt. Dies entspreche DM 1,71–2,2 Mio jährlich[17]. In dieser Summe sind die Kosten für die Erfassung formaler Angaben mit DM 490.000,– bis DM 980.000,– und von Deskriptoren mit DM 310.000,– enthalten. Deskriptoren entfallen im vorliegenden Modell ganz; auch die Menge der erforderlichen formalen Angaben wird wesentlich geringer sein als beim Entwicklungssystem. Wir gehen daher hier von der Untergrenze der Schätzung im Bericht aus[18]. Den jährlich anfallenden 300 Mio Zeichen entsprechen dann Datenerfassungskosten von DM 1,71 Mio. Dem entsprechen für die hier erforderlichen ca. 70 Mio Zeichen[19] Kosten von ca. DM 400.000,–.

Hierbei ist folgendes zu beachten: Wir gehen davon aus, daß, nachdem einmal bei jeder Merkmalsstärke durchschnittlich 20 Urteilsausschnitte gespeichert sind, eine beachtenswerte Anzahl weiterer Sachverhalte nicht gespeichert wird. Das bedeutet, daß nach der Speicherung von insgesamt ca. 35.000 Urteilsausschnitten[20] weitere Datenerfassungsarbeit in nennenswertem Umfang nicht mehr anfällt. Es werden dann lediglich die Urteile bei den entsprechenden Merkmalsstärken registriert. Die Kosten von DM 400.000,– fallen also nur einmal an.

Nach Anfall dieser Kosten entstehen Aufwendungen nur noch für die Erfassung solcher Urteile, die eine alte Rechtsprechung ändern. Sie dürften jährlich mit etwa 1/10 der am Anfang anfallenden Kosten, also mit DM 40.000,– anzusetzen sein.

Unter der Kostenstelle *„Eingabekontrolle"* werden im Bericht[21] die Personalkosten für folgende Tätigkeiten zusammengefaßt: Dokumentenbeschaffung, Dokumentenauswahl, Arbeitsablaufkontrolle und Thesauruspflege. Beim vorliegenden Modell entfallen Kosten für Dokumentenbeschaffung, weil die Dokumente von den Gerichten geliefert werden, und für Thesauruspflege, weil ein Thesaurus nicht erforderlich ist. Die Dokumentenauswahl sollte in zwei Stufen durchgeführt werden: wenn ein Gericht der Meinung ist, der von ihm gerade beurteilte Sachverhaltsausschnitt sei identisch schon gespeichert, so teilt es lediglich diese Tatsache der Datenerfassungsstelle mit, nicht aber den beurteilten Sachverhalt. Liegen dagegen nach Meinung des Gerichts Abweichungen von den gespeicherten Sachverhalten vor, so übermittelt es den für das Merkmal relevanten Sachverhalt der Datenerfassungsstelle, die ihrerseits den Fall auf Neuheit gegenüber den gespeicherten Sachverhalten und damit

17 Tabelle 7.11/2 (S. 242)

18 Also DM 490.000,–

19 S.o. S. 201

20 vgl. oben S. 201. 1.743 · 20 = 34.860

21 S. 243 links

auf Speicherwürdigkeit prüfen kann. Für diese Arbeit der Dokumentenauswahl und die Arbeitsablaufkontrolle halten wir zwei qualifizierte Personen für erforderlich und setzen DM 100.000,– jährlich an.

Bei dieser Kostenstelle erhebt sich die Frage, ob die Prüfung, ob ein Urteilsausschnitt in vollem Text aufgenommen oder nur registriert wird, nicht von der DVA selbst durchgeführt werden kann. Die Frage ist nach dem gegenwärtig übersehbaren Stand der Wissenschaft und ihrer Entwicklung zu verneinen, da diese Prüfung ein – jedenfalls überwiegend – inhaltliches Vergleichen erfordert[22]. Diese Verneinung erfordert indessen eine Einschränkung: die praktische Erprobung könnte erweisen, daß die Gerichte die Urteilstexte, veranlaßt durch die Gewohnheit, sie im Vergleich mit den im Speicher vorliegenden abzufassen, so standardisieren, daß sie auch formal gleich werden. Eine solche Gleichheit könnte auch vom Computer erkannt und berücksichtigt werden.

Der Bericht sieht Kosten für sogenannte *Systemrepräsentanten* vor: Dokumentare, die den Benutzern bei der Suche behilflich sind. Sie entfallen beim vorliegenden Modell, weil die Suche so gezielt, die Fragetypen so einfach sind („Drucke alle Urteile aus, die bei Merkmal 8, Stärke 27 gespeichert sind"), daß eine schriftliche Unterweisung hinreicht.

Das Personal für den *Betrieb des Systems* setzen wir mit 1/10 des entsprechenden Wertes für das Entwicklungssystem an, also DM 140.000,– jährlich[23]. Dies aus folgenden Erwägungen: Die zu verwaltende Zeichenmenge ist geringer als die entsprechende Menge des Entwicklungssystems. Die Programme sind, weil beim Retrieval keine Probleme auftauchen[24], weniger kompliziert und damit weniger störanfällig. Der Faktor 0,1 dürfte also hoch gegriffen sein.

Diese Erwägungen gelten analog für die *Programmierung.* Das Hauptproblem beim Juristischen Informationssystem sind die Retrievalmethoden und deren Programmierung. Wir setzen für das vorgeschlagene Modell die Kosten für eine Person zur laufenden Programmpflege an, und zwar einschließlich Gemeinkosten mit DM 50.000,–.

Allerdings ist die einmalige Erstprogrammierung wesentlich aufwendiger. Hier dürften 5–10 Mannjahre eines qualifizierten Programmierers anzusetzen sein. Wir setzen ein Mannjahr mit DM 100.000,– an und gehen von der Obergrenze von 10 Mannjahren aus, so daß einmalige Kosten von DM 1 Mio anzusetzen sind.

Ein *Archivspeicher* der hier benötigten Größe kostet gegenwärtig jährlich ca. DM 100.000,–.

---

22 Vgl. dazu unten S. 207

23 Vgl. *Bericht* S. 243

24 Vgl. oben S. 198

Das Entwicklungssystem sieht 50 Benutzerstationen vor und geht von einer Monatsmiete von DM 600,– pro Station aus[25]. Nach unserem Vorschlag soll jedes Gericht mit einem Datensichtgerät ausgerüstet sein. Dies ergibt bei aufgerundet 900 Gerichten der ordentlichen Gerichtsbarkeit[26] einen jährlich anfallenden Betrag von ca. DM 6,5 Mio.[27] Hierbei ist zu betonen, daß dieser Betrag den Aufwand für die Benutzerstationen darstellt, wenn diese nur für das hier vorgeschlagene Modell eingerichtet und benutzt werden und wenn der Aufwand allein diesem Modell zugerechnet wird. Es steht aber zu erwarten, daß im Rahmen des Juristischen Informationssystems sowohl das Entwicklungssystem als auch das Ausbausystem ausgeführt werden und jedes Gericht eine Datenendstation erhält. Das bedeutet wiederum, daß an kleinen und mittleren Gerichten die Datenendstation durch die Anwendung des vorliegenden Modells nicht ausgelastet ist und deshalb im Rahmen des Juristischen Informationssystems mitbenutzt werden kann. Dies wiederum bedeutet, daß ein Teil der Kosten der Benutzerstation nicht dem hier vorgelegten Modell zuzurechnen ist. Dasselbe gilt von den im folgenden zu behandelnden Übertragungskosten, soweit hier Grundgebühren anfallen.

Die *Übertragungskosten* werden mit der Zahl der Benutzerstationen steigen. Die Steigerung wird kleiner als linear sein; wir nehmen jedoch eine lineare Steigerung an, um die obere Grenze der voraussehbaren Kosten zu schätzen, und setzen, da wir von der 18fachen Anzahl der Benutzerstationen im Verhältnis zum Entwicklungssystem ausgehen, DM 1,8 Mio an[28]. Dieser Preis hat allerdings zur Voraussetzung, daß die Übertragungswege nicht nur für die Zwecke dieses Modells benutzt werden, sondern daß ein für andere Zwecke (Entwicklungssystem des Juristischen Informationssystems) schon vorhandenes Netz von Übertragungswegen Verwendung findet.

Die Kosten könnten möglicherweise durch Konzentratoren (Knotenpunkte) innerhalb des Übertragungssystems gesenkt werden. Denkbar ist, daß die Anfragen nicht direkt an den weit entfernten Rechner gerichtet, sondern in Konzentratoren gesammelt und auf einer gemeinsamen Leitung zum Zentralrechner übertragen werden. Dieses Verfahren könnte die Übertragungskosten erheblich senken[29].

Schwierig zu schätzen sind die Kosten der *Datenverarbeitungsanlage.* Das ist der Teil des Systems, der die Anfrage empfängt, „versteht", die gesuchte Information aus dem Archivspeicher aufruft, bereitstellt und dem Anfragenden

25 *Bericht,* S. 244

26 Nach dem *Bericht,* S. 320, sind es 897

27 600 · 12 · 900 (aufgerundet)

28 Vgl. *Bericht* S. 244: DM 100.000,–

29 Vgl. zu Rechnerverbundsystemen allgemein *Jotzoff* u.a. Über Theorie und Technik von Rechnerverbundsystemen, S. 1 ff

übermittelt. An diesen Teil des Systems werden einerseits geringere Anforderungen gestellt als im Entwicklungssystem, weil die Anfragen gezielt sind. Andererseits sind die Anforderungen höher, weil 900 Benutzerstationen möglicherweise gleichzeitig bedient werden wollen. Wir gehen auch hier davon aus, daß das hier vorgelegte Modell in ein anderes System integriert wird – mit der Folge, daß von den Gesamtkosten der Datenverarbeitungsanlage nur ein Teil auf dieses Modell entfällt. Die Einrichtung eines eigenen Rechners nur für dieses Modell dürfte unwirtschaftlich sein. Wir schätzen hier, daß eine Datenverarbeitungsanlage, wie sie für das Entwicklungssystem benötigt wird, zu 1/10 durch das hier vorgelegte Modell ausgelastet wäre und setzen die im Bericht[30] geschätzten jährlichen Kosten mit dem Faktor 0,1, also mit DM 250.000,– an.

Im Hinblick auf die vorgesehene Eingliederung in ein größeres System vernachlässigen wir die im Bericht[31] geschätzten einmaligen Kosten (Klimaanlage, Notstromaggregat, Gebäudeumbau).

Danach ergibt sich folgende Kostenzusammenstellung (in DM):

Stelle	*Jährliche Kosten*	*Einmalige Kosten*
Datenerfassung	40.000,–	400.000,–
Eingabekontrolle	100.000,–	
Systemrepräsentanten	–,–	
Betrieb des Systems	140.000,–	
Programmierung	50.000,–	1.000.000,–
Archivspeicher	100.000,–	
Benutzerstationen	6.500.000,–	
Übertragungskosten	1.800.000,–	
Datenverarbeitungsanlage	250.000,–	
	8.980.000,–	1.400.000,–

Das sind jährlich ca. DM 10.000,– pro Gericht – viel in den Augen einer bekanntlich sparsamen Justizverwaltung, wenig im Verhältnis zu anderen ehrgeizigen Projekten der öffentlichen Hand.

Der Gedanke liegt nahe, das vorgelegte Schema sei nur ein kleiner Ausschnitt aus dem gesamten Bereich des Strafrechts, mit der Folge, daß eine etwaige Erweiterung auf das allgemeine Strafrecht ein Vielfaches kosten könnte. Diese Befürchtung ist unbegründet. Nach Koch[32] machen die Verkehrsdelikte im

30 S. 244: DM 2,5 Mio

31 S. 244

32 NJW 70, 842

Schnitt 80% aller Strafsachen aus, mit denen die Gerichte befaßt sind. Das bedeutet zunächst, daß der Einsatz von EDV bei Verkehrsdelikten einen besonders hohen Nutzen bringt. Es bedeutet weiter, daß die Ausweitung des Schemas auf das allgemeine Strafrecht *im Hinblick auf den Einsatz von EDV* keine oder nur verhältnismäßig geringe Probleme aufwerfen und keine weiteren Kosten verursachen wird.

3.2.3. Errechnung der Strafe im Einzelfall

Eine weitere Aufgabe zur Entlastung der Gerichte ist dem Computer bei dem hier vorgelegten Modell vorbehalten: die Errechnung der Strafe im Einzelfall. Dazu wird in den Computer ein Programm eingegeben, das die Verknüpfungsregeln, die Allgemeinen Entscheidungsregeln und die sie ergänzenden Vorschriften (z.B. über den Entzug der Fahrerlaubnis) enthält. Der Richter braucht dann im konkreten Fall der DVA nur noch die Merkmalszahlen und den gesetzlichen Tatbestand mitzuteilen. Die DVA errechnet dann mit Hilfe der einschlägigen Verknüpfungsregel die Strafe. In diesem Bereich müßte durch praktische Erprobung geprüft werden, ob es im Hinblick auf die Übertragungskosten und die Belastung des zentralen Rechners durch die Errechnung der Strafe nicht zweckmäßig ist, jedes Gericht mit einer kleinen programmgesteuerten Rechenmaschine (Kompaktrechner) auszustatten, welche die hier geforderten Funktionen hinreichend erfüllt.

Durch den Einsatz von EDV bei dieser Aufgabe würde der ebenso beliebte wie falsche Grundsatz „iudex non calculat" seine Geltung behaupten.

3.3. Die Affinität des Schemas zur elektronischen Datenverarbeitung

3.3.1. Grundlagen

Zwei Fragen stellen sich, nachdem das Schema dargestellt ist und sich seine Computerfreundlichkeit gezeigt hat: Ist es möglich, durch noch weitergehende Aufgliederung die SZ noch besser formal faßbar zu machen und damit noch näher an den Raum zu bringen, in dem der Computer „entscheidet"? Und: Ist eine derartige Aufgliederung auch auf anderen Rechtsgebieten möglich? Beide Fragen sind jedenfalls nicht ohne weiteres zu verneinen:

„Formalisierbar ist also nicht gleich determiniert! Was sich nicht eindeutig bestimmen läßt (z.B. Ermessensbegriffe) ist noch lange nicht beliebig/zufällig . . . und darum unter Umständen mittels verschiedener informatorischer (logischer, mathematischer und technischer) Verfahren formalisierbar . . . – womit eine gewisse Wahrscheinlichkeit dafür spricht, daß die von Juristen bisher so überzeugt vorgetragene Theorie der Nichtformalisierbarkeit juristischer Wertungen, Ermessens- und unbestimmter Rechtsbegriffe falsch ist!"[33]

---

33 *Steinmüller,* EDV und Recht S. 2

Beim gegenwärtigen Stand des Wissens über die Methoden der Ausfüllung unbestimmter Rechtsbegriffe einerseits und der Technik der Datenverarbeitung andererseits sind Aussagen von größerer Stringenz nicht zu erwarten und wohl auch nicht möglich. Festhalten kann man dies: wenn ein Weg zu einer „Entscheidung" durch den Computer führt, dann der der Aufgliederung komplexer Begriffe:

„Macht man sich klar, daß manche oft als unanalysierbar angesehenen Begriffe wie Treue, Geldgier, Sicherheit usw. letztlich nur aufgrund von endlich vielen, wenn auch für den einzelnen unabsehbar vielen Einzeldaten definiert sind, dann erscheint es angesichts der Größenordnung in der Unterscheidung von Einzelzuständen, die dem Automaten zur Verfügung stehen, nicht ausgeschlossen, daß wir noch viel komplexere Strukturen, als heute bei der Weltraumfahrt behandelt werden, mit Automaten beherrschen können."[34]

So wäre es bei dem vorliegenden Schema denkbar, die bei einzelnen Merkmalen verwendeten Begriffe wie etwa „Grad der Fahrlässigkeit" (Merkmale 34, 35), „Intensität des Vorsatzes" (Merkmal 26), „Besonderheiten in der Persönlichkeit des Opfers" (Merkmal 16) in Unterbegriffe aufzulösen.

Mit der Aufgliederung eines Begriffs in Unterbegriffe geht regelmäßig eine Konkretisierung der Fragen einher, die bei der Subsumtion zu beantworten sind. Dies zeigt das Schema mit aller Deutlichkeit. Denn alle Merkmale lassen sich unter den Oberbegriffen „Schuld" und „Prävention" zusammenfassen.

Indessen wird es auch bei weiterer Aufgliederung nicht möglich und auch nicht zweckmäßig sein, daß der Computer „entscheidet". Dies deshalb nicht, weil ja der überwiegende Teil – wohl etwa 80% – der Entscheidungstätigkeit in der Sachverhaltsermittlung besteht. Der Strafrichter liest die Anklageschrift und die Ermittlungsunterlagen, hört die Einlassung des Angeklagten, die Bekundungen der Zeugen und die Plädoyers; der Zivilrichter liest Schriftsätze mit Parteivortrag, hört Zeugen und Sachverständige. Aus all diesen – häufig nicht zueinanderpassenden – Einzelteilen ermittelt das Gericht den Sachverhalt, der zu seiner Überzeugung feststeht. Diese Arbeit kann der Computer nicht übernehmen. Nur dieser – in einem oft langwierigen Verfahren – ermittelte Sachverhalt könnte dem Computer eingegeben werden, damit dieser nun die Subsumtion vornehme. Schließlich ist aber auch schwer vorstellbar, wie eine Maschine jemals „Bedeutungen" soll verstehen können. Wie soll der Computer das Umschlagen von Quantität in Qualität, das erst das Abweichen von einem Präjudiz rechtfertigt, bemerken können? Jede Partei im Zivilprozeß beruft sich, wenn es gilt, einem ihr ungünstigen Präjudiz auszuweichen, auf besondere Umstände, welche die Anwendung dieser Entscheidung hier gerade nicht rechtfertigen. Aufgrund welcher Angaben soll ein Programm erkennen können, ob es sich um eine erhebliche oder eine unerhebliche Abweichung

34 *Müller*, Utopie in der Mathematik, S. 321, ähnlich *Haft/Müller-Krumbhaar*, NJW 73, 85/88 links, vgl. oben S. 21

handelt? M.E. ist theoretisch noch nicht hinreichend geklärt, was das menschliche „Verstehen" vom Speichern und Verarbeiten durch den Computer unterscheidet. Es sind Umschreibungen, wenn gesagt wird, das Textverständnis lasse sich nicht durch pure Zeichenmanipulationen ersetzen[35]; da es kein Verfahren zur Formalisierung der Vielfalt der Lebenssachverhalte gebe, andererseits die mathematische Logik auf dem Prinzip der Identität von Kalkül und Wirklichkeitserfassung aufbaue, „müßte an irgend einer Stelle eine Bewertung durchgeführt" werden[36].

Im Ergebnis besteht Einhelligkeit: Man muß sich damit abfinden, daß eine automatisierte Rechtsanwendung nicht möglich ist[37].

3.3.2. Künftige Entwicklungen

Diese Erkenntnis darf aber den Blick dafür nicht trüben, daß die elektronische Datenverarbeitung auf die Methoden der Rechtsfindung einen günstigen Einfluß ausüben kann. Fiedler[38] hält es für

„. . . möglich, sich durch die Planung und Erprobung maschineller Systeme zu Erkenntnissen über die menschliche Aufgabenbearbeitung anregen zu lassen. Tatsächlich wären durch eine vom Computerzeitalter angeregte ‚Informationssystemforschung' auch allgemeine Erkenntnisse – und vor allem kritische Einsichten – über die menschlichen Verfahren der juristischen Information zu erwarten."

Diese Gedanken, angewendet auf die SZslehre, lauten:

„Modelle mathematischer Programmierung . . . geben . . . Aufschluß über die Struktur der SZserwägungen. Beschreiben sie die Entscheidungswirklichkeit richtig, so nennen sie nicht nur die Umstände, die zu würdigen sind, sondern sie enthalten auch Bestimmungen zur Methode ihrer Gewichtung und zu den Alternativen ihrer Verknüpfung. Das stellt eine wesentliche Hilfe zur Verwissenschaftlichung dar, da gerade das bislang fehlt. Selbst wenn . . . Strukturierungsprobleme damit nicht gelöst, sondern genannt und angeschnitten werden, so ist die Verständigung der SZslehre über Struktur- und Hierarchiemodelle der SZsumstände und den formalen Ablauf des Entscheidungsverfahrens doch unerläßlich."[39].

Das vorliegende Schema gewichtet und verknüpft die einzelnen STstatsachen und schafft damit ein Modell möglicher Strukturen der SZsumstände. Auch wenn es abgelehnt wird, könnte es geeignet sein, zur Verständigung über den Ablauf des bei der SZ praktizierten Entscheidungsverfahrens beizutragen.

---

35 *Tillmann,* DSWR 73, 290, 293

36 *Kilian,* DB 71, 273, 276

37 Ebenso *Bericht* S. 39

38 JuS 70, 432 ff, 605

39 *Hassemer,* Automatisierte und rationale SZ S. 109

Ein weiteres Kennzeichen computerfreundlicher Aufgliederung liegt im schnellen Auffinden des einschlägigen Obersatzes. „Die Dokumentation von SZstatsachen soll gewährleisten, daß der Strafrichter das SZswissen so vollständig wie möglich zur Verfügung hat."[40]

Wenn eine Dokumentation – wie im vorliegenden Schema – sich an dieselben Ordnungskriterien hält wie der Richter bei seiner Entscheidung, ist jedenfalls eine hohe Wahrscheinlichkeit gegeben, daß dem Richter kein relevantes Wissen entgeht. Schließlich verwirklicht das Schema einen Gedanken, den Haft[41] wie folgt andeutet: Normen brauchten bei Verwendung einer automatisierten juristischen Dokumentation nicht mehr abstrakt-generalisierend, sondern konkret fallbezogen gefaßt zu sein. Das Gesetz würde dann auf der Idee einer Aufsummierung zahlreicher ähnlicher sozialer Konfliktsituationen im Speicher des Computers beruhen. Danach könne die Automatisierung juristischer Entscheidungen mit der Methode des Fallvergleichs durchgeführt werden.

Nichts anderes unternimmt das vorliegende Schema, indem es die Zuordnung eines Sachverhalts zu einer Merkmalsstärke durch Vergleich des zu entscheidenden Sachverhalts mit den bei der vermuteten Merkmalsstärke bereits gespeicherten Sachverhalten vorschreibt. In bin allerdings der Auffassung, daß auch diese Methode keine automatisierte „Entscheidung" bringen kann[42], und zwar aus den oben[43] genannten Gründen: weil der Computer ein unerhebliches Abweichen des Sachverhalts von einem erheblichen nicht unterscheiden kann. Dies ist auch der Grund, warum die Entscheidung darüber, ob ein Urteil im vollen Text eingespeichert werden muß oder – da derselbe Sachverhalt schon gespeichert ist – nur registriert zu werden braucht, nicht dem Computer überlassen werden kann[44].

---

40 *Hassemer,* Automatisierte und rationale SZ S. 117

41 Automatisierte juristische Dokumentation und Gesetzesplanung S. 179

42 a.A. anscheinend *Haft,* a.a.O.

43 S. 207/208

44 vgl. S. 203

Anhang

Übersicht über die Merkmale und ihre Kenn-Nummern

Kenn-Nummer	Bezeichnung
1	Blutalkohol-Konzentration
2	Schwere der Verletzung
3	Sachschaden
4	Grad der Gefährdung von Personen in oder auf unfallbeteiligten Fahrzeugen
4/1	Grad der Gefährdung von Personen, soweit sie nicht unter Merkmal 4 fallen
5	Grad der Gefährdung von Sachwerten
6	Anzahl der verletzten (gefährdeten) Personen
7	Länge der Fahrtstrecke
8	Abstrakte Gefährlichkeit der Fahrt
9	Verkehrsstärke
10	Die dem strafbaren Erfolg zugrunde liegende oder die strafbare Handlung begleitende Ordnungswidrigkeit
11	Verhältnis der Gesamtzeit des Fahrerlaubnisentzugs zu der bis zur Tat verstrichenen Zeit
12	Fahrkenntnisse des Täters
13	Grad der Beeinträchtigung und/oder Erschwerung der erforderlichen Feststellungen (bei § 142 StGB)
14	Art, Weise und Umstände der Flucht und der unmittelbar danach folgenden Handlungen
14/1	Art und Weise der vom Anstifter intendierten Flucht
15	Mitverschulden anderer
16	Besonderheiten in der Persönlichkeit des Opfers
17	Stadium des Versuches
18	Intensität der Anstiftungshandlung; Intensität des dem Anstifter entgegengesetzten Widerstandes; Beitrag der Anstiftung zur Tat
19	Beitrag des Gehilfen zum Taterfolg
20	Die übrigen Teilakte der fortgesetzten Handlung
21	Zahl der Teilakte
22	Zusammenhang der Straftaten
23	Progressivempfindlichkeit des Täters
24	Besondere Tatsachen und Umwelteinflüsse, welche die Persönlichkeit des Täters in einer Weise verhändert haben, die ihn zum Begehen weiterer Straftaten geneigt machte, soweit die Tatsachen noch nicht unter den Merkmalen 22 und 23 berücksichtigt werden konnten
25	Zahl der Taten

26	Intensität des Vorsatzes im Hinblick auf die Erkenntnis der Fahruntüchtigkeit und des Hinwegsetzens über Bedenken
27	Sicherheit des Wissens und Intensität des Wollens im Hinblick auf die Tatbestandselemente des § 21 StVG
28	Sicherheit des Wissens in bezug auf die Schwere des Unfalls
28/1	Sicherheit des Wissens des Anstifters oder Gehilfen in bezug auf die Schwere des Unfalls
29	Bewußtsein der Wartepflicht
30	Sicherheit des Wissens in bezug auf die Verursachung des Unfalls
31	Besonderheiten der Täterpersönlichkeit zur Unfallzeit, soweit sie nicht unter den Merkmalen 28, 29, 30 berücksichtigt werden konnte
32	Fahrvorsatz bei Beginn des Trinkens
33	Zweck der tatbestandsmäßigen Handlung
33/1	Zweck der Fahrt ohne Fahrerlaubnis
33/2	Zweck der Trunkenheitsfahrt
33/3	Zweck und Motive der Unfallflucht
33/4	Zweck und Motive der Anstiftung oder Beihilfe zur Unfallflucht
34	Grad der Fahrlässigkeit im Hinblick auf das Nichterkennen der Fahruntüchtigkeit
35	Grad der Fahrlässigkeit im Hinblick auf die Verursachung der Gefährdung bzw. Verletzung
36	Vorstrafen
37	Verhalten nach der Tat
37/1	Besonderheiten des Nachtatverhaltens bei § 142 StGB
37/2	Besonderheiten des Nachtatverhaltens beim Anstifter
38	Eigenschaden (Personenschaden)
39	Eigenschaden (Sachschaden)
40	Wirtschaftliche Verhältnisse
41	Empfindlichkeit des Täters gegenüber einer Freiheitsstrafe
42	Täterprognose im Hinblick auf eine Besserung und Abschreckung durch die Freiheitsstrafe
43	Angewiesenheit des Täters auf die Fahrerlaubnis
43/1	Angewiesenheit des Täters auf die Fahrerlaubnis bei § 75 StGB
44	Günstige Veränderung der für die Spezialprävention relevanten Lebensumstände
45	Umstände, die eine Resozialisierung indizieren, soweit sie nicht schon unter den Merkmalen 37, 38, 39 und 40 erfaßt worden sind.

FSC
www.fsc.org
MIX
Papier | Fördert
gute Waldnutzung
FSC® C083411

Kolibri 360 GmbH
Ferdinand-Jühlke-Straße 7
99095 Erfurt, Deutschland
produktsicherheit@kolibri360.de